新时代全面从严治党研究丛书

姚宏志　主编

安徽省哲学社会科学规划重大项目

“习近平总书记关于全面从严治党重要论述研究”

（项目批准号为 AHSKZD2018D01）最终研究成果

# 把纪律和规矩挺在前面

姚宏志　著

学习出版社

**图书在版编目（CIP）数据**

把纪律和规矩挺在前面 / 姚宏志著. -- 北京：学习出版社，2024.2（2024.5 重印）
（新时代全面从严治党研究丛书 / 姚宏志主编）
ISBN 978-7-5147-1261-2

Ⅰ. ①把… Ⅱ. ①姚… Ⅲ. ①中国共产党—党的纪律—党的建设—研究 Ⅳ. ①D262.13

中国国家版本馆CIP数据核字（2024）第020132号

**把纪律和规矩挺在前面**
BA JILU HE GUIJU TINGZAI QIANMIAN
姚宏志　主编
姚宏志　著

责任编辑：宋　飞
技术编辑：胡　啸
装帧设计：壹读闻话

出版发行：学习出版社
北京市崇外大街11号新成文化大厦B座11层（100062）
010-66063020　010-66061634　010-66061646
网　　址：http://www.xuexiph.cn
经　　销：新华书店
印　　刷：河北鹏润印刷有限公司

开　　本：710毫米×1000毫米　1/16
印　　张：19.75
字　　数：236千字
版次印次：2024年2月第1版　2024年5月第3次印刷

书　　号：ISBN 978-7-5147-1261-2
定　　价：68.00元

# 序

全面建设社会主义现代化国家，全面推进中华民族伟大复兴，关键在党。党的十八大以来，以习近平同志为核心的党中央，紧紧围绕建设什么样的长期执政的马克思主义政党、怎样建设长期执政的马克思主义政党的重大时代课题，以前所未有的勇气和定力深入推进全面从严治党，解决了党内许多长期想解决而没有解决的突出问题，推动新时代全面从严治党取得了历史性、开创性成就，产生了全方位、深层次影响。不仅如此，习近平总书记还就全面从严治党问题发表了一系列重要论述，提出了事关党的长远发展的一系列新举措新思想新战略，比较系统地回答了全面从严治党的重大理论和现实问题，形成了内涵丰富、逻辑严密、系统完备的科学思想体系，丰富和发展了中国共产党管党治党、兴党强党的新鲜经验，标志着我们党对马克思主义执政党建设规律的认识达到了新高度和新境界，为深入推进新时代党的建设新的伟大工程提供了根本遵循。

为深入研究新时代全面从严治党的理论与实践，特别是深刻阐释习近平总书记关于全面从严治党的重要论述，安徽省哲学社会科学规划办公室设立安徽省哲学社会科学规划重大项目，面向全省高校和科研机构公开招标。本次招标首个选题方向和范围就是“习近平新时代中国特色社会主义思想专题化系列研究”，要求围绕习近平总书记各方面重要论述，分专题进行研究阐释，成果形式为系列专著。据此，由本人为首席专家牵头申报，并以“习近平总书记关于全面从严治党重要论述研究”为题进行投标，后经专家评审，报中共安徽省委宣传部批准，最终成功中标立项。

本项目研究的设计思路是：基于中国特色社会主义进入新时代这一全新历史方位，围绕中国共产党建设面临的新形势新要求以及所肩负的伟大历史使命，力图从总体上全面梳理党的十八大以来习近平总书记关于全面从严治党的系列重要论述，深入阐发这些重要论述的生成背景、丰富内涵、科学体系、鲜明特征、精神实质和实践要求，以期从总体上全面理解和深刻把握这一思想体系。基于这一研究思路，课题组成员经过深入研讨，确定了本项目的6个子课题，名称分别如下：

第一个子课题为“全面从严治党永远在路上”，以习近平总书记关于全面从严治党永远在路上重要论述为文本依据，深刻阐释习近平总书记这些重要论述的生成逻辑、主要内容、基本目标、逻辑体系、主要特点等，力求完整、准确地把握习近平总书记全面从严治党的科学内涵和精神实质，深入阐发习近平总书记关于全面从严治党永远在路上重要论述的理论意义和现实价值。

第二个子课题为“把党的政治建设摆在首位”，以习近平总书记关于党的政治建设重要论述为文本依据，深刻阐释坚定无产阶级政治信仰、坚持党中央权威和集中统一领导、紧扣民心这个最大政治、营造风清气正的政治生态、严明党的政治纪律和政治规矩、着力防范化解重大政治风险、努力提高领导干部政治能力等方面内容，同时注重对这些重要论述的思想史梳理和社会史还原，以期深入揭示习近平总书记关于党的政治建设重要论述的历史继承性、思想丰富性、现实针对性。

第三个子课题为“拧紧思想信念‘总开关’”，以习近平总书记关于党的思想建设重要论述为文本依据，深刻阐释思想建设是党的基础性建设、坚持不懈用习近平新时代中国特色社会主义思想武装全党、补足中国共产党人精神之“钙”、党性教育是中国共产党人“心学”、坚持思想建党和制度治党相统一等方面内容，从历史、理论、实践等方面着力概括习近平总书记关于党的思想建设重要论述的基本特征、历史地位、理论价值和指导作用。

第四个子课题为“贯彻落实好党的组织路线”，以习近平总书记关于党的组织建设特别是党的组织路线重要论述为文本依据，深刻阐释组织体系建设是新时代党的组织工作和组织路线的重点、着力培养忠诚干净担当的高素质干部、着力聚集爱国奉献的各方面优秀人才、做好年轻干部工作等方面内容，旨在揭示习近平总书记关于党的组织建设重要论述的提出背景、主要内容、理论意义与实践意义。

第五个子课题为“以钉钉子精神狠抓作风建设”，以习近平总书记关乎党的作风建设重要论述为文本依据，深刻阐释党风问题关乎党的生死存亡、弘扬党的光荣传统和优良作风、纠正“四风”不能止步、党性问题是改进作风的重要着眼点、把家风建设作为领导干部作风建设重要内容、持之以恒抓作风建设等方面内容，进而剖析习近平总书记关于党的作风建设重要论述的思想来源、科学内涵、理论创新和现实价值。

第六个子课题为“把纪律和规矩挺在前面”，以习近平总书记关于党的纪律建设重要论述为文本依据，深刻阐释用严明的纪律管全党治全党、建立健全各项纪律和规矩、严明政治纪律和政治规矩、把严明组织纪律贯穿管党治党全过程、使纪律真正成为带电的高压线等方面内容，旨在深入概括习近平总书记关于新时代党的纪律建设重要论述的生成背景、主要内容、核心观点、建设路径和现实意义。

上述6个子课题之间形成了“1+5”的框架结构和逻辑关系。这里的“1”即第一个子课题，主要是从全局性、宏观上对习近平总书记关于全面从严治党重要论述进行整体性阐述，这是总论；这里的“5”即其他5个子课题，分别从政治建设、思想建设、组织建设、作风建设、纪律建设等五大具体领域和局部内容，对习近平总书记关于全面从严治党某方面重要论述进行专题化阐释，这是分论。“1+5”研究框架有总有分，第一个子课题与其他5个子课题之间，以及5个子课题相互之间，既各有区别、各有侧重，又相互联系、相互补充，共同构成了一个有机联系的统一整体。

这里要特别感谢本项目各子课题负责人及课题组全体成员的大力支持。第一至第五个子课题负责人依次为张正光教授、王先俊教授、高正礼教授、严宏教授、沈燕培教授，第六个子课题负责人由首席专家兼任。在项目推进过程中，首席专家和各个子课题负责人以及课题组其他成员多次召开汇报会、推进会和研讨会，细化工作实施方案，深入研讨框架结构，相互切磋、解疑释惑，通报各自研究进度，共同推动项目研究工作的有序开展和持续推进，确保项目如期完成和高质量结项。经过课题组全体成员整整4年的共同努力，项目最终结项成果经安徽省哲学社会科学规划办公室审核，达到免于鉴定条件，于2022年10月正式结项。

为使研究成果早日与读者见面，一俟本项目结项，首席专家便与各个子课题负责人以及课题组全体成员根据结项评审专家的意见建议，对研究成果作了进一步修改、丰富和完善，并冠以“新时代全面从严治党研究丛书”之名，由学习出版社出版发行。

习近平总书记关于全面从严治党重要论述，立意高远，内涵丰富，思想深邃，为新时代推进管党治党、全面从严治党指明了前进方向。研究和阐释习近平总书记关于全面从严治党重要论述，不仅有着重大理论意义，而且有着重大现实意义。思想理论界对习近平总书记关于全面从严治党重要论述的深入研究和深刻阐释，已经取得了不少研究成果，但也只是刚刚开始，我们的研究同样只是起步，祈愿本研究成果能够对思想理论界有所裨益。

姚宏志

2022年12月

# 目　录

# 前言

从词源学上考察，“纪律”一词早在先秦时期就已经出现，如《左传·桓公二年》曰：“百官于是乎戒惧，而不敢易纪律。”意思是说，百官因此有了警戒和畏惧，就不敢违背纲纪法度。在中国古代文献中，关于“纪律”的记载还可以列举一些。汉代徐干在《中论·历数》中曰：“昔者圣王之造历数也，察纪律之行，观运机之动。”唐宋八大家之一曾巩在《祭欧阳少师文》中评价欧阳修：“公在庙堂，总持纪律，一用公直，两忘猜昵。”南宋诗人郭茂倩在《乐府诗集·皇复》中曰：“照临有度，纪律无亏。”元朝宰相耶律楚材在《和李世荣》中写下“兵行从纪律，敌溃自奔忙”的诗句。清代史家戴名世在《史论》中指出：“观良将之用众也，纪律必严，赏罚必信。”就单字意思看，“纪”原指丝织物的端头，只要厘清了端头，再多的丝织物束在一起，也会多而不乱，有条有理，故“纪”有时引申为规章、法则、纪律之意。“律”原指用来校正乐音标准的乐器。孟子曰：“不以六律，不能正五音。”《说文解字》将其解释为“均布也”，故“律”有时引申为规则、约束、纪律之意。所以“纪”

与“律”在内涵上有共通之处。

现代意义上的“纪律”，与古汉语中泛指“纲纪法则”的“纪律”并不完全相同。《现代汉语词典》的解释是，纪律是“政党、机关、部队、团体、企业等为维护集体利益并保证工作的正常进行而制定的要求每个成员遵守的规章、条文”。《辞海》将“纪律”定义为：“社会的各种组织（如政党、政府机关、军队、团体、企业事业单位、学校等）规定其所属成员共同遵守的规章制度等，以便规范自身行为准则，包括履行职责、执行命令和决议、遵守制度、保守国家秘密等。”

纪律性是马克思主义政党政治属性的集中体现。马克思恩格斯在创立科学社会主义理论过程中，十分重视无产阶级政党的纪律建设，认为无产阶级政党要保持集中统一领导，就必须绝对保持党的纪律。早在1859年，马克思就明确提出“党的纪律”概念。是年5月，他对拉萨尔主张德国在战争中保持中立并擅自给维也纳通讯社供稿的行为持坚决反对态度，对德国工人党内这种“思想混乱达到了惊人的地步”的状况表示深深担忧，并在致恩格斯的信中明确地指出纪律建设的必要性和重要性，他说：“我们现在必须绝对保持党的纪律，否则将一事无成。”① 这是马克思较早对政党纪律在党的事业中的重要作用所作的初步思考。1886年10月，恩格斯在给法国和国际工人运动活动家劳拉·拉法格的信中强调了无产阶级政党纪律对于法

① 《马克思恩格斯全集》第29卷，人民出版社1972年版，第413页。

国工人罢工斗争的胜利所起的重要作用，他说："胜利的首要条件是严格遵守法律，而一切革命的高调和喧嚷都不可避免地会导致失败。这种纪律是一个有成效的和坚强的组织的首要条件，是资产阶级最害怕的。"①

列宁继承了马克思主义政党学说，并在领导俄国无产阶级政党建设过程中再次旗帜鲜明地强调党的纪律的重要作用，他说：一个无产阶级政党，"如果你不准备工人去建立真正有纪律的、能够使全体党员都服从它的有纪律的党，那你什么时候也建立不起无产阶级专政。"②在列宁看来，如果没有严明的纪律，任凭党员各行其是，布尔什维克党就会成为一盘散沙，不可能真正发挥先锋队的作用，党的任务和历史使命就不可能完成。斯大林也说："如果党内没有铁的纪律，无产阶级专政所担负的镇压剥削者以及把阶级社会改造为社会主义社会的任务就不能实现。"③

中国共产党是按照马克思主义建党原则建立起来的新型政党，始终高度重视纪律建设是中国共产党作为马克思主义政党与生俱来的内在品质，是中国共产党的鲜明特征。中国共产党自诞生之日起，之所以能够紧紧团结和带领人民克服前进道路上一个又一个艰难险阻、取得一个又一个伟大胜利、创造一个又一个人间奇迹，靠的不是别的，而是"铁的纪律"做坚强保

① 《马克思恩格斯全集》第36卷，人民出版社1975年版，第540页。

② 《列宁全集》第31卷，人民出版社1985年版，第224页。

③ 《斯大林全集》第10卷，人民出版社1954年版，第91页。

证。严明的纪律是中国共产党维系全党团结统一的行为准绳，是中国共产党增强全党全社会凝聚力的重要手段。民主革命时期，毛泽东曾形象地描述党的路线与纪律建设的关系，指出："路线是'王道'，纪律是'霸道'，这两者都不可少。"[①]易言之，党的建设既离不开正确的思想路线的指引，也要靠"铁的纪律"加以约束。陈云的概括更加旗帜鲜明，他说："我们的党是一个战斗的党，我们在斗争中依靠的武器，唯一的就是纪律"；"维护党的统一，不靠刀枪，要靠纪律"。[②]"文化大革命"结束后，针对党的纪律建设所造成的严重破坏和消极影响，邓小平敏锐地指出："要坚持和改善党的领导，必须严格地维护党的纪律，极大地加强纪律性。"[③]他反复强调："我们这么大一个国家，怎样才能团结起来、组织起来呢？一靠理想，二靠纪律。组织起来就有力量。没有理想，没有纪律，就会像旧中国那样一盘散沙，那我们的革命怎么能够成功？我们的建设怎么能够成功？……有理想，有纪律，这两件事我们务必时刻牢记在心。"[④]

经过多年的探索和积累，中国共产党纪律建设取得了长足的进展，特别是党的十八大以来，以习近平同志为核心的党中央始终把讲纪律、立纪律、守纪律、讲规矩、立规矩、守规矩

---

① 《毛泽东文集》第2卷，人民出版社1993年版，第374页。

② 《陈云文选》第1卷，人民出版社1995年版，第275、第196页。

③ 《邓小平文选》第2卷，人民出版社1994年版，第271页。

④ 《邓小平文选》第3卷，人民出版社1993年版，第111、第112页。

作为重要抓手，强调党要管党治党，纪律建设被摆在全面从严治党更加突出的位置。2012 年 11 月，刚刚履新中共中央总书记的习近平就撰文强调“没有规矩，不成方圆”，提出“党章就是党的根本大法，是全党必须遵循的总规矩”。[①]此后，他在不同场合多次强调“纪律”和“规矩”的极端重要性，同时指出加强党的纪律建设的急迫性。2013 年 1 月，习近平总书记在十八届中央纪委二次全会上强调：“党面临的形势越复杂、肩负的任务越艰巨，就越要加强纪律建设，越要维护党的团结统一，确保全党统一意志、统一行动、步调一致前进。”[②]同年 7 月，习近平总书记来到西柏坡，面对当年毛泽东提议的“六不规矩”[③]时指出：“这里是立规矩的地方。党的规矩、制度的建立和执行，有力推动了党的作风和纪律建设。”[④]2014 年 5 月，习近平总书记在参加河南省兰考县委常委班子专题民主生活会时的讲话中指出：“我们这么大一个政党，靠什么来管好自己的队伍？靠什么来战胜风险挑战？除了正确理论和路线方针政策外，必须靠严明规范和纪律。我们提出那么多要求，要多管

① 《习近平关于严明党的纪律和规矩论述摘编》，中央文献出版社、中国方正出版社 2016 年版，第 3 页。

② 《习近平关于严明党的纪律和规矩论述摘编》，中央文献出版社、中国方正出版社 2016 年版，第 4 页。

③ “六不规矩”即六条规定：“不做寿”“不送礼”“少敬酒”“少拍掌”“不以人名作地名”“不要把中国同志同马恩列斯平列”。这是 1949 年 3 月党的七届二中全会根据毛泽东提议而作出的规定。1953 年 8 月，毛泽东在全国财经工作会议上再次强调“六不规矩”。

④ 转引自马建彬主编：《西柏坡时期党的纪律建设》，河北人民出版社 2017 年版，第 81 页。

齐下、标本兼治来落实，光靠觉悟不够，必须有刚性约束、强制推动，这就是纪律。”[①]2015 年 1 月，习近平总书记在十八届中央纪委五次全会上重点强调了纪律和规矩问题：“各级党组织要把严守纪律、严明规矩放到重要位置来抓，努力在全党营造守纪律、讲规矩的氛围。”[②]此外，他在全会上还首次明确提出“政治规矩”概念，强调要“遵守政治纪律和政治规矩”[③]。之后，“政治规矩”便开始作为党内正式用语，经常与“政治纪律”并列使用。2016 年 1 月，习近平总书记在重庆调研时强调：“严格纪律规矩，不仅要有内容完善、针对性强的法规制度，而且要有坚持原则、不打折扣的执纪过程。”[④]

2017 年 10 月，习近平总书记在党的十九大报告中首次将纪律建设纳入新时代党的建设总体布局之中，强调“全面推进党的政治建设、思想建设、组织建设、作风建设、纪律建设，把制度建设贯穿其中，深入推进反腐败斗争”。[⑤]2018 年 7 月，习近平总书记在全国组织工作会议上的讲话中指出：“我们用铁的纪律维护党的团结统一，把纪律和规矩挺在前面，突出抓

---

① 《习近平关于严明党的纪律和规矩论述摘编》，中央文献出版社、中国方正出版社 2016 年版，第 5 页。

② 《十八大以来重要文献选编》中，中央文献出版社 2016 年版，第 352 页。

③ 《习近平谈治国理政》第 2 卷，外文出版社 2017 年版，第 154 页。

④ 《习近平关于全面从严治党论述摘编》，中央文献出版社 2021 年版，第 448 页。

⑤ 《十九大以来重要文献选编》上，中央文献出版社 2019 年版，第 43—44 页。

政治纪律和政治规矩，坚持纪律面前一律平等。”[①]2021年9月初，习近平总书记在中央党校（国家行政学院）中青年干部培训班开班式上的讲话中，建议将“能不能严守党的政治纪律和政治规矩，做政治上的明白人、老实人”作为检验党员干部是不是对党忠诚的标准之一。[②]2022年12月，习近平总书记在中共中央政治局会议上再次强调纪律建设问题，他说：“要把纪律建设摆在更加突出位置，把严的要求贯彻到党规制定、党纪教育、执纪监督全过程，既让铁纪‘长牙’、发威，又让干部醒悟、知止。”[③]

由此可见，“纪律”和“规矩”成为党的十八大以来习近平总书记口中的高频词，甚至可以说是正确理解当代中国政治特别是当代中国共产党的一个关键词汇。习近平总书记为什么要反复强调党的纪律和规矩的重要性？为什么纪律建设是全面从严治党的治本之策？为什么要把严明政治纪律置于严明党的各项纪律建设之首？为什么要把纪律和规矩挺在前面？为什么要抓住领导干部这个“关键少数”？……以上这些问题，归根结底，就是要从总体上全面理解、深入把握和深刻阐释清楚习近平总书记关于纪律建设的重要论述，着力揭示习近平总书

① 《十九大以来重要文献选编》上，中央文献出版社2019年版，第557页。

② 习近平：《努力成为可堪大用能担重任的栋梁之才》，《求是》2022年第3期。

③ 《中共中央政治局召开会议　分析研究二〇二三年经济工作　研究部署党风廉政建设和反腐败工作　中共中央总书记习近平主持会议》，《人民日报》2022年12月8日。

记关于纪律建设重要论述的科学内涵、精神实质和重要意义。

基于此，本子课题以习近平总书记关于党的纪律建设的重要论述为基础，围绕“新时代为什么要加强党的纪律建设、新时代党的纪律建设主要内容是什么、如何加强新时代党的纪律建设”这一基本问题展开，从“用严明的纪律管全党治全党”“建立健全各项纪律和规矩”“严明政治纪律和政治规矩”“把严明组织纪律贯穿管党治党全过程”“使纪律真正成为带电的高压线”5个方面，分别阐释习近平总书记关于新时代党的纪律建设重要论述的生成背景、主要内容、核心观点、建设路径等，基本涵盖了习近平总书记关于党的纪律建设重要论述的精髓要义，大体上构成了一个内涵丰富、相对完备、相互贯穿的思想体系，同时构成了习近平总书记关于全面从严治党重要论述的不可分割的重要组成部分。

本子课题在分析和阐释习近平总书记关于党的纪律建设重要论述时，以这些重要论述的刊载文本为主要依据，坚持读原著、学原文、悟原理，既注重从“原”中溯“源”，即从原著、原文、原典中深入挖掘新时代党的纪律建设的重要原理和思想源头，又注重疏“源”引“流”，即梳理清楚这些原理在中国的继承和发展直至结出马克思主义中国化的重要硕果，将“源”与“流”紧密结合起来，深入剖析习近平总书记关于党的纪律建设重要论述的来龙去脉和内在机制；同时亦注重将这些原著、原文、原理与当代中国改革开放和社会主义现代化建设的实际相结合，与中国共产党正在做的中华民族伟大复兴大业相结合，与中国共产党全面从严治党的战略布局相结合，着眼于马克思主义政党纪律建设思想在中国的运用和发展，着眼于对马克思主义政党纪律建设实际问题的理论思考，着眼于马克思主义政党纪律建设新的实际和新的发展，深入剖析习近平总书记关于党的纪律建设重要论述的实践基础、现实依据和宏阔视野，特别是要深刻阐明习近平总书记关于党的纪律建设重要论述对于马克思主义政党理论的原创性贡献、对于当代中国发展和中国共产党建设的历史性贡献。以上是本子课题的大致思路和设计，课题组成员尽可能地朝着这个方向做着积极的努力。

# 第一章 用严明的纪律管全党治全党

纪律严明是无产阶级政党的鲜明特征。马克思主义经典作家高度重视无产阶级政党的纪律建设。用严明的纪律管全党治全党是中国共产党的光荣传统和独特优势，是全面从严治党的治本之策。

# 一、马克思主义经典作家重视无产阶级政党纪律建设

纪律建设是马克思恩格斯有关无产阶级政党建设思想的重要内容。马克思恩格斯在建立无产阶级政党以及领导无产阶级政党夺取政权过程中，形成了十分丰富的政党纪律建设思想。列宁在继承马克思恩格斯有关无产阶级政党纪律建设思想的基础上，结合俄国布尔什维克党领导革命和建设的实际，进一步丰富和发展了马克思恩格斯的纪律建设思想。

## （一）马克思恩格斯无产阶级政党纪律建设思想

作为无产阶级政党的创始人，马克思恩格斯在创建无产阶级政党以及指导无产阶级政党开展国际共产主义运动的生动实践中，逐渐形成了丰富的无产阶级政党纪律建设思想。

1. 严明纪律是建立无产阶级政党的首要前提

马克思恩格斯一直重视纪律问题的重要性，并将它作为建立无产阶级政党的首要前提。1848 年 1 月，恩格斯在《宪章运动（支持全民请愿书群众大会）》中节录了一位宪章派代表关于纪律的话："我们也加强我们的'国防'：心中的大无畏精神，自己队伍中的纪律，行动中的一致！"[①]恩格斯对这位代表的言论十分赞同。1849 年 3 月，马克思在致德国科伦第二卫戍司令的信中严肃批评了两位军人对自己的"威胁和恐吓"和"奇特的蛮横要求"，指出："如果连队象一帮土匪一样派代表到个别

① 《马克思恩格斯全集》第 42 卷，人民出版社 1979 年版，第 407 页。

市民那里去，想用威胁手段来迫使他们做这样或那样的供认，那末纪律一定松弛到了严重程度，法制观念大概完全没有了！”[①]马克思对如此素质的士兵及其军队表达了愤怒。

针对第一国际期间无政府主义者巴枯宁的分裂主义活动以及散布的有关否认党的纪律的错误论调，1872 年 1 月，恩格斯在《桑维耳耶代表大会和国际》中深刻阐述了遵守党的纪律对坚持党的性质、加强党的建设、维护党的团结的重要性，他指出：“主要的是没有任何服从纪律的支部！没有任何党的纪律，没有任何力量在一点的集中，没有任何斗争的武器！那末未来社会的原型会变成什么呢？简而言之，我们采用这种新的组织会得到什么呢？会得到一个早期基督徒那样的畏缩胆怯的而又阿谀奉承的组织。”[②]在恩格斯看来，没有纪律性的政党不仅不能实现自己的政治主张，还会被资产阶级利用，成为资产阶级瓦解无产阶级革命运动的工具。此后几年间，马克思恩格斯相继在《所谓国际内部的分裂》《国际工人协会总委员会会议通过的关于合众国联合会的分裂的决议》《社会主义民主同盟和国际工人协会》《行动中的巴枯宁主义者》《巴枯宁〈国家制度和无政府状态〉一书摘要》等文章中反复强调这一点。直到 1891 年 1 月，恩格斯在致法国和国际工人运动著名活动家保尔·拉法格的信中仍然强调党的纪律建设的极端重要性，他说：“在德国，我们的人却是一支真正的力量，拥有一百五十万到二百万选民，是唯一有纪律的、日益壮大的党。”[③]

---

① 《马克思恩格斯全集》第 27 卷，人民出版社 1972 年版，第 522 页。
② 《马克思恩格斯全集》第 17 卷，人民出版社 1963 年版，第 519 页。
③ 《马克思恩格斯全集》第 38 卷，人民出版社 1972 年版，第 19 页。

严明党的纪律，需要重视集中领导和权威的重要性。针对巴黎公社的失败，恩格斯于 1872 年 1 月在致友人的信中，特别从纪律建设角度总结了其中的经验教训，如没有稳定而有权威的领导核心、行政管理和军事斗争上的无政府主义现象、军令与政令的不统一、革命队伍内部的摩擦纠纷等，他总结道："巴黎公社遭到灭亡，就是由于缺乏集中和权威。"①其结果，公社领导层在许多重大问题上争执不休、议而不决、决而不行，无法集中力量对付强敌。因此，恩格斯深刻指出："为了进行斗争，我们必须把我们的一切力量捏在一起，并使这些力量集中在同一个攻击点上。如果有人对我说，权威和集中是两种在任何情况下都应当加以诅咒的东西，那么我就认为，说这种话的人，要么不知道什么叫革命，要么只不过是口头革命派。"②同年 10 月，针对无政府主义者宣扬"权威是个绝对的祸害"的错误论调，恩格斯在《论权威》一文中指出，任何社会组织的运行和发展都离不开相应的权威，"把权威原则说成是绝对坏的东西，而把自治原则说成是绝对好的东西，这是荒谬的。权威与自治是相对的东西，它们的应用范围是随着社会发展阶段的不同而改变的"③。

2. 无产阶级政党纪律是建立在共同目标上的自觉纪律

马克思恩格斯所强调的无产阶级政党纪律是建立在共同的革命目标、革命理想基础上的自觉纪律，注重纪律的自觉性。1861 年 4 月，恩格斯在致友人的信中引用了一位英国上校有关军队纪律的阐述："你们想一想

① 《马克思恩格斯选集》第 4 卷，人民出版社 2012 年版，第 500 页。
② 《马克思恩格斯选集》第 4 卷，人民出版社 2012 年版，第 500 页。
③ 《马克思恩格斯文集》第 3 卷，人民出版社 2009 年版，第 337 页。

吧，年轻的部队在这种情况下是很容易不稳定的。怎样才能克服这一切呢？靠纪律，只有靠纪律。我用‘纪律’这个词，并不是指纠正不良行为说的；我说的纪律，是指成了习惯的团结一致，即旨在实现一定目的的那种精神和肉体的结合，——这种精神和肉体的结合使一切作为一个整体来行动，使一个连、一个营或一个旅的行动就像一部机器一样。”[①] 换句话说，严明纪律的目的不仅仅是纠正错误或不良行为，更是要实现政党和组织内部的团结一致，使其成员对政党和组织的共同目标有深刻的认同，达到思想和行动的统一，从而自觉地遵守纪律。这种纪律是组织成员由内而外的自觉遵守，是一种“成了习惯的”“精神和肉体的结合”的状态，而不是建立在强制服从基础上的惩戒条例。恩格斯对该上校的观点深以为然，“完全赞同”他在“演说中所阐述的意见”[②]。

无产阶级政党纪律应当建立在自觉性基础上的认识，集中体现在马克思恩格斯对巴枯宁的错误纪律观的批判上。巴枯宁宣扬无政府主义，主张实行自治，反对权威和纪律，主要通过说服的方法而不是任何强制手段来影响群众，妄图把无产阶级战斗组织篡改为分散的行会职业组织。但讥讽的是，巴枯宁一方面奔走和鼓吹“一切自下而上才是真正民主”的所谓“民主观”论调，另一方面又大力呼吁在其秘密组织即“社会主义民主同盟”内部每个组织成员必须无条件地“完全放弃自我”，服从纪律，“自愿地服从它的权威”。巴枯宁在致俄国军官的呼吁书中，要求成员“完全彻底”地将自我交给组织，就像耶稣会教徒一样“放弃个人意志”，“把他所有的全部精力、才能、知识和生命都无须偿还地献给组

① 《马克思恩格斯全集》第 15 卷，人民出版社 1963 年版，第 286 页。
② 《马克思恩格斯全集》第 15 卷，人民出版社 1963 年版，第 285 页。

织”。[①]针对巴枯宁这种对待组织纪律的两面派言行，马克思恩格斯旗帜鲜明地指出，巴枯宁“这个人向俄国人宣扬盲目地、无条件地服从来自上面一个匿名的、不可知的委员会的命令，宣称耶稣会的纪律是胜利的sina qua non（必要的条件），只有这种纪律才能战胜国家（不是俄罗斯国家而是一般国家）的可怕的集中制，宣布了比最原始的共产主义更加权威主义的共产主义”[②]。1873 年 8 月，马克思恩格斯在《社会主义民主同盟和国际工人协会》小册子中再次对这种盲从作了深刻批判，指出巴枯宁所要求的“思想和行动的统一无非是教条主义和盲目服从”，所建立的是“特权代表人物组成的秘密组织”，“是一个真正的耶稣会”。[③]

马克思恩格斯在深刻揭露和否定巴枯宁宗派主义纪律观的同时，主张建立在自觉基础上、实现思想和行动统一的纪律，是能够充分发挥组织成员积极性的纪律，而不是机械地、盲目地服从。因此，马克思恩格斯在起草《共产主义者同盟章程》时，要求同盟成员“始终力求做到以原则为准绳，而不是以这个人或那个人为准绳”[④]，强调全体同盟成员一律平等。只有无产阶级政党和组织的成员自觉地遵守纪律，达到思想和行动上的统一，才能真正实现共同的理想和目标。

3. 制定了无产阶级政党纪律的内容和原则

马克思恩格斯在领导无产阶级革命运动中，起草和修订了一系列重要文件，如 1847 年 12 月在伦敦修订的《共产主义者同盟章程》、1864 年

① ［德］沃尔夫冈·弗里茨·豪格主编：《马克思主义历史考证大辞典》第 1 卷，俞可平等编译，商务印书馆 2018 年版，第 680 页。

② 《马克思恩格斯全集》第 18 卷，人民出版社 1964 年版，第 483 页。

③ 《马克思恩格斯全集》第 18 卷，人民出版社 1964 年版，第 385—386 页。

④ 《马克思恩格斯全集》第 42 卷，人民出版社 1979 年版，第 420 页。

10月在伦敦草拟的《国际工人协会临时章程》、1866年9月在日内瓦通过的《国际工人协会章程和组织条例》（简称《条例》）等，其中提出了无产阶级政党纪律的内容和原则。

1847年6月，第一个以科学社会主义为指导思想的国际无产阶级政党——共产主义者同盟在伦敦成立，大会通过了在马克思恩格斯主持指导下制定的世界无产阶级政党的第一部章程——《共产主义者同盟章程》（简称《章程》）。《章程》规定了成为盟员必须在生活、政治、思想、组织等方面具备的7项条件，如在政治纪律方面，要求盟员“承认共产主义”，“不得参加任何反共产主义的（政治的或民族的）团体并且必须把参加某团体的情况报告有关的领导机关”；在组织纪律方面，要求盟员“具有革命毅力并努力进行宣传工作”，“服从同盟的一切决议”；在工作纪律方面，要求盟员“保守同盟的一切机密”；在生活纪律方面，要求盟员“生活方式和活动必须符合同盟的目的”；等等。①《章程》同时规定了违反纪律的行为及其相应处分，明确要求凡是不遵守盟员条件者，视违反情节轻重决定其暂离或开除，被开除者将不得再接收其入盟。②《章程》的一系列规定明确了无产阶级政党纪律的有关内容，对违纪行为的处理既合理又具严肃性，这对无产阶级革命政党建立严明的纪律，并保持无产阶级政党成员的先进性和纯洁性具有十分重要的作用。

《章程》《条例》等文件还提出了无产阶级政党纪律的基本原则。第一，关于选举。《章程》规定了同盟各级组织（支部、区部、总区部、中央委员会）的领导人均由民主选举产生；《条例》规定中央委员负责人由

① 《马克思恩格斯全集》第4卷，人民出版社1958年版，第572页。

② 《马克思恩格斯全集》第4卷，人民出版社1958年版，第576页。

各支部选出，可随时撤换其职务；工人协会会员拥有被选举权，协会代表均享有一票表决权。第二，关于报告制度。《章程》规定盟员迁居时须事先向支部主席报告；总区部向代表大会报告工作，闭会期间向中央委员会报告；中央委员会向代表大会报告工作；中央委员会向各总区部每3个月报告一次全盟情况；各盟员至少每月与支部联系一次，与区部委员会至少每3个月联系一次；各区部至少每两个月向总区部报告一次工作，总区部至少每3个月向中央委员会报告一次工作；区部委员会必须在3个月内向所属各支部报告收支情况；中央委员会向代表大会报告收支和经费分配情况。第三，关于权力机关。《章程》规定最高权力机关为代表大会。代表大会有权修改章程，经过出席会议代表2/3人数同意后可修改章程和条例。此外，代表大会有权指定中央委员会所在地以及会议地点，还可以代表全党发表宣言。第四，关于上下级关系。《条例》规定下级不得违反和抵触上级制定的章程和条例，各支部可以制定适合本国国情的章程和条例，但不得与《章程》的内容相抵触。

## （二）列宁无产阶级政党纪律建设的理论与实践

纪律建设是列宁无产阶级政党建设的重要内容。列宁有关无产阶级政党纪律建设思想是在继承马克思恩格斯无产阶级政党纪律建设思想的基础上，结合俄国革命和建设的形势和任务，在复杂的党内外斗争环境中逐步形成和完善起来的，并在俄国无产阶级政党的斗争实践中得到进一步丰富和发展。

1. 无产阶级政党纪律建设的重要性

列宁在领导俄国革命运动实践中，对无产阶级政党要严明纪律有着非常深刻的认识。1897年年底，面对沙皇的残酷镇压，列宁在《俄国社会民主党人的任务》中指出:“不加强和发展革命的纪律、组织和秘密活动,就不可能同政府进行斗争。”[①]1903年7月,在俄国社会民主工党二大上,以列宁为首的布尔什维克党与以马尔托夫为首的孟什维克党围绕党章第一条发生了激烈争论,主要分歧在于到底建立一个什么样的马克思主义政党,是按照马尔托夫主张建立起一个成分复杂、组织涣散、纪律松弛的政党,还是按照列宁主张建立起一个以马克思主义为指导,集中统一、组织严密、纪律严明的“新型”无产阶级政党。大会宣告了布尔什维克党的创立,标志着列宁主义的诞生。1904年,列宁在《进一步,退两步》中驳斥马尔托夫等孟什维克者的无政府主义论调时强调:“无产阶级在争取政权的斗争中,除了组织,没有别的武器。”[②]在这里,列宁强调了党的组织纪律在无产阶级革命运动中的重要性,将强化无产阶级政党纪律视为开展革命运动的关键因素之一,认为只有依靠组织纪律,才能团结劳动者,无产阶级才能建立新的政权。

十月革命胜利后,列宁在《共产主义运动中的“左派”幼稚病》中强调:“无产阶级实现无条件的集中和极严格的纪律,是战胜资产阶级的基本条件之一”;“谁哪怕是把无产阶级政党的铁的纪律稍微削弱一点(特别是在无产阶级专政时期),那他事实上就是在帮助资产阶级来反对无产阶级”。[③]无产阶级政党“铁的纪律”不仅是战胜资产阶级、夺取政权的基本条件之一,也是无产阶级政党保持先进性和纯洁性以及巩固执政地位的必要条件。针对党内外一些投机分子和异己分子,列宁在俄共

① 《列宁专题文集·论无产阶级政党》,人民出版社2009年版,第44页。

② 《列宁专题文集·论无产阶级政党》,人民出版社2009年版,第158页。

③ 《列宁专题文集·论无产阶级政党》,人民出版社2009年版,第245、第253页。

（布）第九次代表大会上强调必须严明党的纪律，严格入党条件，保障党员质量。列宁认为，党的思想和理论正是在同党内机会主义以及党外非无产阶级思想的不断较量中得到成长，进而逐渐走向成熟的。“铁的纪律”保障了布尔什维克党成功抗击帝国主义武装干涉，平息俄国内部武装叛乱，保持了党的先进性和纯洁性，巩固了无产阶级政权。正如列宁所指出的：“如果我们党没有极严格的真正铁的纪律……那么布尔什维克别说把政权保持两年半，就是两个半月也保持不住。”①

2. 无产阶级政党纪律建设的主要内容

列宁在继承马克思恩格斯关于无产阶级政党纪律建设思想的基础上，根据俄国革命和建设的实际情形，提出无产阶级政党加强党的纪律建设必须要求严明党的政治纪律、组织纪律等思想，丰富和发展马克思主义政党纪律学说。

关于“政治纪律”，列宁虽未明确提出这一概念，但他高度重视维护党中央权威和全党的统一。列宁重视民主集中制原则，反对党内任何人凌驾于中央委员会之上。1920 年 7 月，他为各国共产党加入共产国际所列的条件中强调：“加入共产国际的党，应该是按照民主集中制的原则建立起来的。在目前激烈的国内战争时代，共产党只有按照高度集中的方式组织起来，在党内实行近似军事纪律那样的铁的纪律，党的中央机关成为拥有广泛的权力、得到党员普遍信任的权威性机构，只有这样，党才能履行自己的职责。”②列宁极力反对在党内搞派别活动，强调派别组织、活动、言论都是有害的，是同布尔什维克党的统一与纪律不

① 《列宁专题文集·论无产阶级政党》，人民出版社 2009 年版，第 244 页。
② 《列宁专题文集·论无产阶级政党》，人民出版社 2009 年版，第 273 页。

相容的，他指出："在同派别活动进行实际斗争中，每一个党组织必须密切注意，决不容许发表任何派别言论。"[①]列宁还明确提出取缔所有派别，禁止一切派别活动，对违反者予以开除党籍的处罚，以维护全党的团结统一。

关于"组织纪律"，列宁强调，布尔什维克党员必须坚决服从党组织通过的决议，以维护党组织的团结统一。党员对党组织的决议若有不同意见，也必须先执行，然后可向相关党组织申诉，但不得妄议党组织的决定。十月革命前夕，俄国社会民主工党（布）中央委员会通过表决，采取列宁关于武装夺取政权的提议，但遭到中央委员季诺维耶夫和加米涅夫的反对，两人甚至在《新生活报》上公开发表反对言论。这一言行无异于向外界暴露出了党内的意见分歧，同时泄露了党即将开展武装起义的机密，造成了十分严重的影响。对此，列宁建议党中央将二人开除党籍。十月革命胜利后，列宁越发注重党的组织纪律建设，要求党员必须坚决服从党组织的决议。在与德国签订《布列斯特和约》时，中央委员索科利尼科夫不服从党中央的决定和安排，拒绝签订合约。列宁就签订合约问题发布文件，强调中央委员会内部意见虽不一致，"但是决定既然已经通过，全党就应该给以支持"[②]。

3. 无产阶级政党纪律建设的特征

列宁关于无产阶级政党纪律建设的思想内涵丰富，特色鲜明，集中表现为无产阶级政党纪律的自觉性、平等性和民主性。

一是纪律的自觉性。1919 年 6 月，列宁在《伟大的创举》中谈到劳

---

① 《列宁选集》第 4 卷，人民出版社 2012 年版，第 470 页。

② 《列宁全集》第 33 卷，人民出版社 1985 年版，第 403 页。

动纪律时指出："农奴制的社会劳动组织靠棍棒纪律来维持"，"资本主义的社会劳动组织靠饥饿纪律来维持"，而社会主义制度下的社会劳动组织，"则靠推翻了地主资本家压迫的劳动群众本身自由的自觉的纪律来维持，而且愈向前发展就愈要靠这种纪律来维持"。[①]无产阶级政党纪律也是如此，它既不是奴隶主的"棍棒纪律"，也不是资产阶级的"饥饿纪律"，正如 1920 年 4 月列宁在俄共（布）第九次代表大会闭幕词中所指出的，它是"一种比其他国家的纪律更高的、立足于另一种基础之上的纪律"，它以"党员的忠诚"和"高度的自觉性"作为"活动的基础"。[②]1920 年 10 月，列宁在《青年团的任务》中，进一步从布尔什维克党的历史使命高度，强调了自觉遵守纪律的重要性，他说："我们废除资产阶级社会内违反大多数人的意志而实行的强迫纪律，代之以工农的自觉纪律，工人和农民不但仇恨旧社会，而且有毅力、有本领、有决心团结和组织力量去进行这一斗争，以便把散居在辽阔国土上的分散而互不联系的千百万人的意志统一为一个意志，因为没有这样的统一意志，我们就必然会遭到失败。没有这样的团结，没有这样的工农的自觉纪律，我们的事业就毫无希望。不具备这些条件，我们就不能战胜全世界的资本家和地主。我们就会连基础也不能巩固，更谈不到在这个基础上建成共产主义新社会了。"[③]

二是纪律的平等性。列宁强调纪律面前人人平等，不允许存在"特殊党员"。1905 年 5 月，他在《关于俄国社会民主工党第三次代表大会

---

① 《列宁选集》第 4 卷，人民出版社 2012 年版，第 10 页。
② 《列宁专题文集·论无产阶级政党》，人民出版社 2009 年版，第 239 页。
③ 《列宁专题文集·论无产阶级政党》，人民出版社 2009 年版，第 282—283 页。

的通知》中指出："全体党员不分上下都必须无例外和无条件地承认党的纪律！"[①]1907 年 1 月，他在《社会民主党和杜马选举》中指出："党内的一切事务是由全体党员直接或者通过代表，在一律平等和毫无例外的条件下来处理的。"[②]俄共（布）党章明确规定："严格遵守党的纪律是全体党员和一切党组织的首要义务"[③]，共产党的纪律是统一的、平等的，对党内违反纪律的人，不论何种职位，不论过去功绩如何，一律严加惩罚。

三是纪律的民主性。列宁强调，党的纪律是严格按照民主程序，在遵循民主集中制原则基础上建立起来的。无产阶级政党纪律的制定和修改不是上级组织随意简单的决定，必须以全体党员的自由讨论和批评为基础，在充分发挥全体党员民主权利的基础上，通过党代会的民主表决作出决定。1906 年，俄国社会民主工党在关于国家杜马的政治策略问题上发生严重分歧，针对马尔托夫有关"为了纪律，请不要破坏中央委员会的政治运动"的诡辩，列宁强调："任何纪律也不能要求党员盲目地在中央委员会起草的一切决议草案上签字。"[④]在列宁看来，党的重大政治策略，必须由全党充分讨论或作出决定，绝不能只由上级组织武断决策后强迫下级组织接受。

4. 无产阶级政党纪律建设的途径

除了论述无产阶级政党纪律建设的重要性、主要内容和鲜明特征外，列宁还对无产阶级政党如何建立"铁的纪律"作了进一步阐述。

---

① 《列宁全集》第 10 卷，人民出版社 1987 年版，第 202 页。

② 《列宁全集》第 14 卷，人民出版社 1988 年版，第 249 页。

③ 中共中央党校党建教研室编：《苏联共产党章程汇编》，求实出版社 1982 年版，第 25 页。

④ 《列宁全集》第 13 卷，人民出版社 1987 年版，第 192 页。

一是加强思想理论建设。列宁非常重视思想理论建设在党的纪律建设中的重要作用。无产阶级政党纪律是自觉基础上的纪律，与资产阶级的“强迫纪律”有着本质不同。这种自觉是全体党员在思想上和行动上的高度统一，只有在思想上认同党的纪律，才能真正遵守纪律。列宁认为，建立和巩固无产阶级政党的统一，只依靠一道命令是办不到的，必须保持全党在思想上的统一，即“必须用党的纲领来巩固思想一致”①。1906年11月，列宁在《同立宪民主党化的社会民主党人的斗争和党的纪律》中，进一步强调思想建设对于加强党的纪律建设的重要作用，认为只有从思想上团结和提高无产阶级才是有价值的，“没有思想的组织性是毫无意义的，它实际上会把工人变成掌权的资产阶级的可怜仆从”。②

二是建立执纪监督机制。列宁重视对权力运行的监督，建议和推动在党内外建立健全监督机制。在党内监督方面，根据列宁的提议，1920年9月，俄共（布）在党内设立一个同中央委员会平行的专门执纪监督机构——监察委员会，“由受党的培养最多、最有经验、最大公无私并最能严格执行党的监督的同志组成”③，全体党员都必须无条件接受严格监督。1921年3月，俄共（布）第十次全国代表大会专门作出《关于监察委员会的决议》，其中明确规定：“中央监察委员会由党的全国代表大会选举产生，向党代表大会负责。”与此同时，列宁重视群众对党员、干部的监督，认为自下而上的监督形式能够消除党内弊病，铲除官僚主义的莠草。为此，列宁采取了一系列发挥群众监督作用的举措，如建立工农

① 《列宁专题文集·论无产阶级政党》，人民出版社2009年版，第49页。
② 《列宁全集》第14卷，人民出版社1988年版，第122页。
③ 《列宁全集》第39卷，人民出版社1987年版，第288页。

检察院，选出非党代表进入国家机关，建立群众信访制度等。在舆论监督方面，列宁呼吁劳动者运用舆论来根治俄国的弊病，指出报刊是人民的舆论阵地，要成为监督自觉纪律的工具。

三是严惩违纪行为。对共产党员的违法乱纪行为，列宁历来主张要加重判刑，指出在相同的违法乱纪行为下，“对共产党员更要追究法律责任”①。1918 年 5 月，列宁得知莫斯科革命法庭对四名受贿和敲诈勒索的工作人员仅判处了半年监禁的结果非常气愤，认为法庭对此案的判处轻得令人发笑，对党来说实在可耻。随后，列宁要求开除审理此案的党员，并把该问题列入议程。列宁痛恨党员违法乱纪行为，禁止对党员袒护包庇、重罪轻判。1922 年，在莫斯科苏维埃中央房产局营私舞弊并已查实的情况下，俄共（布）莫斯科市常委会仍推翻调查结论，并决定移交案件于新委员会。针对此事，列宁建议予以莫斯科市委严重警告处分，并强调不得通过向法庭施加影响以减轻违纪党员的处罚，否则都予以开除党籍处分，要求法庭对共产党员的惩处必须严于非党员②。

## 二、中国共产党的光荣传统和独特优势

纪律严明是马克思主义政党的生命。作为世界上最大的执政党，中国共产党靠什么来管好治好自己的党员队伍？靠什么来战胜前进道路上的艰难险阻？除了共同的理想信念、严密的组织体系、全党同志的高度自觉外，还要靠严明的纪律。“朝气蓬勃而又纪律严明，历来是我们党

① 《列宁全集》第 42 卷，人民出版社 1987 年版，第 268 页。
② 《列宁全集》第 43 卷，人民出版社 1987 年版，第 53 页。

的强大战斗力的源泉。”[①]中国共产党是在严酷的斗争环境中成长起来的，守纪律、讲规矩是中国共产党的优良传统和独特优势。从新民主主义革命时期纪律建设的初步探索，到社会主义革命和建设时期纪律建设的继续发展，再到改革开放和社会主义现代化建设新时期纪律建设的不断深化，特别是新时代以来纪律建设的强力推进，严明的纪律和规矩凝聚了中国共产党铁的意志，锤炼了中国共产党铁的作风，锻造了中国共产党铁的队伍，成为中国共产党不断克敌制胜、奋勇前进的重要法宝。

### （一）新民主主义革命时期：“加强纪律性，革命无不胜”[②]

中国共产党从成立之日起，就高度重视发挥党的纪律的重要作用，致力于建立一个具有严密组织纪律性的政党。为了建设一支用严格的纪律武装起来的无产阶级先锋队，中国共产党甫一成立，就围绕党的纪律进行了行之有效的探索。1921 年 7 月召开的党的一大，虽然没有制定专门的党章，但大会通过的《中国共产党第一个纲领》（以下简称《纲领》），是党的历史上第一部党内法规，具有党章性质。《纲领》中有不少关于党的纪律的规定，比如：“中国共产党彻底断绝同黄色知识分子阶层及其他类似党派的一切联系”；党员在入党前，“必须与企图反对本党纲领的党派和集团断绝一切联系”；“在党处于秘密状态时，党的重要主张和党员身份应保守秘密”；等等。[③]1922 年 7 月召开的党的二大，通过了

① 《三中全会以来重要文献选编》下，中央文献出版社 1982 年版，第 194—195 页。

② 《毛泽东文集》第 5 卷，人民出版社 1996 年版，第 194 页。

③ 《建党以来重要文献选编（1921—1949）》第 1 册，中央文献出版社 2011 年版，第 1—2 页。

中国共产党的第一部党章，党自此有了自己的“根本大法”。党章专辟“纪律”一章，共九条，对党的组织纪律、政治纪律、宣传纪律等作了具体规定。党的二大在《关于共产党的组织章程决议案》中重点阐述了纪律建设的重要性，提出“严密的集权的有纪律的组织与训练”等七条原则，指出：“无论何时何地个个党员的言论，必须是党的言论，个个党员的活动，必须是党的活动，不可有离党的个人的或地方的意味”；中国共产党“不是少数人空想的革命团体，我们的组织与训练必须是很严密的集权的有纪律的，我们的活动必须是不离开群众的”。[①]这些规定，为党的纪律建设作了最初的奠基。

第一次国共合作兴起后，党的纪律问题日益受到重视。1926年10月，恽代英在《怎样做一个共产党员》一文中，指出做一个共产党员要合乎五条标准，其中第四条就是强调纪律的重要性，他认为：“要能够很忠实的接受党的训练，严格的服从党的纪律，要能扫除一切在封建社会或买办阶级文化的社会中所养成的错误思想，养成功一个彻头彻尾的布尔塞维克的精神，切实负责将党的意见散布到各种群众中去。”[②]随着党员队伍的迅速壮大，一些投机分子也趁机混入党内，发生“贪污的行为”。针对该情况，中共中央于1926年8月向全党发布通告《坚决清洗贪污腐化分子》，宣布将他们“不容情的洗刷出党”，唯其如此，“才能坚固我

① 《建党以来重要文献选编（1921—1949）》第1册，中央文献出版社2011年版，第162—163页。

② 《建党以来重要文献选编（1921—1949）》第3册，中央文献出版社2011年版，第415页。

们的营垒，才能树立党在群众中的威望”。[①]这是中国共产党最早制定的反腐倡廉文件。1927 年 6 月，中共中央政治局会议通过《中国共产党第三次修正章程议决案》，以专章形式对党的纪律作出进一步规定，明确遵守纪律的重要性：“严格党的纪律是全体党员及全体党部最初的最重要的义务。”[②]与此同时，专章还提出了遵守纪律的标准，在违纪认定和处罚方式方面有了很大进展。

井冈山斗争时期，面对艰苦残酷的战争环境，毛泽东在探索中国革命新道路过程中反复强调党和人民军队纪律的极端重要性。1928 年 10 月，毛泽东为中共湘赣边界第二次代表大会起草的决议案中谈到共产党的改造和建设时指出：“‘铁的纪律’为布尔什维克党的主要精神。只有如此，才能抑止党走向非无产阶级的道路，消灭机会主义分子，洗刷不斗争的腐化分子。只有如此，才能集中革命先进分子的力量团集在党的周围，使党壁堡森严、步伐整齐的成为强健的斗争组织。只有如此，才能增加无产阶级的领导力量。所以，严格的执行纪律为改造建设党中央的重要工作。”[③]毛泽东在这一时期花了很大精力抓部队的纪律建设，明确提出“三大纪律六项注意”思想。所谓“三大纪律”，即行动听指挥，不拿工人农民一点东西，打土豪要归公。所谓“六项注意”，即上门板，

---

① 《建党以来重要文献选编（1921—1949）》第 3 册，中央文献出版社 2011 年版，第 348 页。

② 冯文彬等主编：《中国共产党建设全书（1921—1991）》第 9 卷，山西人民出版社 1991 年版，第 324 页。

③ 《建党以来重要文献选编（1921—1949）》第 5 册，中央文献出版社 2011 年版，第 634 页。

捆铺草，说话和气，买卖公平，借东西要还，损坏东西要赔。[①]这些纪律和规矩，看似简单，实则具有很强的针对性，抓住了问题的关键，涵盖了政治纪律、组织纪律以及群众工作纪律和经济工作纪律。它们的提出及其严格实施，有助于提升人民军队的战斗力和凝聚力，有助于树立人民军队的良好形象。中国共产党正是靠着这样的纪律和规矩，领导人民群众打开了革命战争的新局面。1929 年 12 月，古田会议决议重申了“三大纪律六项注意”的重要性，强调要“严格地执行纪律，废止对纪律的敷衍现象”[②]。在随后的革命斗争实践中，“三大纪律六项注意”进一步演变为“三大纪律八项注意”，成为共产党领导的人民军队必须遵守的行为准则，体现了人民军队的本质和宗旨。

抗日战争时期，中国共产党把党的纪律摆在更加突出位置。1937 年 5 月，中共中央在延安召开有苏区、白区和红军代表参加的党的全国代表会议，毛泽东在会议报告中明确地把“共产党队伍的发展，思想的统一性，纪律的严格性”[③]作为共产党实现对全国人民政治领导的条件。1938 年 10 月，毛泽东在党的扩大的六届六中全会上总结了中国共产党成立以来的历史经验，着重阐述了党的纪律问题，指出：“纪律是执行路线的保证，没有纪律，党就无法领导群众与军队进行胜利的斗争。”[④]毛泽东在会上严厉批评了张国焘严重破坏党的纪律的行为，重

---

① 《毛泽东年谱（1893—1949）》（修订本）上卷，中央文献出版社 2013 年版，第 237—238 页。

② 《毛泽东文集》第 1 卷，人民出版社 1993 年版，第 90 页。

③ 《毛泽东选集》第 1 卷，人民出版社 1991 年版，第 263 页。

④ 《建党以来重要文献选编（1921—1949）》第 15 册，中央文献出版社 2011 年版，第 645 页。

申“四个服从”纪律的极端重要性，同时指出：“为使党内关系走上正轨，除了上述四项最重要的纪律外，还须制定一种较详细的党内法规，以统一各级领导机关的行动。”①这是党的历史上首次明确提出“党内法规”概念。②与此同时，刘少奇在会上作《关于党规党法的报告》，强调：“要保证党的团结与统一，除政治上思想上之统一外，条文亦应规定法律上非团结不可，以避免个别人破坏党的团结与统一。并以此党规与党法去教育同志。”③1941 年 7 月，中共中央政治局通过《关于增强党性的决定》，其中再次重申：“要在全党加强纪律的教育，因为统一纪律，是革命胜利的必要条件。”④1942 年 4 月，毛泽东在关于整顿“三风”的报告中将党的纪律比喻为“紧箍咒”，他说：“身为党员，铁的纪律就非执行不可。孙行者头上套的箍是金的，列宁论共产党的纪律说纪律是铁的，比孙行者的金箍还厉害，还硬，这是上了书的，《共产主义运动中的‘左派’幼稚病》上就有。”⑤

1945 年 6 月，党的七大将毛泽东思想确立为党的指导思想并写入党章，这是中国共产党第一部完全独立自主制定的党章，是党成熟的重要标志。七大党章首次把严守党章党纪写入新增设的“总纲”部分，强调：“中国共产党是按民主的集中制组织起来的，是以自觉的、一切党员都要履行的纪律联结起来的统一的战斗组织。中国共产党的力量，在于自

① 《毛泽东选集》第 2 卷，人民出版社 1991 年版，第 528 页。

② 要指出的是，毛泽东当年使用的是“党规”概念。新中国成立后，他在编辑出版《毛泽东选集》时，将“党规”改为“党内法规”概念。

③ 《刘少奇论党的建设》，中央文献出版社 1991 年版，第 46 页。

④ 《建党以来重要文献选编（1921—1949）》第 18 册，中央文献出版社 2011 年版，第 445 页。

⑤ 《毛泽东文集》第 2 卷，人民出版社 1993 年版，第 416 页。

己的坚强团结，意志统一，行动一致。在党内不容许有离开党的纲领和党章的行为，不能容许有破坏党纪、向党闹独立性、小组织活动及阳奉阴违的两面行为。中国共产党必须经常注意清除自己队伍中破坏党的纲领和党章、党纪而不能改正的人出党。”[①]七大党章首次明确规定了党员权利和义务的条款，并将纪律要求融入其中，要求“严格地遵守党纪”，“模范地遵守革命政府和革命组织的纪律”[②]，从而进一步发展了党的纪律建设思想与实践。

伴随着解放战争的迅猛发展和节节胜利，党的纪律松懈甚至无纪律现象、无政府状态有所抬头，毛泽东对此高度警觉。1948 年 4 月，他在列宁《共产主义运动中的“左派”幼稚病》著作中文版的封面上写下这样的批语：“请同志们看此书的第二章，使同志们懂得必须消灭现在存在于我们工作中的某些严重的无纪律状态，或无政府状态。”[③]根据这一批语，中共中央宣传部决定重印该书第二章，并指出，在中国革命即将夺取全国规模的胜利时刻，“集中的革命纪律，便具有头等的决定的意义”；“如果领导中国革命的中国共产党没有极严格的真正铁的纪律，并取得最广大的人民群众最忠心的、全心全意的拥护，那末，我们就将不能取得全国革命的胜利，而且不能保持已得的胜利。”[④]1948 年 9 月，中

① 《建党以来重要文献选编（1921—1949）》第 22 册，中央文献出版社 2011 年版，第 535 页。

② 《建党以来重要文献选编（1921—1949）》第 22 册，中央文献出版社 2011 年版，第 536 页。

③ 《建党以来重要文献选编（1921—1949）》第 25 册，中央文献出版社 2011 年版，第 325 页。

④ 《建党以来重要文献选编（1921—1949）》第 25 册，中央文献出版社 2011 年版，第 325 页。

共中央政治局在西柏坡专门召开扩大会议，考虑到“现在无纪律和无政府状态在党内已到了令人不能容忍的程度”，因此，会议把“加强纪律性，克服无纪律和无政府状态”作为议题之一。[①]两个月后的11月11日，毛泽东在一份电报中明确提出，我们的口号是：“军队向前进，生产长一寸，加强纪律性，革命无不胜。”[②]同年底，毛泽东为复刊后的《中国青年》杂志题写了如上四句话，再次突出了加强纪律建设的重要性。

为纪念中国共产党创立28周年，1949年6月，毛泽东发表《论人民民主专政》重要文献，其中深刻指出：“一个有纪律的，有马克思列宁主义的理论武装的，采取自我批评方法的，联系人民群众的党”[③]，是中国共产党在新民主主义革命斗争中战胜敌人的三个主要武器之一，是新民主主义革命时期党的建设的宝贵经验。毛泽东特别把“有纪律”放在党的建设的最前面，这不是偶然的。因为用“铁的纪律”来建设党，是中国共产党本质特征的重要表现，“是决定党能否坚持革命、战胜敌人、争取胜利的首要条件”[④]。

---

① 《建党以来重要文献选编（1921—1949）》第25册，中央文献出版社2011年版，第449页。

② 《建党以来重要文献选编（1921—1949）》第25册，中央文献出版社2011年版，第638页。另据《邓小平年谱（1904—1974）》记载：1948年9月5日，邓小平在一份电报中提到：毛主席在几次会议及谈话中提出全党当前任务时，将其概括为“部队向前进，生产长一寸，加强纪律性，革命无不胜”四句话。这是目前所能查到的该口号的最早记载。参见《邓小平年谱（1904—1974）》中，中央文献出版社2009年版，第761页。

③ 《毛泽东选集》第4卷，人民出版社1991年版，第1480页。

④ 《习近平关于严明党的纪律和规矩论述摘编》，中央文献出版社、中国方正出版社2016年版，第5页。

## （二）社会主义革命和建设时期："党要受监督，党员要受监督"①

随着新民主主义革命在全国范围的胜利，中国共产党的历史方位发生了根本性转换，由以前领导人民为夺取全国政权而奋斗的党，成为领导人民掌握全国政权并长期执政的党。中国共产党根据新形势新变化，突出了执政条件下党的纪律建设的新内容，开启了执政党纪律建设的新探索。

新中国成立后，加强党的纪律检查工作显得尤为紧迫。1949年11月，党中央决定设立中央及各级党的纪律检查委员会，目的在于"更好地执行党的政治路线及各项具体政策，保守国家与党的机密，加强党的组织性与纪律性，密切地联系群众，克服官僚主义，保证党的一切决议的正确实施。"②就领导体制而言，新中国成立初期，党的纪律检查委员会受同级党的委员会领导，但在党内地位比其他党委部门要高。为加强对党员干部的监督，1955年3月，党的全国代表会议决定成立党的中央和地方各级监察委员会，以代替中央和地方各级纪律检查委员会，并且赋予其更大的权限；各级监察委员会不仅有权检查和处理违反党纪国法案件，而且上级监察委员会有权检查下级监察委员会工作，从而强化了上级监察委员会对下级监察委员会的纵向领导。1956年9月，作为中国共产党执政后的首部党章，八大党章明确指出："任何党员和党的组织都必须受到党的自上而下的和自下而上的监督。"③与此同时，八大党章专设一章，

---

① 《邓小平文选》第1卷，人民出版社1994年版，第270页。

② 杨永华主编：《中国共产党廉政法制史研究》，人民出版社2005年版，第281页。

③ 《建国以来重要文献选编》第9册，中央文献出版社2011年版，第273页。

从产生程序、主要任务、领导体制三个方面对党的监察机关作了明确规定。所有这些为此后纪检监察机关双重领导体制奠定了重要基础。

为整饬党纪，防止剥削阶级糖衣炮弹的袭击以及党内骄傲自满和官僚主义倾向的产生，提高党员、干部的思想政治水平，自1950年5月开始，中国共产党有计划、有步骤地开展了一次大规模的整风运动，主要整治“破坏党与人民政府的威信，引起人民不满，甚且有贪污腐化、政治上堕落颓废、犯法乱纪等极端严重现象”①。这次整风运动对广大党员、干部进行教育、监督和考核，整顿和净化了党的组织，在一定程度上保证了新中国成立初期党员、干部队伍的纯洁性。自1951年5月开始，中国共产党又开展了为期三年的整党运动，围绕执政条件下“怎样做一个合格的共产党员”这一新课题，对党的基层组织进行了一次普遍的整顿，克服党的基层组织中存在的思想不纯、组织不纯和作风不纯问题。通过整风整党运动，清除了一批混入党内的坏分子和蜕化变质分子，党员的政治素质和纪律意识得以提高，党的组织纪律性和战斗力得到增强，党的路线方针政策的贯彻执行得到进一步保障，为执政条件下党的建设积累了经验。

中国共产党成为执政党后，延续了革命战争年代对党员、干部违法违纪的“零容忍”态度。针对新中国成立后党政机关中的贪污浪费等现象，毛泽东作出批示：“我们需要来一次全党的大清理，彻底揭露一切大中小贪污事件，而着重打击大贪污犯，对中小贪污犯则取教育改造不使重犯的方针，才能停止很多党员被资产阶级所腐蚀的极大危险现象，才能克服七届二中全会所早已料到的这种情况，并实现七届二中全会防止

---

① 《建国以来重要文献选编》第1册，中央文献出版社2011年版，第187页。

腐蚀的方针。”[①]从 1951 年年底开始，中国共产党在党政机关工作人员中开展了反贪污、反浪费、反官僚主义的“三反”运动，在私营工商业者中开展了反行贿、反偷税漏税、反盗骗国家财产、反偷工减料、反盗窃国家经济情报的“五反”运动。到 1952 年 10 月，“三反”“五反”运动结束。“三反”“五反”运动清理了党员、干部中的贪污腐败分子，教育和挽救了一批党员、干部，整顿了党的纪律，提高了党员、干部的政治觉悟，使廉洁纪律成为不可触碰的“高压线”，并在社会上树立了廉洁朴素的社会风尚。

从 20 世纪 50 年代中后期开始，随着党内“左”倾思想的发展，党政干部中脱离实际、脱离群众、弄虚作假的倾向开始出现，一段时期内“五风”[②]盛行，导致党群关系、干群关系十分紧张，需要下决心彻底纠正。为此，毛泽东要求胡乔木仿照人民军队的“三大纪律八项注意”，制定一个适用于党政干部的“三大纪律八项注意”。后经反复讨论和修改，中共中央于 1961 年 1 月在党内予以公布。“三大纪律”是一切从实际出发，正确执行党的政策，实行民主集中制。“八项注意”是同劳动同食堂，待人和气，办事公道，买卖公平，如实反映情况，提高政治水平，工作要同群众商量，没有调查没有发言权。之后不久，党政干部“三大纪律八项注意”相继被写进中共中央讨论通过的《农村人民公社工作条例（修正草案）》《中华人民共和国教育部直属高等学校暂行工作条例（草案）》《国营工业企业工作条例（草案）》等文件中，并要求各级党政干

---

① 《毛泽东　邓小平　江泽民论党的建设》，中央文献出版社、中共中央党校出版社 1998 年版，第 182 页。

② “五风”，即“共产风”、浮夸风、命令风、干部特殊风和对生产瞎指挥风。

部“必须认真执行”[①]，“应当在干部中反复地进行教育，使这些纪律深入人心，人人遵守”[②]。1962年年初，毛泽东在七千人大会上再次强调，党政干部“三大纪律八项注意”“概括了党的传统的优良作风”，“全体党员都必须自觉地严格遵守”。[③]同年9月，党的八届十中全会讨论通过的《农村人民公社工作条例修正草案》，进一步修订了党政干部“三大纪律八项注意”的具体内容。[④]总的来看，党政干部“三大纪律八项注意”的公布及其贯彻，对于保证中央政策的正确实施、教育和规范党政干部的作风和行为、密切党群关系和干群关系起到了积极作用，对于动员全体党员和广大人民群众共渡难关、克服严重经济困难产生了积极影响。

在此过程中，针对部分党员、干部的违法乱纪、贪污腐化等行为，中国共产党制定和颁布系列文件，严肃党纪党规，严惩违法违纪行为。1962年12月，中央监察委员会在《关于严肃处理违法乱纪、腐化堕落等错误和反对特殊化行为的意见（草案）》中，就防止党员、干部的特殊化作风和违反制度的行为作出了十条具体规定，明确指出：“一切谋取个人或少数人的私利，破坏党和国家的政策和制度，争求特殊待遇，假公

---

① 《建国以来重要文献选编》第14册，中央文献出版社2011年版，第353、第524、第587页。

② 《建国以来重要文献选编》第14册，中央文献出版社2011年版，第544页。

③ 《建国以来重要文献选编》第15册，中央文献出版社2011年版，第68页。

④ 修订后的党政干部“三大纪律八项注意”具体表述为：“三大纪律是：（一）认真执行党中央的政策和国家的法令，积极参加社会主义建设。（二）实行民主集中制。（三）如实反映情况。八项注意是：（一）关心群众生活。（二）参加集体劳动。（三）以平等的态度对人。（四）工作要同群众商量，办事要公道。（五）同群众打成一片，不特殊化。（六）没有调查，没有发言权。（七）按照实际情况办事。（八）提高无产阶级的阶级觉悟，提高政治水平。”参见《建国以来重要文献选编》第15册，中央文献出版社2011年版，第543页。

济私，铺张浪费，以至滥用职权，欺压群众，违法乱纪，腐化堕落的行为，都是党的纪律不能容许的。”①1964年1月，中共中央批转中央监察委员会《关于“五反”运动中对贪污盗窃、投机倒把问题的处理意见的报告》，明确要求对共产党员从严执纪，对于贪污盗窃等非法所得数额较大的党员，一律开除党籍。

总的来看，社会主义革命和建设时期党的纪律建设取得了一些成效，积累了若干经验。但遗憾的是，由于种种原因，有关党的纪律建设的好政策、好做法并没有得到一以贯之的坚持和落实，特别是到了“文化大革命”期间，党章党纪基本上处于废弛状态，包括党的纪律建设在内的党的各方面建设遭受严重挫折。1969年4月，党的九大通过的党章，虽然形式上仍然承认民主集中制，但删掉了八大党章中许多正确的规定，同时作出了许多错误的论述和规定，如删除了党的纪律、纪检机构等方面的条款。这些历史教训十分惨痛。

## （三）改革开放和社会主义现代化建设新时期：“坚持和加强党的纪律”②

1978年年底召开的党的十一届三中全会，是新中国成立以来党的历史上具有深远意义的伟大转折点，也是党纪党规建设的重要转折点。针对“文化大革命”期间共产党员的党纪意识淡薄、党章党规被肆意践踏等严重情况，邓小平谆谆告诫全党：“国要有国法，党要有党规党法。党

---

① 中共中央组织部、中共中央党史研究室、中央档案馆编：《中国共产党组织史资料》第9卷，中共党史出版社2000年版，第979页。

② 《邓小平文选》第2卷，人民出版社1994年版，第341页。

章是最根本的党规党法。没有党规党法，国法就很难保障。”[①]邓小平初步表达了要构建以党章为根本的党规党法体系的设想，同时明确了党规党法是国法的基本保障的思想。经过反复酝酿，党的十一届三中全会决定重新设立中央纪律检查委员会，主要任务是：维护党的章程和其他党内法规，协助党的委员会加强党风建设；对党员开展纪律教育，作出关于维护党纪的决定；检查和处理党的组织和党员违反党纪党规的比较重要或复杂的案件，决定或取消对这些案件中党员的处分；受理党员的控告和申诉等。此后不久，中央纪律检查委员会和地方以及军队和国家机关各部委的纪检机构相续建立或恢复，并很快在随后的平反冤假错案中发挥了重要作用。

为了全面恢复和进一步发扬党的优良传统和作风，健全党内民主生活，增强党的团结，巩固党的组织和纪律，提高党的战斗力，1980 年 2 月，党的十一届五中全会审议通过《关于党内政治生活的若干准则》(简称《准则》)，明确要求党员、干部必须坚持党的政治路线和思想路线，维护党的集中统一，严格遵守党的纪律，坚持党性原则，要讲真话，言行一致，发扬党内民主，接受党和群众的监督等。在谈到党的纪律时，《准则》规定：民主集中制是党的根本组织原则，必须严肃地重申“四个服从”原则，“每个党员要把维护党的集中统一，严格遵守党的纪律，作为自己言论和行动的准则”[②]。总的来看，《准则》总结了几十年来中国共产党处理党内关系的基本经验，明确地将共产党的优良传统和作风、党内政治生活必须遵循的若干准则加以规范化和系统化，是统一党的各级

① 《邓小平文选》第 2 卷，人民出版社 1994 年版，第 147 页。

② 《三中全会以来重要文献选编》上，中央文献出版社 1982 年版，第 363 页。

领导机关和全体党员思想和行动的重要文献，是党纪党规建设的重要成果，是党章必不可少的具体补充。

1982年9月，党的十二大在北京召开，标志着拨乱反正任务的基本结束和全面开创社会主义现代化建设新局面的开始。十二大通过的党章对党的纪律建设作出许多新规定，如对全体党员、干部提出比过去历次党章更加严格的要求，指出党的干部“是人民的公仆”；对党的民主集中制作了比较充分、比较具体的规定，明确要求“党禁止任何形式的个人崇拜”，“凡属重大问题都要由党的委员会民主讨论，作出决定”，等等。特别是新增一章“党的纪律”，对党纪作了一系列严格规定：“共产党员必须自觉接受党的纪律的约束”，对违反党纪的党员，应当本着惩前毖后、治病救人的精神，给以批评教育直至纪律处分；所有党员，必须遵守政纪国法，“严重触犯刑律的党员必须开除党籍”；“党组织对党员作出处分决定，应当实事求是地查清事实”，并容许本人说明情况和申辩；“对于严重违犯党的纪律、本身又不能纠正的党组织”，上级党委应对其进行改组或予以解散，并报上级党委批准。[①]自此之后，历次党的全国代表大会通过的新修订党章均设有“党的纪律”一章，更加凸显党的纪律建设的重要性。

自1983年下半年开始，中共中央决定用三年时间对全党的作风和组织进行一次全面整顿，主要任务是统一思想，整顿作风，加强纪律，纯洁组织。鉴于党的不少组织和党员中存在着相当严重的违反民主集中制现象，党中央要求加强党的纪律建设，坚持民主集中制的组织原则，反对无组织无纪律的家长制、派性、无政府主义、自由主义，改变党组织

① 《十二大以来重要文献选编》上，中央文献出版社1986年版，第85—87页。

的软弱涣散状况。中共中央明确指出："保持党的严格的组织纪律性，坚持民主集中制，是实现党的纲领和任务，提高党的战斗力的重要保证。"[①]这次整党是中国共产党在新时期开展的第一次集中教育活动。经过三年的整顿，全党在思想、作风、纪律、组织等方面较之前有了进步，同时积累了一些正确处理党内矛盾和问题的重要经验，为新时期加强党的建设奠定了一个较好的基础。

值得一提的是，在整党过程中，中共中央整党工作委员会于1985年11月发出《关于农村整党工作部署的通知》，其中提出："要从严治党，坚决反对那种讲面子不讲真理，讲人情不讲原则，讲派性不惜牺牲党性的腐朽作风。"[②]这是中央文件中首次明确提出"从严治党"概念。两年后的1987年10月，党的十三大将"从严治党"首次写入党代会政治报告，明确指出："对经不起考验的党员，首先要满腔热情地进行教育。但经验证明，仅仅靠教育不能完全解决问题，必须从严治党，严肃执行党的纪律。"[③]中央纪律检查委员会向党的十三大的工作报告中，进一步将党的纪律与从严治党紧密联系起来，强调指出："改革开放的过程中，要保持党的领导作用，就必须从严治党，维护党的纪律的严肃性"；"各级党委、纪委，要把严肃党纪作为从严治党的一件大事来抓，改变一些党组织软弱涣散、纪律松弛、执纪不严的状况"。[④]此后，中国共产党进一

① 《十二大以来重要文献选编》上，中央文献出版社1986年版，第396页。

② 《新时期农业和农村工作重要文献选编》，中央文献出版社1992年版，第367页。

③ 《十三大以来重要文献选编》上，中央文献出版社1991年版，第53页。

④ 《党的十四大以来中共中央纪律检查委员会历次全会工作报告汇编》，中国方正出版社2017年版，第714、第718页。

步强化了党的纪律建设和纪律监督工作，使党规党纪更加符合从严治党的要求。

随着改革开放的深入推进和社会主义市场经济的迅速发展，党的纪律建设面临着新情况和新问题，从严整顿党的作风、从严纯洁党的队伍、从严执行党的纪律需要更加深入地贯穿于党的建设过程中。从党的十三大到十四大的五年，党的纪律建设突出了“严”的要求。1992 年 10 月，党的十四大在强化党的纪律方面做出了新探索，如首次将“从严治党”写进党章；建立健全党内和党外、自上而下和自下而上相结合的监督制度；把反腐败纳入党的建设的总体要求之中等。这些探索体现了新时期党的纪律建设的鲜明特征。这里要特别指出的是，党的十四大通过的党章第七章“党的纪律”中增写了一条，即第三十七条，对党的性质和作用作了明确概括：“党的纪律是党的各级组织和全体党员必须遵守的行为规则，是维护党的团结统一、完成党的任务的保证。党组织必须严格执行和维护党的纪律，共产党员必须自觉接受党的纪律的约束。”[①]

党的十四大后，党在推进党的纪律建设方面的重要工作之一就是建立健全各项规章制度。中共中央陆续出台了《中国共产党纪律处分条例（试行）》《中国共产党党员领导干部廉洁从政若干准则（试行）》《关于实行党风廉政建设责任制的规定》《中国共产党党内监督条例（试行）》《中国共产党党员权利保障条例（试行）》《关于党政机关县（处）级以上领导干部收入申报的规定》《关于领导干部报告个人重大事项的规定》等系列文件，进一步规范党员、干部的行为，增强党员、干部的纪律观念。

---

① 《中国共产党历次党章汇编（1921—2017）》，中国方正出版社 2019 年版，第 394—395 页。

特别是1997年2月中共中央出台的《中国共产党纪律处分条例（试行）》，起草工作前后历时九年，十五易其稿，内容包括总则、分则和附则三编，共十三章一百七十二条，将违纪种类分为七大类：政治类错误，组织、人事类错误，经济类错误，失职类错误，侵犯党员权利、公民权利类错误，严重违反社会主义道德类错误，违反社会管理秩序类错误。作为中国共产党首部纪律处分条例，它结束了以往无纪可依的状态，是党的各级组织和党员必须遵守的行为规范，是党的纪律建设逐步科学化、制度化、法制化的重要举措，奠定了之后历次条例的基本框架。

与此同时，中国共产党加大了对党员、干部的执纪监督力度以及对党员违纪违法行为的查处力度。就前者而言，党的十四大后的重要举措，就是改革党政监督体制，实行党的纪检机关与国家监察机关合署办公。其目的在于解决两大机关的职能交叉、机构重叠问题，从总体上协调两部门工作，更好地发挥监督部门的整体作用。合署后的纪委履行党的纪律检查和行政监察两项职能，对党委全面负责；合署后的监察部门按照宪法规定仍然属于行政序列，接受行政部门领导。就后者来说，党的十四大后，各级纪检监察机关着力将正风肃纪和反腐败工作向纵深推进，为改革发展和社会稳定服务。这些工作包括：严肃查处党员、干部违反政治纪律的行为，维护党的团结和中央权威；严肃查处党员、干部违反组织人事纪律的行为，切实纠正选人用人上的不正之风；严肃查处党员、干部违反廉洁纪律的行为，端正党风和加强自身廉政建设；严肃查处党员、干部违反群众纪律的行为，解决群众反映强烈的突出问题，维护人民群众的切身利益；严肃查处党员、干部违反工作纪律的行为，自觉遵守党和国家机关的正常工作秩序和管理制度；严肃查处党员、干部违反生活纪律的行为，抓紧改造党员、干部的世界观、人生观和价值观，抓好对党员、干部的教育、管理和监督工作。正如江泽民所指出的：“严肃党的政治纪律、组织纪律、经济工作纪律和群众工作纪律，这几个方面都要全面加以落实”；“要把整顿和加强党的纪律，作为全面加强党的建设的一个重大问题抓紧抓好”。[①]

世纪之交，面对世情、国情、党情的深刻变化以及全面建设小康社会的历史任务，中国共产党更加迫切需要严明党的纪律。1999年1月，江泽民在《坚决维护党的纪律的严肃性》讲话中强调了严肃党的纪律的极端重要性，指出：“如果容许和听任党组织或党员无视组织纪律，为所欲为，那么，中国共产党就不成其为马克思主义的政党，就会丧失战斗力，甚至瓦解。”[②]2000年1月，他在《治国必先治党，治党务必从严》的讲话中，深刻阐述了新形势下从严治党的必要性、紧迫性和重大意义，严肃地告诫全党：“越是改革开放，越是发展社会主义市场经济，越要从严治党。”[③]同年9月，党的十五届六中全会通过《中共中央关于加强和改进党的作风建设的决定》，旗帜鲜明地强调要“坚持党的纪律，反对自由主义”，认为“只有纪律严明，才能步调一致地前进。全党必须自觉遵守和维护党的纪律，同一切违反党的纪律的行为作坚决斗争”。[④]2005年1月，胡锦涛在新时期保持共产党员先进性专题报告会上，同样强调党的纪律问题，指出：“我们党要团结带领全国各族人民全面建设小康社会、建设中国特色社会主义，面临的考验是严峻的，面对的挑战是

① 《十五大以来重要文献选编》中，中央文献出版社2001年版，第1568页。
② 江泽民：《论党的建设》，中央文献出版社2001年版，第337—338页。
③ 江泽民：《论党的建设》，中央文献出版社2001年版，第362页。
④ 《十五大以来重要文献选编》下，中央文献出版社2003年版，第2009页。

巨大的，必须发挥纪律严明这个优势。”[①]因此，他要求共产党员必须严格遵守和维护党的纪律。

作为中国共产党在21世纪召开的第一次全国代表大会，2002年11月召开的党的十六大，重申党的纪律的重要性，要求各级组织和全体党员共同遵守：“党的各级组织和全体党员特别是领导干部，都要严格遵守党的纪律，决不允许有令不行、有禁不止、各行其是。”[②]大会同时提出“坚持党要管党、从严治党”的新表述，指出要“改革和完善党的纪律检查体制，建立和完善巡视制度”等。为了加强党的建设特别是纪律建设，中共中央先后颁布实施两部重要党规：一是2003年12月出台《中国共产党党内监督条例（试行）》。这是中国共产党第一部党内监督条例，对于坚持党要管党、从严治党的方针，发展党内民主，加强党内监督，维护党的团结统一，保持党的先进性起到重要作用。二是2004年2月新修订《中国共产党纪律处分条例》。该条例将违纪种类分为十大类，包括违反政治纪律的行为，违反组织、人事纪律的行为，违反廉洁自律规定的行为，贪污贿赂行为，破坏社会主义经济秩序的行为，违反财经纪律的行为，失职、渎职行为，侵犯党员权利、公民权利的行为，严重违反社会主义道德的行为，妨害社会管理秩序的行为等。这对于严肃党的纪律，纯洁党的组织，保障党员民主权利，教育党员遵纪守法，维护党的团结统一，保证党的路线方针政策和国家法律、法规的贯彻执行，推动反腐倡廉工作的深入开展具有重要意义。

---

① 《十六大以来重要文献选编》中，中央文献出版社2006年版，第626页。
② 《十六大以来重要文献选编》上，中央文献出版社2005年版，第40页。

为了“从源头上预防和解决腐败问题”[①]，2005年1月，中共中央结合新时期反腐倡廉工作的需要，颁布《建立健全教育、制度、监督并重的惩治和预防腐败体系实施纲要》。这一标本兼治、综合治理、惩防并举、注重预防的惩治和预防腐败体系的提出，标志着党的纪律建设进入体系化反腐的重要阶段，是党中央从完成经济社会发展的重大任务和巩固党的执政地位的全局出发，为做好新形势下反腐倡廉工作作出的重大战略决策，有助于从源头上预防和治理腐败，铲除腐败滋生蔓延土壤，提高党的执政能力、巩固党的执政地位。

党的十七大是在我国改革发展关键阶段召开的一次十分重要的大会。2007年10月，胡锦涛在党的十七大报告的结尾部分谈到要以改革创新精神全面推进党的建设新的伟大工程时指出：“必须把党的执政能力建设和先进性建设作为主线，坚持党要管党、从严治党，贯彻为民、务实、清廉的要求，以坚定理想信念为重点加强思想建设，以造就高素质党员、干部队伍为重点加强组织建设，以保持党同人民群众的血肉联系为重点加强作风建设，以健全民主集中制为重点加强制度建设，以完善惩治和预防腐败体系为重点加强反腐倡廉建设，使党始终成为立党为公、执政为民，求真务实、改革创新，艰苦奋斗、清正廉洁，富有活力、团结和谐的马克思主义执政党。”[②]中国共产党在这里不仅首次明确提出“反腐倡廉”命题，还为21世纪新阶段党的纪律建设指明了新方向、提出了新要求。

为加强对党政领导干部的管理和监督，增强党政领导干部的责任意

---

① 《十六大以来重要文献选编》上，中央文献出版社2005年版，第42页。
② 《十七大以来重要文献选编》上，中央文献出版社2009年版，第38页。

识和大局意识，2009年6月，中共中央办公厅、国务院办公厅印发《关于实行党政领导干部问责的暂行规定》，对问责情形、方式及适用、问题程序等作了明确规定，标志着党政领导干部的问责制度的常态化和规范化。同年7月，在总结党内巡视工作经验的基础上，为了加强党组织领导班子和干部队伍建设，推动党的先进性和纯洁性建设，中共中央首次颁布巡视监督专门条例《中国共产党巡视工作条例（试行）》，对巡视的机构和人员、范围和内容、工作方式和极限、工作程序、纪律和责任等作了具体规定，正式将巡视制度纳入规范化建设轨道。2010年2月，中共中央印发《中国共产党党员领导干部廉洁从政若干准则》，对党员领导干部八个方面的从政行为“禁止”情形作了具体规定，同时列举了“52个不准”的行为，使廉洁从政行为规范上升至党内法规，成为深化党员领导干部廉洁自律工作的制度保障。同年5月，中共中央通过《关于领导干部报告个人有关事项的规定》，进一步强化了对领导干部的纪律要求和监督管理，对加强领导班子和干部队伍建设、推进反腐倡廉制度建设特别是健全党内监督制度具有重要意义。

2012年11月，举世瞩目的党的十八大隆重召开，开启了中国特色社会主义新时代。习近平总书记在十八届中央政治局常委同中外记者见面时，对党的责任提出了新要求，指出：“打铁还需自身硬。我们的责任，就是同全党同志一道，坚持党要管党、从严治党，切实解决自身存在的突出问题，切实改进工作作风，密切联系群众，使我们的党始终成为中国特色社会主义事业的坚强领导核心。”[①]党的十八大报告首次明确“党的纪律建设”命题，并且强调：“党面临的形势越复杂，肩负的任务

① 《十八大以来重要文献选编》上，中央文献出版社2014年版，第70页。

越艰巨，就越要加强党的纪律建设，越要维护党的集中统一。”[①]“党的纪律建设”命题的正式提出，表明中国共产党在新的历史条件下对纪律建设的高度重视，以及对进一步推进和加强党的纪律建设的坚定决心。党的十八大伊始，以习近平同志为核心的党中央审时度势，以巨大的政治勇气和强烈的自我革命精神，毫不动摇地推进全面从严治党向纵深发展，把全面加强党的纪律建设作为推进新时代全面从严治党的有力之举和治本之策，将新时代党的纪律建设提升到一个新高度。

## 三、新时代全面从严治党的治本之策

在像中国这样一个幅员辽阔、人口众多的发展中的社会主义大国长期执政，中国共产党不能没有严明的纪律。纪律不严、规矩不守，从严治党就无从谈起。习近平总书记指出：“如果不严明党的纪律，党的凝聚力和战斗力就会大大削弱，党的领导能力和执政能力就会大大削弱。”[②]党纪严明对永葆党的先进性纯洁性、维护党的团结统一、净化党内政治生态等十分必要，是新时代管党治党、全面从严治党的治本之策。

### （一）永葆党的先进性纯洁性的重要保证

先进性和纯洁性是马克思主义政党的政治本色。早在延安时期，毛泽东就明确要求，必须“严肃地坚决地保持共产党员的共产主义的纯

① 《十八大以来重要文献选编》上，中央文献出版社2014年版，第43页。
② 《习近平关于严明党的纪律和规矩论述摘编》，中央文献出版社、中国方正出版社2016年版，第3页。

洁性”[①]。中国共产党的性质和宗旨，决定了党必须始终保持和发展先进性和纯洁性。保持和发展党的先进性和纯洁性是马克思主义政党的本质规定。习近平总书记强调：“保持党的先进性和纯洁性，是我们党在改革开放和社会主义现代化建设进程中应对和经受住各种考验、化解和战胜各种危险的重要法宝。”[②]作为百年大党，中国共产党“如何永葆先进性和纯洁性、永葆青春活力，如何永远得到人民拥护和支持，如何实现长期执政，是我们必须回答好、解决好的一个根本性问题”[③]。为此，我们要从保证党永不变色、保证国家长治久安、保证中华民族伟大复兴历史使命如期实现的战略高度，从应对新形势下党面临的突出风险和挑战出发，充分认识到保持和发展党的先进性和纯洁性的极端重要性和紧迫性，持续不断地增强党的先进性和纯洁性建设。

必须看到，在长期执政和改革开放的历史方位和发展环境下，党员队伍状况已经发生了结构性变化，党的先进性和纯洁性建设面临着各种可以预见和难以预见的新情况和新问题，保持和发展党的先进性和纯洁性，较之以往任何时候都更加困难些、更加紧迫些。习近平总书记指出：“决胜全面建成小康社会的艰巨任务、实现中华民族伟大复兴的历史使命，对我们党提出了前所未有的新挑战新要求，影响党的先进性、弱化党的纯洁性的各种因素具有很强的危险性和破坏性。”[④]特别是一些党员在权利和利益的诱惑下政治方向迷茫、政治立场含糊、理想信念动摇、宗旨观念淡薄、党性原则丧失、工作作风飘浮，甚至腐化变质、违法乱

---

① 《毛泽东选集》第 3 卷，人民出版社 1991 年版，第 793 页。
② 《十七大以来重要文献选编》下，中央文献出版社 2013 年版，第 822 页。
③ 《十九大以来重要文献选编》中，中央文献出版社 2021 年版，第 118 页。
④ 《习近平谈治国理政》第 3 卷，外文出版社 2020 年版，第 71 页。

纪、锒铛入狱，教训十分惨痛。

仔细剖析这些教训的发生，无不与共产党员放松对党的纪律的自我约束、自我管理、自我监督紧密相关。党的先进性和纯洁性是靠千百万共产党员的先进性和纯洁性来体现和保证的。如果作为个体的共产党员丧失了对先进性和纯洁性的追求，放任各种破坏党的纪律行为滋生蔓延并不断侵蚀党的健康肌体，那么作为集体的中国共产党组织的先进性和纯洁性就会失去存在的根基。这就需要从抓党的纪律入手，严明党的纪律，严肃党的规矩，通过学习教育包括纪律教育、党性教育，健全和完善党的各项规章制度，提升党员的政治素质，坚定党员的理想信念，规范和纯洁党的组织队伍建设，使“铁的纪律”转化为党员、干部的日常习惯和自觉遵循，使广大党员不断砥砺本色、淬炼成钢。与此同时，还要用好纪律的“武器”和制度的“利器”同非无产阶级思想和各种错误倾向作斗争，不断清除一切损害党的先进性和纯洁性的因素，不断清除一切侵蚀党的健康肌体的病毒，坚决抵制歪风邪气，防范和及时清除党内腐化变质分子，确保不变质、不变色、不变味，始终葆有共产党员的先进性和纯洁性。

### （二）维护党的团结统一的坚强依靠

党的团结统一是指全党在马克思主义原则基础上形成的思想上政治上组织上的一致以及行动上的统一。党的团结统一是党的生命线，是马克思列宁主义的基本原则。马克思恩格斯在创建共产主义者同盟时，把“全世界无产者联合起来”作为基本口号，写入《共产主义者同盟章程》之中。列宁强调：“特别需要保持党的队伍的统一和团结，保证党员相互之间的完全信任，保证在工作中真正齐心协力，真正体现无产阶级先锋队的意志的统一。”[①]之所以如此，是因为“保持党的统一和实现无产阶级先锋队的意志的统一是保证无产阶级专政胜利的基本条件”[②]。历史和现实反复证明，党的团结统一是党的创造力、凝聚力和战斗力的重要源泉，是党的各项工作和任务得以展开和完成的重要保证，必须保持党的团结统一，保证全党统一意志、统一行动，步调一致向前进，团结成“一块坚硬的钢铁”，才能取得革命和建设事业的胜利，才能领导全党和全国各族人民肩负起实现中华民族伟大复兴的历史使命。

党面临的形势越复杂，肩负的任务越艰巨，就越要保持党的团结统一。那么，靠什么来保证中国共产党的团结统一呢？习近平总书记自问自答道：“党的团结统一靠什么来保证？要靠共同的理想信念，靠严密的组织体系，靠全党同志的高度自觉，还要靠严明的纪律和规矩。”[③]在这里，“严明的纪律和规矩”成为习近平总书记特别强调的保证党的团结统一的四个依靠条件之一。

中国共产党是以党的纲领和章程为基础，按照民主集中制原则组织起来的统一整体。党从诞生之日起，就是一个团结统一的马克思主义政党，组织纪律性始终是维护党的团结统一的有力武器和重要保障。1938年10月，毛泽东在党的扩大的六届六中全会上讲到党的纪律时，强调“必须重申党的纪律”，“必须对党员进行有关党的纪律的教育”，“谁破坏了这些纪律，谁就破坏了党的统一”。[④]2005年1月，胡锦涛在新时

---

① 《列宁选集》第4卷，人民出版社2012年版，第469页。

② 《列宁选集》第4卷，人民出版社2012年版，第470页。

③ 《习近平关于严明党的纪律和规矩论述摘编》，中央文献出版社、中国方正出版社2016年版，第6页。

④ 《毛泽东选集》第2卷，人民出版社1991年版，第528页。

期保持共产党员先进性专题报告会上讲到严明党的纪律与维护党的团结统一之间的内在关系时，他说：“只有纪律严明，才能保证党的理论和路线方针政策的贯彻落实，才能维护党的团结统一。过去战争年代我们打胜仗，靠的是这一条；现在我们进行社会主义现代化建设，同样离不开这一条。”①

在中国共产党历史上，党经常运用纪律这一有力武器同破坏党的团结统一行为作斗争。新民主主义革命时期，针对红军长征途中张国焘妄图分裂党、分裂红军、另立“中央”的严重错误，以毛泽东同志为代表的党中央严格执行党的纪律，果断采取组织措施，责令张国焘立即取消所谓的“中央”，停止一切反党活动，从而使全党全军彻底认清了张国焘的分裂行为及其严重后果，维护了党和军队的团结统一。新中国成立后不久，高岗、饶漱石违反党的纪律，利用党内某些本属正常的不同意见或看法大做文章，挑拨中央领导成员之间的关系，以毛泽东同志为代表的党中央严格按照党的纪律要求，本着惩前毖后、治病救人的方针，对高岗、饶漱石分裂党和破坏党的团结的活动提出批评，并在党的七届四中全会上一致通过《关于增强党的团结的决议》，向全党特别是中央委员和高级干部强调增强和维护党的团结的极端重要性，使全党特别是高级干部受到深刻教育，党的团结统一不但没有受到损害，反而得到进一步增强。改革开放后的相当长一段时期内，党的建设同样存在着比较突出的问题，有些党员在政治上公然违背四项基本原则、违背和歪曲党的改革开放决策、妄议党中央大政方针，在党内搞团团伙伙、小组织活动等；有些党员在组织上不贯彻执行民主集中制原则、不执行党组织的

① 《十六大以来重要文献选编》中，中央文献出版社2006年版，第626页。

分配或调动、不按规定向组织请示报告重大问题和重要事项等；有些党员在工作上不贯彻落实党和国家方针政策和决策部署、违反规定插手市场经济活动或司法活动等。

党的十八大以来，以习近平同志为核心的党中央强化党的纪律对党员和党组织的约束力，全方位扎紧纪律规矩的“铁笼子”，加大对违纪党员和党组织的处罚力度。通过系列“组合拳”，党的领导力和组织力得到显著增强，党的团结统一得到显著巩固和提升。习近平总书记指出：“旗帜鲜明讲政治、保证党的团结和集中统一是党的生命，也是我们党能成为百年大党、创造世纪伟业的关键所在。实践证明，只要全党团结成‘一块坚硬的钢铁’，就能够把全国各族人民团结起来，形成万众一心、无坚不摧的磅礴力量，战胜一切强大敌人、一切艰难险阻。”①

总之，无论是革命年代还是建设年代，无论是改革时期还是新时代，中国共产党都十分重视党的纪律和规矩，严明党的纪律和规矩，善于运用党的纪律和规矩维护和巩固党的团结统一，敢于同一切破坏党的纪律和规矩的行为进行坚决斗争，不断推动党和国家事业的健康发展。

### （三）净化党内政治生态的锐利武器

党内政治生态是政党及其成员在政治实践活动中形成的环境、风气、习惯等，是政治制度、政治文化、政治生活等要素相互作用的结果。党内政治生态是检验中国共产党管党治党是否有力的重要标尺。良好的党内政治生态，不仅关系着党员、干部的价值取向和政治行为，关系着党的肌体是否健康，而且关系着党的执政地位和国家政权是否长期稳定，

① 习近平：《在党史学习教育动员大会上的讲话》，《求是》2021 年第 7 期。

关系着党的事业的兴衰成败。

党的十八大以来，以习近平同志为核心的党中央在总结管党治党宝贵经验教训的基础上，在多个场合反复强调党内政治生态问题的极端重要性。2013 年 1 月，习近平总书记在十八届中央纪委二次全会上首次明确使用“政治生态”概念，指出：“改进工作作风，就是要净化政治生态，营造廉洁从政的良好环境。”①2014 年 6 月，习近平总书记在中央政治局第十六次集体学习时强调：“加强党的建设，必须营造一个良好的从政环境，也就是要有一个好的政治生态。”②同年 10 月，他在党的群众路线教育实践活动总结大会上的讲话中指出，有些地方政治生态出了问题，根子在于管党治党不严，“这些年来，在一些地方和单位，‘四风’问题越积越多，党内和社会上潜规则越来越盛行，政治生态和社会环境受到污染，根子就在从严治党没有做到位”③。2015 年 10 月，习近平总书记在党的十八届五中全会第二次全体会议上指出：“现在，确实需要修复政治生态，把我们党的光荣传统和优良作风大大恢复和发扬起来。”④2018 年 6 月，习近平总书记在十九届中央政治局第六次集体学习时再次强调：“政治生态好，党内就会正气充盈；政治生态不好，党内就会邪气横生。”⑤他进一步指出：“党的十八大之前一个时期，一些地方和单位政治生态严重恶化，涣散了人心、带坏了社会风气，极大损害了人民群众对

① 《论群众路线——重要论述摘编》，中央文献出版社、党建读物出版社 2013 年版，第 132 页。

② 《习近平在中共中央政治局第十六次集体学习时强调 坚持从严治党落实管党治党责任 把作风建设要求融入党的制度建设》,《人民日报》2014 年 7 月 1 日。

③ 《十六大以来重要文献选编》中，中央文献出版社 2006 年版，第 92 页。

④ 《十八大以来重要文献选编》下，中央文献出版社 2018 年版，第 457 页。

⑤ 《十九大以来重要文献选编》上，中央文献出版社 2019 年版，第 539 页。

党的信任。党的十八大以来，党内政治生态有了明显好转，这一点大家都能亲身感受到。同时，我们也要看到，党内政治生活随意化、形式化、平淡化、庸俗化的问题没有得到彻底解决。这要引起我们高度重视。”①习近平总书记之所以反复强调净化党内政治生态问题，不仅在于它是马克思主义政党建设的内在规定，是对中国共产党政治生态建设历史经验的深刻总结，而且是对中国共产党政治生态建设当下状况的深入反思。

净化党内政治生态，营造良好的政治生态环境，离不开严明的党的纪律作保障。严明的纪律是铸就党内良好风气、净化党内政治生态的有力武器。一些党员、干部出现这样那样的问题，通常都是从破坏纪律、不守规矩开始的。一些地方和部门的政治生态出现这样那样的问题，通常也是法度松弛、纲纪败坏导致的。问题不断累积，纪律的严肃性和权威性就会大打折扣直至成了摆设，成了“纸老虎”和“稻草人”，就会形成“破窗效应”。初期腐烂的可能只是个别树木，久而久之就会蔓延至整个森林。因此，必须让纪律和规矩严起来，正歪树、治病树、拔烂树，坚决遏制住腐化蔓延势头，不断加大治理力度，才能净化生态环境，保护好整片森林的健康。在这方面有一些深刻的反面典型。国家发展和改革委员会原副主任、国家能源局原局长刘铁男在法庭上痛哭流涕地忏悔：“我如果按照党的纪律严格要求，也不会犯法。”南京市原市长季建业在接受组织调查时写下万言悔过书，其中讲道：“我头上缺少党纪国法这根高压线，忘记了为人为官的底线。”湖南衡阳贿选案、山西塌方式腐败案、洞庭湖拆除矮围案、陕西秦岭违建整治案等，其背后都有纪律松弛、组织涣散、政治生态恶化的严重问题。

---

①《十九大以来重要文献选编》上，中央文献出版社 2019 年版，第 539 页。

总之，只有严明党的纪律，推动管党治党真正从宽松软走向严紧硬，坚定不移地把“严”的主基调长期坚持下去，把党的纪律和规矩的权威真正地树立起来，党员、干部自觉地在思想上行动上清除和远离“污染源”，努力维护政治生命健康的“疫苗”，才能全面修复和重构风清气正的党内政治生态。正如习近平总书记在谈到新修订的《中国共产党廉洁自律准则》(简称《准则》)和《中国共产党纪律处分条例》(简称《条例》)时所指出的：“各级领导干部要带头执行《准则》《条例》，把好用权‘方向盘’，系好廉洁‘安全带’，激浊扬清，扶正祛邪，自觉为营造风清气正的政治生态履职尽责、作出贡献。”①

---

① 《习近平李克强张德江俞正声刘云山张高丽分别参加全国人大会议一些代表团审议》，《人民日报》2017年3月9日。

# 第二章 建立健全各项纪律和规矩

无规矩，不成方圆；无纪律，不成政党。纪律是党的生命，是管党治党的尺子。一个组织没有纪律，必然软弱涣散；一个政党纪律不严，必然缺乏力量。习近平总书记指出：“有纪可依是严明纪律的前提，党的纪律规定要根据形势和党的建设需要不断完善，确保系统配套、务实管用，防止脱离实际、内容模糊不清、落后于实践。”[①]中国共产党成立伊始，就十分注重纪律建设，在百年党建过程中，始终把纪律和规矩挺在前面。全面从严治党首先要把党的各项纪律和规矩立起来，切实做到有纪可依。

① 《十八大以来重要文献选编》中，中央文献出版社2016年版，第100页。

# 一、把党的纪律和规矩立起来

国有国法，家有家规。《吕氏春秋· 自知》曰：“欲知平直，则必准绳；欲知方圆，则必规矩。”没有规矩，不成其为政党，更不成其为马克思主义政党。中国共产党的纪律和规矩是党的各级组织和全体党员必须遵守的行为规范。习近平总书记明确指出：“党要管党、从严治党，靠什么管，凭什么治？就要靠严明纪律。”[①]他将党的纪律和规矩概括为紧密相连的4个方面：党章、党的纪律、国家法律以及党在长期实践中形成的优良传统和工作惯例。[②]

## （一）党章是党的根本大法和总章程

党章是最根本的党内法规，是制定其他党规党法的总依据，是全党必须遵守的行为准则。党的一切法治制度都是从党章开始的。2012年11月，党的十八大刚刚闭幕之际，习近平总书记就在《认真学习党章　严格遵守党章》文章中旗帜鲜明地指出了党章的统领和核心地位，他说：“党章是党的总章程，集中体现了党的性质和宗旨、党的理论和路线方针政策、党的重要主张，规定了党的重要制度和体制机制，是全党必须共同遵守的根本行为规范。没有规矩，不成方圆。党章就是党的根本大法，

① 《十八大以来重要文献选编》上，中央文献出版社2014年版，第764页。

② 《习近平关于严明党的纪律和规矩论述摘编》，中央文献出版社、中国方正出版社2016年版，第7页。

是全党必须遵循的总规矩。”[①]对外而言，党章能够展现中国共产党的良好形象，积极影响群众并获得群众支持和主动吸引群众中的先进分子。对内而言，党章是号召全党、凝聚人心的旗帜，能够为党的建设和发展指明正确方向，从而巩固各级党组织的基础和凝聚全党力量，推动党的建设伟大工程不断前进。

作为最根本的党内法规，“党章由党的全国代表大会制定和修改，代表党的最高意志，在党内法规体系中位阶最高，具有最高效力和最高权威，任何党内法规以及任何党的制度都不得同党章相抵触”[②]。习近平总书记指出，“在各级党组织的全部活动中，都要坚持引导广大党员、干部特别是领导干部自觉学习党章、遵守党章、贯彻党章、维护党章”[③]；“每一个共产党员特别是领导干部都要牢固树立党章意识，自觉用党章规范自己的一言一行，在任何情况下都要做到政治信仰不变、政治立场不移、政治方向不偏。不论担任何种职务、从事何种工作，首先要明白自己是一名在党旗下宣过誓的共产党员，要用入党誓词约束自己”[④]。

1. 党章规定了党的性质、宗旨、目标、指导思想、基本路线和基本要求

作为中国共产党管党治党的总规矩，党章是中国共产党为实现奋斗纲领、开展各项活动、从事党内事务所制定的根本法规，是中国共产党

---

① 习近平：《认真学习党章　严格遵守党章》，《人民日报》2012年11月20日。

② 中共中央办公厅法规局：《中国共产党党内法规体系》，《人民日报》2021年8月4日。

③ 《习近平关于严明党的纪律和规矩论述摘编》，中央文献出版社、中国方正出版社2016年版，第3页。

④ 《十八大以来重要文献选编》上，中央文献出版社2014年版，第132页。

全部法规体系的基础。2022 年 10 月，党的二十大通过新修订党章，其中“总纲”部分高度概括了党的性质、目标、指导思想、基本要求等一系列内容。关于党的性质，党章规定：“中国共产党是中国工人阶级的先锋队，同时是中国人民和中华民族的先锋队，是中国特色社会主义事业的领导核心，代表中国先进生产力的发展要求，代表中国先进文化的前进方向，代表中国最广大人民的根本利益。”关于党的最高理想和最终目标，党章规定：“党的最高理想和最终目标是实现共产主义。”关于党的指导思想，党章指出：“中国共产党以马克思列宁主义、毛泽东思想、邓小平理论、‘三个代表’重要思想、科学发展观、习近平新时代中国特色社会主义思想作为自己的行动指南。”关于中国共产党的初心和使命，党章概括为：“中国共产党自成立以来，始终把为中国人民谋幸福、为中华民族谋复兴作为自己的初心使命。”关于党在社会主义初级阶段的基本路线，党章概括如下：“领导和团结全国各族人民，以经济建设为中心，坚持四项基本原则，坚持改革开放，自力更生，艰苦创业，为把我国建设成为富强民主文明和谐美丽的社会主义现代化强国而奋斗。”关于党的建设必须实现的基本要求，党章概括为 5 个方面：“坚持党的基本路线”“坚持解放思想，实事求是，与时俱进，求真务实”“坚持全心全意为人民服务”“坚持民主集中制”“坚持从严管党治党”。[①]

2. 党章规定了对党员、干部的要求

党员是党的细胞，党员、干部是党的事业的骨干。党员越有活力，党组织越有战斗力；党员、干部越优秀，党组织越能保持和弘扬先进性和纯洁性。基于党员、干部对党的建设的极端重要性，党章对党员、干

① 《中国共产党章程》，《人民日报》2022 年 10 月 27 日。

部都作出了明确规定。

就党员而言，党章对其要求可概括为前提条件、基本条件、具体条件三个方面。第一，党员的前提条件是对先进分子入党的必备要求。例如：年龄必须满 18 周岁，必须是社会各阶层中的先进分子，必须承认党的纲领和章程并努力为之工作，必须执行党的决议并按期交纳党费等。这些是先进分子申请入党的必要条件，只有符合前提条件才有资格申请，但要成为正式党员，还要遵循入党的具体程序。第二，党员的基本条件是对党员的原则性要求。党章要求党员做一名有共产主义觉悟的先锋战士，为实现共产主义事业奋斗终身，随时准备为党和人民牺牲一切；党员必须树立全心全意为人民服务的宗旨；共产党员永远是劳动人民的普通一员，除了法律和政策规定范围内的个人利益和工作职权以外，所有共产党员都不得谋求任何私利和特权；等等。只有符合这些基本条件，才能成为合格党员。第三，党员的具体条件是对党员的规范性要求。这主要指党员必须履行的八项义务和享有的八项权利。作为衡量合格党员的具体标准，八项义务大体上包括：提高理论素质和业务本领；发挥先锋模范作用；践行党的根本宗旨；遵纪守法和执行党的决定；维护党的团结统一；勇于批评和敢于斗争；贯彻党的群众路线；发扬社会主义新风尚和舍身报国为民等。这些规定明确了党员应尽的职责，有助于提高党员的政治素质，增强其为党的事业奋斗终身的自觉性，保证党员在实际工作中完成党的任务，助力实现党的目标。八项权利大体上包括：参加党的有关会议，阅读党的有关文件，接受党的教育和培训的权利；在党的会议上和党报党刊上讨论党的政策问题的权利；对党的工作提出建议和倡议的权利；在党的会议上对其他党组织和党员进行批评、监督、检举的权利；行使表决权、选举权，有被选举权；对党的处分有申辩权；对党的决议和政策有保留意见的权利；向上级党组织提出请求、申诉和控告的权利。这些权利是党组织在制定路线方针政策时了解广大党员意见、集中广大党员智慧、保证党的路线方针政策的科学性和合理性的重要方式，有助于把党的工作置于党员的监督之下，保证决策的科学性。因此，党员积极行使权利的过程，也就是党员履行义务的过程。党员的权利和义务是统一的，将二者对立或割裂开来的做法都是错误的。

就干部而言，作为党内的领导者，他们是党的事业的骨干。除了必须符合党员的条件外，党章还对干部提出了更高的要求：一是坚定党的指导思想，坚持运用马克思主义的立场观点方法分析和解决实际问题，在工作和生活中坚持讲学习、讲政治、讲正气，努力提高自身应对大是大非的能力。二是坚定马克思主义理想信念，牢固树立共产主义远大理想和中国特色社会主义共同理想，坚持党的各项路线方针政策，在建设和发展中能够艰苦奋斗，做出让人民满意的成绩。三是坚持解放思想、实事求是，在工作和学习中保持与时俱进、开拓创新，讲实话、办实事、求实效、出实绩，防止“把说了当做了，把做了当做好了”。四是保持强烈的革命事业心和政治责任感，不断丰富自身实践经验，提高文化水平，丰富专业知识，强化组织能力。五是正确行使权力，保持清正廉洁、勤政为民，反对一切不正之风，不断提高防腐拒变的能力，自觉接受人民监督。六是坚持民主集中制，维护党中央权威和集中统一领导。

3. 党章规定了处理党内关系的基本原则

中国共产党作为执政党，要完成自身的历史使命，需要建立与之相适应的组织制度、组织形式和组织结构，使各级党组织和全体党员始终充满活力，保障各项功能的充分实现。这就要求处理好个人与组织、少数与多数、下级与上级、选举与被选举、领导与被领导等党内各种关系。想要处理好这些关系，关键在于坚持民主集中制，即坚持民主基础上的集中与集中指导下的民主相结合的制度。中国共产党是根据本党纲领和章程，按照民主集中制组织起来的统一整体。民主集中制是中国共产党的根本组织制度和领导制度，是党正确制定路线方针政策的重要保障。党的民主集中制包含以下六条基本原则。

一是“四个服从”原则。所谓“四个服从”，即“党员个人服从党的组织，少数服从多数，下级组织服从上级组织，全党各个组织和全体党员服从党的全国代表大会和中央委员会”①。关于第一个服从即党员个人服从党的组织的原则，这是共产党团结统一、保持战斗力的基础。党员个人必须严格服从党组织的领导和决定，若个人意见与组织发生冲突，党员个人可保留意见，并向上级反映，但行动上必须服从组织。关于第二个服从即少数服从多数的原则，党组织通过会议讨论决议时，要尊重和执行多数人的意见和决议，不能以少数人或个人意见代替和否决多数人意见。关于第三个服从即下级组织服从上级组织的原则，党内上级与下级组织之间是领导与被领导的关系，下级组织要积极服从和执行上级组织的决议，并及时向上级组织汇报。若上级组织的决议在执行过程中需要调整，下级组织需上报上级组织请求同意批准。关于第四个服从即全党各个组织和全体党员服从党的全国代表大会和中央委员会的原则，党的全国代表大会以及由它所产生的中央委员会是党的最高领导机关，由其制定的路线方针政策是全党意志的集中体现，全体党员以及全党各个组织必须与党中央保持一致。“四个服从”是中国共产党经过长期革命

① 《中国共产党章程》，《人民日报》2022年10月27日。

斗争形成的优良传统，既反映了民主，又反映了集中，是贯彻落实民主集中制的有效途径，是正确处理党内各种关系的基本准则。“四个服从”之间是一个有机联系的整体，既相互联系又相互区别，不能将它们割裂开来或对立起来。

二是民主选举原则。民主选举是在同级别候选人中选择上级领导者的行为，具有自下而上和公平投票的性质。党章规定：“党的各级领导机关，除它们派出的代表机关和在非党组织中的党组外，都由选举产生。”① 作为党内民主的重要标志，民主选举原则能够直接表达党员的意志，保障党员的民主权利，保证党员积极参与党内民主管理和民主决策，健全和完善党内民主监督，坚持和改善党的领导。

三是定期报告原则。党章规定：“党的最高领导机关，是党的全国代表大会和它所产生的中央委员会。党的地方各级领导机关，是党的地方各级代表大会和它们所产生的委员会。党的各级委员会向同级的代表大会负责并报告工作。”② 这一规定明确了党的代表大会在党内生活中的重要地位，也明确了党的委员会在党内生活中的重要作用。党的全国代表大会享有最高的决策权、选举权和监督权。党的地方各级代表大会在本级组织内同样享有相应的决策权、选举权和监督权。在代表大会闭会期间，中央委员会是党的最高领导机关，地方各级委员会是地方各级党的领导机关，因为它们是由相应的党的代表大会选举产生，所以它们的全部工作必须向同级党的代表大会负责。

四是及时沟通原则。党章规定：“党的上级组织要经常听取下级组

① 《中国共产党章程》，《人民日报》2022 年 10 月 27 日。
② 《中国共产党章程》，《人民日报》2022 年 10 月 27 日。

织和党员群众的意见，及时解决他们提出的问题。党的下级组织既要向上级组织请示和报告工作，又要独立负责地解决自己职责范围内的问题。上下级组织之间要互通情报、互相支持和互相监督。”[①]这是正确处理党内上级与下级组织之间关系必须遵循的基本原则，体现了坚持党的自上而下的集中统一领导与发挥下级组织的积极性和主动性的紧密结合，有利于上下级之间及时沟通、反馈和协作，使上下级组织在思想上和行动上保持一致。此外，党的各级组织要按规定实行党务公开，使党员对党内事务有更多的了解和参与。

五是集体领导与个人分工负责相结合原则。党章规定：“党的各级委员会实行集体领导和个人分工负责相结合的制度。凡属重大问题都要按照集体领导、民主集中、个别酝酿、会议决定的原则，由党的委员会集体讨论，作出决定；委员会成员要根据集体的决定和分工，切实履行自己的职责。”[②]这一原则体现了民主集中制原则的基本精神和基本要求，是民主集中制原则在党委工作中的具体化。党的集体领导就是由民主选举产生的领导集体掌握党的权力。凡属重大问题，如重要干部任免，重大项目安排、大额资金使用，以及上级党组织要求必须由党委集体讨论决定的问题，要按照集体领导与个人分工负责相结合原则，由党的委员会集体讨论、作出决定，充分发挥党的委员会全体成员的作用。个人分工负责是指各级党的委员会成员根据集体的决定和分工，切实履行好自己的职责，做到事事有人管、人人有专责，不允许各自为政、自行其是。

六是禁止个人崇拜原则。党章规定：“党禁止任何形式的个人崇拜。

---

① 《中国共产党章程》，《人民日报》2022 年 10 月 27 日。

② 《中国共产党章程》，《人民日报》2022 年 10 月 27 日。

要保证党的领导人的活动处于党和人民的监督之下，同时维护一切代表党和人民利益的领导人的威信。”[①]这是中国共产党总结国际共产主义运动得出的历史经验。自1982年党的十二大修改党章时加入“党禁止任何形式的个人崇拜”重要规定至今，党章历经40年以及大大小小几十处修改，但该规定只字未动，体现了党在个人崇拜问题上旗帜鲜明的反对立场。当然，在禁止个人崇拜的同时，不能从一个极端——信奉个人崇拜走向另一个极端——不尊重党的领导人，甚至妄加评论，而要注意维护好党的领袖人物的威信，正确处理好两者之间的辩证关系。

4. 党章规定了党的纪律以及违纪处理

党的二十大通过的党章专设一章，即第七章明确规定“党的纪律”，主要包括以下4个方面。

一是概括了党的纪律的科学内涵及重要作用。党章规定：“党的纪律是党的各级组织和全体党员必须遵守的行为规则，是维护党的团结统一、完成党的任务的保证。党组织必须严格执行和维护党的纪律，共产党员必须自觉接受党的纪律的约束。”[②]

二是明确了党的纪律的主要内容。党章规定：“党的纪律主要包括政治纪律、组织纪律、廉洁纪律、群众纪律、工作纪律、生活纪律。”[③]这“六大纪律”为党员和党组织划出了不可触碰的底线，体现了“全面”和“从严”的根本要求，使全面从严治党的尺子越来越清晰。

三是规定了对党员的纪律处分类型。党章规定：“对党员的纪律处分

---

① 《中国共产党章程》，《人民日报》2022年10月27日。
② 《中国共产党章程》，《人民日报》2022年10月27日。
③ 《中国共产党章程》，《人民日报》2022年10月27日。

有五种：警告、严重警告、撤销党内职务、留党察看、开除党籍。”[①]警告处分适用于错误较轻但必须给予党纪处分的违纪党员。严重警告处分适用于所犯错误比较严重的违纪党员。撤销党内职务处分适用于严重违犯党的纪律并担任党内领导职务的党员。留党察看处分适用于严重违犯党的纪律但尚未完全丧失共产党员条件的党员。党员经过留党察看，确已改正错误的，应当恢复其党员的权利；坚持错误不改的，应当开除党籍。开除党籍处分适用于严重违犯党的纪律且已经完全丧失共产党员条件的党员。开除党籍是党内最高处分，“党员受到开除党籍处分，五年内不得重新入党”[②]。因此，各级党组织在作出开除党籍决定时，应当全面研究有关材料和意见，采取十分慎重的态度。

四是规定纪律处分的程序和要求。对违纪党员的纪律处分程序分为一般程序与特殊程序两种。一般程序即经过支部大会讨论决定，报党的基层委员会批准。特殊程序即在特殊情况下，县级和县级以上各级党的委员会和纪律检查委员会有权直接决定给党员以纪律处分。这里的“特殊情况”是指以下 7 种情况：秘密程度较高，不宜由基层党组织讨论的；所在的基层党组织瘫痪，或该基层党组织领导人同违纪问题有直接牵连的；所在的基层党组织拒不处理或故意拖延不作处理的；所在的基层党组织撤销或合并，无法作出处理的；跨地区、跨单位的案件需由共同的上级党组织作出处理的；遇到各种紧急情况，需要迅速作出处理的；其他省级或省级以上党组织认为必须直接作出处分决定的情况。

---

① 《中国共产党章程》，《人民日报》2022 年 10 月 27 日。

② 《十八大以来重要文献选编》中，中央文献出版社 2016 年版，第 732 页。

## （二）党的纪律是全党必须遵守的刚性约束

党的纪律是中国共产党根据自身性质、宗旨和民主集中制原则以及各个时期的形势和任务，围绕党内生活的各个方面制定的规章、制度、准则、条例等行为规范的总称，是党的政治意志和阶级属性的重要体现。习近平总书记指出："全面从严治党，重在加强纪律建设。我们现在要强调的是扎紧党规党纪的笼子，把党的纪律刻印在全体党员特别是党员领导干部的心上。"[①] 作为各级党组织和全体党员必须遵守的刚性约束，党的纪律主要包括"六大纪律"。

1. 政治纪律

党的政治纪律是各级党组织和全体共产党员在政治言论、政治行动方面必须遵循的行为规范。政治纪律是维护党的政治路线、政治方向和政治原则的纪律，是党最根本、最重要的纪律。严明党的政治纪律是严明党的全部纪律的基础，是巩固党的核心地位的关键环节，更是党团结和带领中国人民实现中华民族伟大复兴的重要保证。为保证党中央权威和集中统一领导，全体党员必须在思想上政治上行动上自觉地与党组织保持高度一致。

2. 组织纪律

党的组织纪律是处理党组织之间、党组织与党员之间关系的纪律，是党的各级组织和全体党员必须遵守和维护党在组织上团结统一的行为准则，是党不断发展壮大的可靠保证。党的组织纪律的核心是民主集中

---

① 《习近平关于严明党的纪律和规矩论述摘编》，中央文献出版社、中国方正出版社 2016 年版，第 9 页。

制原则，坚持该原则能够不断增强党的创造力、凝聚力和战斗力。

3. 廉洁纪律

党的廉洁纪律是党员、干部在从事公务活动或其他与行使职权有关活动中保持清正廉洁的行为规范，是纯洁党员队伍、维护社会主义市场经济秩序、预防党内腐败的重要保证。党的廉洁纪律通过指导、调整、约束和规范党员、干部廉洁用权，进而防止腐败滋生，保证党员、干部廉洁奉公、政治清明。党的廉洁纪律要求党员、干部在为人民服务的过程中，必须正确行使人民赋予的权力，抑制私欲，艰苦朴素，坚决不能滥用权力以权谋私，自觉遵守法纪，保证党务政务公开透明，主动接受党和人民的监督，始终保持清正廉洁。

4. 群众纪律

党的群众纪律是各级党组织和全体共产党员在保持与人民群众的密切关系，以及贯彻执行党的群众路线中必须遵守的行为规范，是党的先进性的具体体现，是巩固党的群众基础、促进党的事业兴旺发达的重要保障。党的群众纪律的核心是坚持群众路线，保持党同人民群众的血肉联系。党在各个不同历史时期都紧紧地团结和依靠人民，坚持全心全意为人民服务的根本宗旨，在任何时候都把广大人民群众的利益放在首位。党的根基在人民、血脉在人民、力量在人民，保持同广大人民群众的血肉联系，与人民群众休戚与共、生死相依，党才能无往而不胜、无坚而不摧。

5. 工作纪律

党的工作纪律是各级党组织和全体共产党员在党的各项具体工作中必须遵守的行为规则，是党的各项工作正常开展的重要保证。遵守党的工作纪律，有助于党员、干部履行职责、提高为人民服务能力。严明党的工作纪律，是党员、干部必备的基本素质，也是推进全面从严治党和社会主义现代化建设的必然要求。

6. 生活纪律

党的生活纪律是党员、干部在日常生活和社会交往中必须严格遵守的行为规则，直接关系党的形象。严明党的生活纪律，是保持党的先进性和推进反腐倡廉工作的必然要求。党的生活纪律要求全体党员、干部坚持和发扬生活节俭、艰苦朴素的优良传统，遵守社会公德、家庭美德、个人品德，脱离低俗趣味，努力塑造高尚人格、正派品行。党员、干部一旦出现生活奢靡、贪图享乐、追求低级趣味等违反生活纪律的行为，不仅会在社会中产生负面影响、损害党的形象，更会降低群众对党的信任，削弱党的权威。

以上“六大纪律”之间，相互联系、相互统一，涵盖党的纪律各个方面，体现了对党员的高标准和严要求，为保持党的肌体健康、维护党的团结统一提供了有力武器，为贯彻党的路线方针政策和完成党的各项任务提供了重要保证。

## （三）法律是治国理政最大最重要的规矩

法治兴则国家兴，法治衰则国家乱。习近平总书记指出：“治理一个国家、一个社会，关键是要立规矩、讲规矩、守规矩。法律是治国理政最大最重要的规矩。”[①]改革开放 40 多年来，我国已形成以宪法为统帅，以宪法相关法、民法商法等多个法律部门的法律为主干，由法律、行政

① 《习近平关于严明党的纪律和规矩论述摘编》，中央文献出版社、中国方正出版社 2016 年版，第 6 页。

法规、地方性法规等多个层次的法律规范构成的中国特色社会主义法律体系，为中国共产党治国理政实现有法可依提供了重要保障。

1. 法律是党治国理政的重要保证

法律是由国家制定或认可并以国家强制力保证实施的，反映由特定物质生活条件所决定的统治阶级意志的规范体系。我国社会主义法律不仅用于规范全体人民的行为，更重要的是用于管理社会生存、生活和社会秩序，组织社会主义经济建设、政治建设、文化建设、社会建设以及生态文明建设，能够促进和保障对外政治关系的发展，维护国家主权和尊严，促进和保障对外经济、文化的交流和合作。

当前，我国已形成以宪法为核心的中国特色社会主义法律体系。我国的法律体系大体上由在宪法统领下的宪法及宪法相关法、民法商法、行政法、经济法、社会法、刑法、诉讼与非诉讼程序法七部分构成，包括法律、行政法规、地方性法规三个层次。这是一个立足中国国情、适应改革开放和社会主义现代化建设需要、集中体现党和人民意志的法律体系，使我国在政治、经济、文化、社会、生态文明等方面都实现了有法可依。这个法律体系体现了中国特色社会主义的本质要求，体现了改革开放和社会主义现代化建设的时代要求，体现了结构内在统一而又多层次的科学要求，体现了继承中国法制文化优秀传统和借鉴人类法制文明成果的文化要求，体现了动态开放和与时俱进的发展要求。[①]它是中国特色社会主义永葆本色的法治根基，是中国特色社会主义创新实践的法治体现，是中国特色社会主义兴旺发达的法治保障。

---

① 王广报主编：《依法治国与基层工作研究》上，经济日报出版社2016年版，第266—268页。

中国共产党治国理政必须遵守和执行这一最大最重要的规矩。作为上层建筑，法律是对一定经济基础和物质关系的反映。社会主义法律反映了社会主义初级阶段的特点，最重要的作用是确认和维护社会主义政治制度、经济制度、文化制度、社会制度、生态文明制度，以及调整各种社会关系与矛盾。此外，社会主义法律还具有引导、预测、评价、教育和强制等作用，为党治国理政提供重要保障。法律的引导作用是指通过授权性规范、禁止性规范和义务性规范，引导人们选择合法行为、约束非法行为，指引并告诫人们什么可以做、什么不可以做，以及什么必须做。法律的预测作用是指人们可以根据法律预测行为及其造成的后果，从而自觉对自己的行为作出合理安排，预防和减少违法犯罪行为。法律的评价作用是指法律能够评价人们行为的法律意义的作用，通过评价某种行为合法与否、正当与否，从而影响法律主体的行为。法律的教育作用是指通过法治宣传教育、制裁违法犯罪行为、表彰法治先进人物等方式，营造良好的法治环境，教育人们遵守法律、依法办事。法律的强制作用是指法律以国家强制力为后盾进行实施，并使各个主体的意向服从国家意志的手段。因此，习近平总书记指出："推进国家治理体系和治理能力现代化，必须坚持依法治国，为党和国家事业发展提供根本性、全局性、长期性的制度保障。"①

### 2. 法律是全体党员必须遵守的规矩

社会主义法律是在中国共产党的领导下制定和执行的，是全社会共同遵守的行为准则，全体国民包括共产党员在内，都必须依照宪法和法律

① 《习近平关于严明党的纪律和规矩论述摘编》，中央文献出版社、中国方正出版社 2016 年版，第 6 页。

行使权利、履行义务。习近平总书记强调："党领导人民制定宪法和法律，党领导人民执行宪法和法律，党自身必须在宪法和法律范围内活动"[①]，真正做到"坚持党领导立法、保证执法、带头守法"[②]。中国共产党确保自身始终在宪法和法律范围内行动，在全社会形成依法治国的良好氛围，是推动治国理政有效进展的重要保证。

第一，法律是在共产党领导下制定的。我国法律是在党的领导下，由国家最高权力机关即全国人民代表大会在广泛发扬民主的基础上制定的，反映了广大人民群众的意志和利益，同时体现了党的政策和主张。党领导立法的过程，就是使党的主张和人民意志相统一，上升为国家宪法和法律的过程。党通过人民代表大会立法权的运行实现自身的执政权，是党领导人民制定法律的必然要求。加强党的领导，是立法工作的政治原则和根本保证。党通过对立法工作的领导，确保了人民的意志和党的主张转化为国家意志，使其成为全社会必须遵守的行为规范和准则，保证党的路线方针政策和各项决策在国家工作中得到贯彻和执行，为党的长期执政提供规范化、常规化的法治保障。

第二，法律是在党领导下执行的。法律的生命力在于执行。法律的执行是国家机构贯彻落实宪法和法律的过程，是党的意志转变为现实的决定性环节，是实现依法治国的重要保证。党领导人民执行法律，一是保证依法行政。依法行政是依法治国基本方略的重要内容，政府是法律实施的重要主体。依法行政要求"各级政府必须坚持在党的领导下、在

① 《习近平关于社会主义政治建设论述摘编》，中央文献出版社 2017 年版，第 28 页。

② 《习近平关于社会主义政治建设论述摘编》，中央文献出版社 2017 年版，第 104 页。

法治轨道上开展工作，加快建设职能科学、权责法定、执法严明、公开公正、廉洁高效、守法诚信的法治政府”[①]，确保合法行政、合理行政、程序正当、高效便民、诚实守信、权责统一。二是支持司法公正。“理国要道，在于公平正直。”公正是司法的灵魂和生命，是维护社会公平正义的最后一道防线。习近平总书记强调：“必须牢牢把握社会公平正义这一法治价值追求，努力让人民群众在每一项法律制度、每一个执法决定、每一宗司法案件中都感受到公平正义。”[②]保证司法公正，就是在党的领导下，坚持司法为民，不断改进司法工作，既要维护好人民群众的根本利益，也要保障司法人员依法、独立、公正办案。

第三，党必须在法律范围内活动。这不仅是党章的明确规定，也是宪法和法律的基本要求。习近平总书记指出：“任何组织或者个人都必须在宪法和法律范围内活动，任何公民、社会组织和国家机关都要以宪法和法律为行为准则，依照宪法和法律行使权利或权力、履行义务或职责。”[③]从党的中央组织到基层组织，从领导干部到每一个普通党员，都必须在宪法和法律的范围内活动，维护宪法和法律的尊严，依照宪法和法律办事，保证宪法和法律的实施。

### （四）党的优良传统和工作惯例是未明文规定的规矩

党的优良传统和工作惯例是中国共产党在长期革命与建设实践中形

---

① 《习近平关于社会主义政治建设论述摘编》，中央文献出版社 2017 年版，第 116 页。

② 《习近平谈治国理政》第 3 卷，外文出版社 2020 年版，第 284 页。

③ 《习近平关于全面依法治国论述摘编》，中央文献出版社 2015 年版，第 87—88 页。

成的，是未明文规定的规矩。这些规矩看似没有白纸黑字的规定，却是党的一种传统、一种范式、一种要求。习近平总书记指出："党在长期实践中形成的优良传统和工作惯例，经过实践检验，约定俗成、行之有效，是重要的党内规矩，需要全党长期坚持并自觉遵守。"[①]把党的优良传统和工作惯例纳入党的规矩的范畴，是习近平总书记对党的纪律建设的重要创新，对严明党的纪律、规范党员行为、优化政治环境，进而推进全面从严治党具有十分重要的意义。

1. 党的优良传统和工作惯例属于党的规矩

习近平总书记将党的优良传统和工作惯例列入党的规矩的重要组成部分，这绝非偶然，而是对中华优秀传统文化中规矩意识的传承和弘扬，是对党在实践中形成的优良传统和工作惯例的重要遵循，也是新时代全面从严治党和国家发展的现实需求。

规矩意识是中华优秀传统文化的一部分。汉语中的"规矩"，本义指中国古代工匠使用的两种工具"规"和"矩"，前者用来校正圆形，后者用来校正方形。《礼记》载："规矩诚设矣，则不可欺以方圆。"孟子曰："不以规矩，不能成方圆。"荀子曰："圆者中规，方者中矩。"韩非子曰："万物莫不有规矩。"《孔颖达疏》曰："规所以正圆，矩所以正方。"这些都是基于"规"和"矩"的本义而言的，意思是说，如果没有"规"与"矩"这两种工具，便难以准确地描画出圆形和方形图案。不过，现在人们对"规"和"矩"的理解，多数时候是将两者联系起来使用，引申为规则、标准、法则、法度之意。它是人们共识和日常生活的行为准

① 《习近平关于严明党的纪律和规矩论述摘编》，中央文献出版社、中国方正出版社 2016 年版，第 7—8 页。

则，对维护传统社会的和谐稳定发挥了重要作用。

中国共产党自成立以来，高度重视中华优秀传统文化的作用，善于从中发掘出有关规矩意识的精华，为革命、建设和改革的伟大事业服务。当然，中国共产党并非将传统文化中的规矩意识直接搬来使用，而是在辩证批判的基础上，把传统规矩意识中的合理部分与中国国情和中国共产党的具体实际结合起来，形成适合新时代党的建设和国家发展的党内规矩。

习近平总书记指出："纪律是成文的规矩，一些未明文列入纪律的规矩是不成文的纪律；纪律是刚性的规矩，一些未明文列入纪律的规矩是自我约束的纪律。"[①]将党的优良传统和工作惯例列为党的规矩的一部分，是对党的规矩和纪律建设的丰富和完善，使党的各项规矩和纪律更加完整，对进一步规范和约束党员的行为、优化党内政治环境、确保党拥有强大的管党治党能力提供了重要保障。当前，党内存在一些与党的优良传统和工作惯例相违背的现象，一些党员、干部理想信念不坚定、政治言行不规范、对党和国家不忠诚、贪污腐败、追求贪图享乐、搞自由主义等，严重阻碍了全面从严治党战略向纵深推进。这就要求加强对党员、干部的党性教育，将党的优良传统和工作惯例纳入党的规矩、融入党的建设的各个方面，促使全体党员形成正确的世界观、人生观和价值观，始终葆有正确的政治立场和政治方向。

2. 党的优良传统和工作惯例的主要内容

党的优良传统和工作惯例是中国共产党在长期革命与实践中形成的，

① 《习近平关于严明党的纪律和规矩论述摘编》，中央文献出版社、中国方正出版社 2016 年版，第 7 页。

是全体党员自我约束的重要纪律，包括政治思想觉悟、优良作风、精神谱系、执政理念、优秀品格等方面内容，内涵丰富。

政治思想觉悟是指全体党员应有的政治意识、组织意识、原则意识、团结意识、程序意识等方面的思想认识。政治意识就是坚决维护党中央权威，坚定政治信仰和政治立场，坚持正确的政治方向，能够在大是大非面前保持清醒的政治头脑和政治定力，拥有强烈的政治敏锐性和政治鉴别力。习近平总书记指出："我们党要始终做到不忘初心、牢记使命，把党和人民事业长长久久推进下去，必须增强政治意识，善于从政治上看问题，善于把握政治大局，不断提高政治判断力、政治领悟力、政治执行力。"①组织意识是指全体党员对中国共产党组织的共同价值观，它是提高党组织凝聚力和战斗力的重要因素，是维护党组织团结统一的重要保障。习近平总书记指出："全党同志要强化组织意识，时刻想到自己是党的人，是组织的一员，时刻不忘自己应尽的义务和责任，相信组织、依靠组织、服从组织，自觉接受组织安排和纪律约束，自觉维护党的团结统一。"②原则意识是指党员做决定、办事情时，要依据一定的原则进行，特别是要遵循理论与实践相统一的原则。团结意识就是全体党员积极维护党的团结统一的意识，遇事从大局出发，具有沟通协调的思想和能力，充分发挥团结奋进、合力攻坚的作用。程序意识是指全体党员特别是领导干部要自觉遵循程序，按程序办事，不超越权限办事。正如习近平总书记所强调的："要强化程序观念，该报告的必须报告，该打招

---

① 《习近平关于全面从严治党重要论述摘编》，中央文献出版社 2021 年版，第 150 页。

② 《十八大以来重要文献选编》上，中央文献出版社 2014 年版，第 767 页。

呼的必须打招呼，该履行的职责必须履行，该承担的责任必须承担。要有担当意识，遇事不推诿、不退避、不说谎，向组织说真话道实情，勇于承担责任。”①

优良作风不仅是党员、干部个人的事情，还关系到党内风气和政治生态，关系到人心向背，关系到党的执政根基和事业成败。习近平总书记指出：“我们党团结带领人民取得了革命、建设、改革的伟大成就，很重要的一条就是我们党在长期实践中培育并坚持了一整套光荣传统和优良作风。这些光荣传统和优良作风是我们党性质和宗旨的集中体现，是我们党区别于其他政党的显著标志。党要得到人民群众支持和拥护，就必须持之以恒发扬党的光荣传统和优良作风。”②中国共产党在长期革命、建设和改革实践过程中形成了许多优良作风，其中特别突出的是三大优良作风，即理论联系实际的作风、密切联系群众的作风、批评与自我批评的作风。理论联系实际是党始终坚持的正确的思想路线，就是把马克思主义基本原理同中国具体实际相结合，用马克思主义普遍真理指导中国革命、建设和改革实践。密切联系群众是党巩固执政地位的根本保证，就是站稳人民立场，尊重人民首创精神，把人民群众的利益放在首位，一切工作以增进人民福祉为目标，贯彻党的群众路线，从群众中来，到群众中去。批评与自我批评是正确处理和有效解决党内矛盾，克服缺点、纠正错误的科学方法，既要正视并批评自身不足，又要敢于批评和指出其他同志的缺点。批评与自我批评是共产党强身治病、保持肌

---

①《十八大以来重要文献选编》上，中央文献出版社 2014 年版，第 133 页。

②《习近平在中央党校（国家行政学院）中青年干部培训班开班式上发表重要讲话强调　立志做党光荣传统和优良作风的忠实传人　在新时代新征程中奋勇争先建功立业》，《人民日报》2021 年 3 月 2 日。

体健康的锐利武器，是加强和规范党内政治生活的重要手段，更是区别于其他政党的重要标志。习近平总书记深刻指出：“党内政治生活质量在相当程度上取决于这个武器用得怎么样。对批评和自我批评这个武器，我们要大胆使用、经常使用、用够用好，使之成为一种习惯、一种自觉、一种责任，使这个武器越用越灵、越用越有效果。”[①]除上述三大优良作风外，中国共产党的优良作风还包括“两个务必”[②]、艰苦奋斗等。

精神谱系是中国共产党克敌制胜的重要力量源泉，是党始终保持先进性的重要法宝，是党不可缺失的政治灵魂，更是党带领人民群众战胜敌人、克服困难的强大精神力量。精神谱系集中体现了共产党人的理想信念、政治觉悟、思想道德等一系列优良传统和革命风范。2021 年 2 月，习近平总书记在党史学习教育动员大会上的讲话中指出：中国共产党在百年非凡奋斗历程中，“形成了井冈山精神、长征精神、遵义会议精神、延安精神、西柏坡精神、红岩精神、抗美援朝精神、‘两弹一星’精神、特区精神、抗洪精神、抗震救灾精神、抗疫精神等伟大精神，构筑起了中国共产党人的精神谱系。”[③]同年 7 月，习近平总书记在庆祝中国共产党成立 100 周年大会上的讲话中进一步指出：“一百年前，中国共产党的先驱们创建了中国共产党，形成了坚持真理、坚守理想，践行初心、担当使命，不怕牺牲、英勇斗争，对党忠诚、不负人民的伟大建党精神，这是中

---

① 《十八大以来重要文献选编》中，中央文献出版社 2016 年版，第 97 页。

② “两个务必”是毛泽东在党的七届二中全会上提出的，要求全党在胜利面前保持清醒头脑，在夺取全国政权后必须经受住执政的考验，“务必使同志们继续地保持谦虚、谨慎、不骄、不躁的作风，务必使同志们继续地保持艰苦奋斗的作风”。参见《毛泽东选集》第 4 卷，人民出版社 1991 年版，第 1438—1439 页。

③ 习近平：《在党史学习教育动员大会上的讲话》，《求是》2021 年第 7 期。

国共产党的精神之源。一百年来，中国共产党弘扬伟大建党精神，在长期奋斗中构建起中国共产党人的精神谱系，锤炼出鲜明的政治品格。”[①]两个月后，党中央批准了中央宣传部梳理的第一批纳入中国共产党人精神谱系的伟大精神，在中华人民共和国成立72周年之际予以发布。[②]这些精神集中彰显了中华民族和中国人民长期以来形成的伟大创造精神、伟大奋斗精神、伟大团结精神、伟大梦想精神，彰显了一代又一代中国共产党人“为有牺牲多壮志，敢教日月换新天”的奋斗精神。从伟大建党精神到中国共产党人的精神谱系，这些宝贵精神财富跨越时空，历史川流不息，精神代代相传，深刻体现了党的光荣传统和红色血脉，为中国共产党立党兴党强党提供了丰厚滋养。

执政理念是指执政党在执掌政权过程中，建立在对执政规律认识的基础上，围绕“为谁执政、靠谁执政、如何执政”形成的理性认识和价值取向。执政理念是政党获得执政合法性的重要资源，是政党团结统一、凝聚力量的重要标志。总结中国共产党自成立以来的历史经验，特

① 习近平：《在庆祝中国共产党成立100周年大会上的讲话》，《求是》2021年第14期。

② 第一批纳入中国共产党人精神谱系的伟大精神是：建党精神；井冈山精神、苏区精神、长征精神、遵义会议精神、延安精神、抗战精神、红岩精神、西柏坡精神、照金精神、东北抗联精神、南泥湾精神、太行精神（吕梁精神）、大别山精神、沂蒙精神、老区精神、张思德精神；抗美援朝精神、“两弹一星”精神、雷锋精神、焦裕禄精神、大庆精神（铁人精神）、红旗渠精神、北大荒精神、塞罕坝精神、“两路”精神、老西藏精神（孔繁森精神）、西迁精神、王杰精神；改革开放精神、特区精神、抗洪精神、抗击“非典”精神、抗震救灾精神、载人航天精神、劳模精神（劳动精神、工匠精神）、青藏铁路精神、女排精神；脱贫攻坚精神、抗疫精神、“三牛”精神、科学家精神、企业家精神、探月精神、新时代北斗精神、丝路精神。

别是自新中国成立以来全国范围的执政经验，如果用一句话来概括党的执政理念，那就是立党为公、执政为民。中华人民共和国的政权属于中国人民，权力是人民赋予的。作为中国工人阶级的先锋队，同时是中国人民和中华民族的先锋队，中国共产党理应为人民掌好权、用好权。因此，中国共产党执掌政权的全部出发点和落脚点，都是为了领导和支持人民当家作主，实现好、维护好、发展好最广大人民的根本利益。正如习近平总书记2014年2月在索契接受俄罗斯电视台专访时指出的："中国共产党坚持执政为民，人民对美好生活的向往就是我们的奋斗目标。我的执政理念，概括起来说就是：为人民服务，担当起该担当的责任。"①2021年6月，习近平总书记在庆祝中国共产党成立100周年"七一勋章"颁授仪式上，将党的执政理念进一步提炼为"人民至上"，他说："江山就是人民，人民就是江山。全党同志都要坚持人民立场、人民至上，坚持不懈为群众办实事做好事，始终保持同人民群众的血肉联系。"②

优秀品格是中国共产党保持先进性和纯洁性的基础，是党长期执政的重要保证。中国共产党在长期革命与建设实践中，在各种艰难险阻和风雨考验中，逐步形成和铸就了共产党人的优秀品格，如远大的目标、坚定的理想信念；忠于党、忠于人民、无私奉献；崇尚学习、善于总结经验；谦虚谨慎、保持忧患意识，艰苦奋斗；勇于自我牺牲；求真务实、坚持真理等。这些优秀品格展现了共产党员应有的先锋模范作用，是新时代全面从严治党和实现中华民族伟大复兴的重要保障。

---

① 《习近平谈治国理政》第1卷，外文出版社2018年版，第101页。

② 习近平：《在"七一勋章"颁授仪式上的讲话》，《人民日报》2021年6月30日。

## 二、加快形成完善的党内法规制度体系

治国必先治党，治党务必从严，从严必依法度。这个“法度”，主要就是以党内法规为“脊梁”的党的制度，也就是党内法规制度体系。党内法规制度体系是中国特色社会主义制度和国家治理体系的重要组成部分，在完善党的领导制度，提高党科学执政、民主执政、依法执政水平，全面推进依法治国，实现国家治理体系和治理能力现代化等方面发挥着重要作用。习近平总书记指出：“增强依法执政本领，加快形成覆盖党的领导和党的建设各方面的党内法规制度体系。”①这为党的各项纪律和规矩建设指明了前进方向。搞好新时代党纪党规建设，就是要加强党内法规制度体系的顶层设计，统筹推进各领域党内法规制度的制定工作，着力形成以党章为根本，以民主集中制为核心，以准则、条例等中央党内法规为主干，覆盖党的领导和党的建设各方面，内容科学、程序严密、配套完备、运行有效的党内法规制度体系。

### （一）加强党内法规制度体系的顶层设计

党内法规是党的中央组织以及中央纪律检查委员会、中央各部门和省、自治区、直辖市党委制定的规范党组织的工作、活动和党员行为的党内规章制度的总称。党的十八大以来，以习近平同志为核心的党中央着眼于确保党长期执政和国家长治久安，高度重视党内法规制度建设，既要求党依据宪法和法律治国理政，同时要求党依据党内法规制度管党

---

① 《十九大以来重要文献选编》上，中央文献出版社 2019 年版，第 48 页。

治党，抓紧制定和完善党内法规制度体系，并将其作为全面从严治党的重要内容加以统筹谋划和战略部署。从党的十八大开始，党中央科学部署党内法规制度建设，各方面工作按计划、分阶段地逐步推进和依次展开，制定和出台了一大批重要的党内法规，为坚持和加强党的全面领导，坚持党要管党、全面从严治党，提供了坚强制度保障。

2012 年 11 月，党的十八大刚刚闭幕，习近平总书记在十八届中央政治局第一次集体学习时就明确提出，要把制度建设摆在突出位置，他说："我们要坚持以实践基础上的理论创新推动制度创新，坚持和完善现有制度，从实际出发，及时制定一些新的制度，构建系统完备、科学规范、运行有效的制度体系，使各方面制度更加成熟更加定型，为夺取中国特色社会主义新胜利提供更加有效的制度保障。"[①]在这里，习近平总书记从宏观上概括了中国特色社会主义制度体系的建设目标和总体要求，这对作为这一宏大制度体系重要组成部分的党内法规制度体系子系统来说，无疑也是适用的。可以说，加强和完善党内法规制度体系建设，特别是从战略高度做好党内法规制度体系的顶层设计工作，是中国特色社会主义制度体系建设的迫切需要，也是全面从严治党的重要抓手。

为了加强党内法规制度体系化建设，全面提高党的建设科学化水平，使党内生活更加规范化、程序化，2013 年 11 月，中共中央印发《中央党内法规制定工作五年规划纲要（2013—2017 年）》，明确提出力争经过五年努力，基本形成涵盖党的建设和党的工作主要领域、适应管党治党需要的党内法规制度体系框架，为到建党 100 周年时全面建成内容科学、程序严密、配套完备、运行有效的党内法规制度体系打下坚实基

① 《十八大以来重要文献选编》上，中央文献出版社 2014 年版，第 76 页。

础。[1]《纲要》是中国共产党历史上第一个中央党内法规制定工作五年规划，是加强党的法规制度体系建设的战略工程，标志着党内法规制度制定工作走上了体系化建设道路。

深化党的建设制度改革、提高党的制度化水平，是完善和发展中国特色社会主义制度、推进国家治理体系和治理能力现代化的重要一环。2014 年 8 月，中共中央政治局审议通过《深化党的建设制度改革实施方案》，全面阐述了党的建设制度改革的总体要求和基本目标，明确了重点内容和责任分工，明确了今后几年党的建设制度改革的路线图、时间表，提出到 2020 年建立起系统完备、科学规范、运行有效，更加成熟更加定型的党的建设制度体系，体现了深化党的建设制度改革的顶层设计。两个月后，党的十八届四中全会将“形成完善的党内法规体系”[2]纳入全面推进依法治国的总目标，并将其确立为建设中国特色社会主义法治体系、建设社会主义法治国家的重要内容，对加强党内法规制度建设作出明确部署。2015 年 10 月，党的十八届五中全会强调，运用法治思维和法治方式推动发展，全面提高党依据宪法法律治国理政、依据党内法规管党治党的能力和水平。

2016 年 12 月，中国共产党历史上第一次全国党内法规工作会议正式召开。习近平总书记在会议前夕就加强党内法规制度建设作出重要指示，强调“加强党内法规制度建设是全面从严治党的长远之策、根本之策”，要“以改革创新精神加快补齐党建方面的法规制度短板，力争到建党一百周年时形成比较完善的党内法规制度体系，为提高党的执政能力

---

① 《十八大以来重要文献选编》上，中央文献出版社 2014 年版，第 478—479 页。

② 《十八大以来重要文献选编》中，中央文献出版社 2016 年版，第 157 页。

和领导水平、推进国家治理体系和治理能力现代化、实现中华民族伟大复兴的中国梦提供有力的制度保障”①。会议专门印发《关于加强党内法规制度建设的意见》，从指导思想、总体目标、加快构建完善的党内法规制度体系、提高党内法规制度执行力、加强组织领导等方面，对加强新形势下党内法规制度建设作出统筹部署，明确提出，到建党100周年时，“适应全面从严治党、依规治党需要，形成内容科学、程序严密、配套完备、运行有效的党内法规制度体系，并随着实践发展不断加以丰富和完善”②。特别是中国共产党依据党内法规管党治党的能力和水平显著提高。

2017年10月，习近平总书记在党的十九大报告中阐述新时代坚持和发展中国特色社会主义的基本方略时提出，必须坚持全面依法治国，实现“依法治国和依规治党有机统一”；“必须以党章为根本遵循，把党的政治建设摆在首位，思想建党和制度治党同向发力，统筹推进党的各项建设”③，加快形成覆盖党的领导和党的建设各方面的党内法规体系。随着第一个《中央党内法规制定工作五年规划纲要（2013—2017年）》的实施和即将到期，中共中央又开始着手第二个中央党内法规制定工作五年规划（2018—2022年）的编制任务。2018年2月，党中央正式批准并颁布《中央党内法规制定工作第二个五年规划（2018—2022年）》。新的五年规划着眼于到建党100周年时形成比较完善的党内法规制度体系，对今后五年党内法规制度建设进行顶层设计，进一步明确党内法规

① 《习近平就加强党内法规制度建设作出重要指示强调　坚持依法治国与制度治党、依规治党统筹推进、一体建设》，《人民日报》2016年12月26日。

② 《十八大以来重要文献选编》下，中央文献出版社2018年版，第510页。

③ 《十九大以来重要文献选编》上，中央文献出版社2019年版，第16、第18页。

体系建设的任务书、时间表、路线图，是推进新时代党内法规制度建设的重要指导性文件。2019 年 10 月，党的十九届四中全会部署健全总揽全局、协调各方的党的领导制度体系，对加快形成完善的党内法规体系作出新的部署安排。2020 年 11 月，中央全面依法治国工作会议强调，坚持党对全面依法治国的领导，健全党领导全面依法治国的制度和工作机制，建设中国特色社会主义法治体系，形成完善的党内法规体系。

经过长期努力，特别是党的十八大以来的加速推进，一个比较完善的党内法规制度体系在中国共产党诞生百年之际渐次形成。据统计，截至 2021 年 7 月 1 日，全党现行有效党内法规共 3615 部。其中，党中央制定的中央党内法规 211 部，中央纪律检查委员会以及党中央工作机关制定的部委党内法规 163 部，省、自治区、直辖市党委制定的地方党内法规 3241 部。党内法规使用党章、准则、条例、规定、办法、规则、细则七类名称，现行有效党内法规中，党章 1 部，准则 3 部，条例 43 部，规定 850 部，办法 2034 部，规则 75 部，细则 609 部。[①]基于这一历史性伟大成就，习近平总书记在庆祝中国共产党成立 100 周年大会上郑重宣布，中国共产党已经“形成比较完善的党内法规体系”[②]，明确指出这一制度体系建设的重大成果来之不易，是中国共产党百余年来持续推进建章立制特别是党的十八大以来全面深化党的建设制度体系建设和改革的重要结果；这一党的建设重要成就彪炳史册，是党的建设史特别是党内法规制度建设史上的一个重要里程碑，标志着党内法规制度建设由此迈入

① 中共中央办公厅法规局：《中国共产党党内法规体系》，《人民日报》2021 年 8 月 4 日。

② 习近平：《在庆祝中国共产党成立 100 周年大会上的讲话》，《求是》2021 年第 14 期。

高质量发展新阶段，全面从严治党、依规治党站在新的历史起点上。①

总的来看，自党的十八大以来，以习近平同志为核心的党中央深入谋划和积极推动党内法规制度的体系化建设，各项措施环环相扣、梯次推进，变革决心之大、建章立制之多、监督执纪之严、建设成效之实，在中国共产党制度建设史特别是党纪党规发展史上前所未有，彰显了以习近平同志为核心的党中央对加强党内法规制度体系建设的高度重视，对党的建设规律的深刻洞见，以及对全面推进制度治党、依规治党的坚定决心和信心。

## （二）构建党内法规制度体系的框架结构

“经国序民，正其制度。”坚持制度治党、依规治党，首先要解决有规可依的问题，这里的“规”不能是零乱无序的，彼此之间也不能是片面割裂的，而是全面的、系统的党内法规制度体系。党的十八大以来，党内法规制度体系建设受到前所未有的重视。这既是长期以来党内法规制度建设逐步推进的结果，也是适应新形势新要求对新时代党内法规制度建设作出的新部署和新规划。2016 年 12 月，中共中央在《关于加强党内法规制度建设的意见》中，总体上描绘了党内法规制度体系建设的宏伟蓝图，强调要加快构建完善的党内法规制度体系，这种“党内法规制度体系，是以党章为根本，以民主集中制为核心，以准则、条例等中央党内法规为主干，由各领域各层级党内法规制度组成的有机统一整体”②。为此，“要坚持目标导向和问题导向，按照‘规范主体、规范行

① 中共中央办公厅法规局：《中国共产党党内法规体系》，《人民日报》2021 年 8 月 4 日。

② 《十八大以来重要文献选编》下，中央文献出版社 2018 年版，第 510 页。

为、规范监督’相统筹相协调原则，完善以‘一加四’为基本框架的党内法规制度体系，即在党章之下分为党的组织法规制度、党的领导法规制度、党的自身建设法规制度、党的监督保障法规制度四大板块”[①]。这种“1+4”的党内法规制度体系，坚持周延性与开放性相统一，揭示了党章与其他党内法规的关系，将党的领导与党的自身建设结合起来，同时保持各板块内部结构的开放性，为党内法规制度创新留下了充足的空间。现将党的十八大以来四大板块的建设情况作一介绍。

1. 党的组织法规制度

党的组织法规制度主要用于调整党组织之间、党员之间、党员与党组织之间，特别是党的上下级组织之间关系的党内法规制度。健全和完善党的组织法规制度，就是坚持民主集中制这一根本组织原则，全面规范党的各级各类组织的产生、组成和职责，夯实管党治党、执政治国的组织制度基础，为坚持和加强党的全面领导、实现党在新时代的历史使命提供坚强组织保证。

党的十八大以来，党的组织法规制度不断修订和完善，特别是在党的组织体系方面，陆续出台了几部重要的党内法规制度，按照颁布的时间顺序主要有：（1）2015 年 6 月印发的《中国共产党党组工作条例（试行）》。2019 年 4 月，党中央在充分吸收几年来党组工作理论、实践和制度创新成果的基础上，重新修订《中国共产党党组工作条例》。《条例》共八章四十五条，详细规定了党组的设立职责、组织原则、决策与执行、监督与追责等内容，体现了法治思维下党对非党员与非党组织的领导，对推进党组工作制度化、规范化、程序化，更好发挥党总揽全局、协调

① 《十八大以来重要文献选编》下，中央文献出版社 2018 年版，第 510 页。

各方的领导核心作用有重要意义。（2）2015 年 12 月颁布新修订的《中国共产党地方委员会工作条例》。《条例》共七章三十三条，有利于加强和改进地方党委工作，突出地方党委全面从严治党政治责任，充分发挥地方党委在把方向、管大局、作决策、保落实上的重要作用。（3）2017 年 3 月印发的《中国共产党工作机关条例（试行）》。《条例》共六章三十条，对党的工作机关的设立、职责、决策与执行等内容作出全面规范，是继党组工作条例、地方党委工作条例之后，加强党的组织制度建设的又一重要成果，有助于夯实党执政治国的组织制度基础，推进国家治理体系和治理能力现代化，提高党的领导水平和执政水平。（4）2020 年 10 月印发的《中国共产党中央委员会工作条例》。《条例》共七章三十四条，着眼于加强中央委员会工作，对党中央的领导地位、领导体制、领导职权、领导方式、决策部署、自身建设等作出全面规定，为保证党中央对党和国家事业的集中统一领导提供了基本遵循。（5）2021 年 5 月印发的《中国共产党组织工作条例》。《条例》共七章四十六条，从领导体制和职责、组织体系建设、干部工作、人才工作、保障和监督等方面，对党的组织工作作出全面规范，是做好新时代党的组织工作的基本遵循。《条例》的制定和实施，有助于坚持和加强党对组织工作的全面领导，推进组织工作科学化、制度化、规范化，全面提高组织工作质量。（6）2021 年 12 月印发的《中国共产党纪律检查委员会工作条例》。《条例》共八章五十九条，对党的纪律检查委员会的领导体制、产生和运行、主要任务、工作职责、派驻派出机构、队伍建设和监督等作出全面规范，对于坚持和加强党的全面领导、坚持党中央集中统一领导，推进新时代纪检监察工作高质量发展，充分发挥监督保障执行、促进完善发展具有重要作用。

健全和完善党的组织法规制度，离不开党的基层组织工作方面的法规制度的修订和完善。这方面的中央党内法规制度主要有：（1）2018年10月颁发的《中国共产党支部工作条例（试行）》。《条例》共八章三十七条，从组织设置、基本任务、工作机制、组织生活、支部委员会建设、领导和保障等方面对党支部工作作出全面规范，是党的历史上第一部关于党支部工作的基础主干法规，有助于落实党要管党、全面从严治党要求，全面提升党支部组织力，强化党支部政治功能，充分发挥党支部战斗堡垒作用。（2）2019年1月印发的《中国共产党农村基层组织工作条例》。《条例》共十章四十八条，从组织设置、职责任务、经济建设、精神文明建设、乡村治理、领导班子和干部队伍建设、党员队伍建设、领导和保障等方面，对党的农村基层组织工作作出全面规范，是新时代党的农村基层组织建设的基本遵循。本《条例》的颁布实施，有助于坚持和加强党对农村工作的全面领导，打赢脱贫攻坚战、深入实施乡村振兴战略，推动全面从严治党向基层延伸，提高党的农村基层组织建设质量，巩固党在农村的执政基础。（3）2019年12月发布的《中国共产党国有企业基层组织工作条例（试行）》。《条例》共九章四十一条，对国有企业党组织工作作出全面规范，是新时代加强国有企业党的建设的基本遵循。本《条例》的颁布实施，有助于坚持和加强党对国有企业的全面领导，提高国有企业党的建设质量，推动国有企业高质量发展。（4）2020年1月颁布新修订的《中国共产党党和国家机关基层组织工作条例》。《条例》共九章四十三条，对机关基层党组织工作作出全面规范。《条例》的颁布实施，有助于坚持和完善中国特色社会主义制度、推进国家治理体系和治理能力现代化，切实加强和改进机关党的工作，充分发挥机关基层党组织作用，推动机关治理和各项事业发展。（5）2020年7月颁布的《中国共产党基层组织选举工作条例》。《条例》共七章四十一条，从代表的产生、委员会的产生、选举的实施、呈报审批、纪律和监督等方面，对新时代基层党组织选举工作作出了全面规定。这对于发扬党内民主、尊重和保障党员民主权利、规范基层党组织选举，把基层党组织建设成为坚强战斗堡垒，增强基层党组织政治功能和组织力，巩固党长期执政的组织基础具有重要意义。（6）2020年12月颁布新修订的《中国共产党地方组织选举工作条例》。《条例》共八章四十九条，对新时代党的地方组织选举工作作出了全面规范。《条例》的修订和实施，有助于坚持和加强党的全面领导，健全维护党的集中统一的组织制度，规范党的地方组织选举，加强党的地方组织建设，提高党的执政能力和领导水平。（7）2021年4月颁布新修订的《中国共产党普通高等学校基层组织工作条例》。《条例》共九章三十九条，对高校基层党组织工作作出全面规范，是新时代高校党的建设的基本遵循。《条例》的修订和实施，对于全面贯彻党的教育方针，落实立德树人根本任务，建设高质量教育体系、建设教育强国具有重要意义。总之，以上这些围绕党的基层组织工作方面的党内法规制度的研制和完善，树立起全党抓党的基层组织建设的鲜明导向，有助于“把党的基层组织建设成为宣传党的主张、贯彻党的决定、领导基层治理、团结动员群众、推动改革发展的坚强战斗堡垒”①。

2. 党的领导法规制度

党政军民学，东西南北中，党是领导一切的。党的领导法规制度是指党在发挥总揽全局、协调各方的领导核心作用时，处理与国内一些非党组织包括国家机关、民主党派、社会团体等以及党外群众关系时，形

---

① 中共中央办公厅法规局：《中国共产党党内法规体系》，《人民日报》2021年8月4日。

成的领导与被领导关系的规章制度。习近平总书记指出："党的领导是我国社会主义法治之魂，是我国法治同西方资本主义国家法治最大的区别。离开了党的领导，全面依法治国就难以有效推进，社会主义法治国家就建不起来。"[①]健全和完善党的领导法规制度，就是坚持党对一切工作的领导，完善党的领导体制机制，改进领导方式，提高执政本领，不断增强党的政治领导力、思想引领力、群众组织力、社会号召力，把党总揽全局、协调各方落到实处。

党的十八大以来，党中央围绕统筹推进"五位一体"总体布局和协调推进"四个全面"战略布局，着力健全党的全面领导的法规制度体系，明确党与人大、政府、政协、监察机关、审判机关、检察机关、武装力量、人民团体、企事业单位、基层群众性自治组织、社会组织等领导与被领导关系，有序规范和有效保障党对政治建设、经济建设、思想文化建设、社会建设、生态文明建设、国防和军队建设等方面工作的领导，并取得了一系列法规制度建设成果。

党在领导政治建设方面修订和完善的基础主干中央党内法规制度有：（1）2018 年 12 月印发新修订的《社会主义学院工作条例》。《条例》共十一章六十三条，从设置和领导体制、班次和学制、教学科研工作、中华文化教育研究和对外交流工作、学员管理、机关党建工作和队伍建设等方面对社会主义学院工作作了全面规范，是党的历史上第一部关于社会主义学院工作的党内法规，为巩固和发展新时代爱国统一战线、加强党对社会主义学院的领导、推进社会主义学院工作科学化制度化规范化

① 《习近平关于全面从严治党论述摘编》，中央文献出版社 2021 年版，第 86 页。

提供了重要遵循。（2）2019年1月颁布的《中国共产党政法工作条例》。《条例》共九章三十九条，以党内基本法规的形式，对党领导新时代政法工作进行全面制度擘画，阐明党领导政法工作方针政策，规范党领导政法工作体制机制、主要内容、方式方法，有利于推动政法工作政治性、人民性和法治性在更高水平上深度融合，有利于从制度上保障政法工作始终坚持正确前进方向。（3）2019年8月印发的《中国共产党机构编制工作条例》。《条例》共八章三十三条，从领导体制、动议、论证、审议决定、组织实施、监督问责等方面，对机构编制工作作了全面规范。这对于加强党对机构编制工作的集中统一领导，推进机构编制法定化，提升机构编制工作水平，巩固党治国理政的组织基础具有重要意义。（4）2020年12月印发新修订的《中国共产党统一战线工作条例》。《条例》共十四章六十一条，是新时代统一战线工作的基本遵循。《条例》的修订和实施，有助于坚持和加强党对统一战线工作的集中统一领导，巩固和深化统一战线领域党和国家机构改革精神，切实提高统一战线工作科学化、规范化、制度化水平。（5）2022年6月印发的《中国共产党政治协商工作条例》。《条例》共八章三十一条，是新时代做好政治协商工作的基本遵循，对于坚持和完善中国共产党领导的多党合作和政治协商制度，巩固和发展爱国统一战线具有重要意义。（6）其他法规制度还有《保护司法人员依法履行法定职责规定》（2016年7月）、《党政主要负责人履行推进法治建设第一责任人职责规定》（2016年12月）、《法治政府建设与责任落实督察工作规定》（2019年5月）等。以上这些党在领导政治建设方面的党内法规制度，对于健全和完善中国共产党领导立法、保证执法、支持司法、带头守法的体制机制，把党的领导落实到依法治国全过程各方面有着重要作用。

党在领导经济建设方面修订和完善的基础主干中央党内法规制度有：（1）2016年10月印发的《脱贫攻坚责任制实施办法》。《办法》共七章二十九条，从中央统筹、省负总责、市县落实、合力攻坚、奖惩等方面，明确了脱贫攻坚按照中央统筹、省负总责、市县抓落实的工作机制，要求各地全面贯彻党中央、国务院关于脱贫攻坚的大政方针和决策部署，同时结合本地区实际制定政策措施，根据脱贫目标任务制定省级脱贫攻坚滚动规划和年度计划并组织实施，构建起责任清晰、各负其责、合力攻坚的脱贫攻坚责任体系。（2）2019年8月印发的《中国共产党农村工作条例》。《条例》共七章三十六条，是首次关于农村工作专门制定的党内法规。作为党的农村工作实践探索和制度建设的最新成果，《条例》的颁布实施，有助于坚持和加强党对农村工作的全面领导，贯彻党的基本理论、基本路线、基本方略，深入实施乡村振兴战略，提高新时代党全面领导农村工作的能力和水平。（3）2022年11月发布的《乡村振兴责任制实施办法》。《条例》共七章二十九条，对全面推进乡村振兴的部门责任和地方责任提出了更加具体、更加明确的要求，构建起职责清晰、各负其责、合力推进的乡村振兴责任体系，同时实行中央统筹、省负总责、市县乡抓落实的乡村振兴工作机制，明确乡村振兴责任落实、组织推动、社会动员、要素保障、考核评价、监督检查等一揽子推进机制，举全党全社会之力全面推进乡村振兴，加快农业农村现代化。

党在领导思想文化建设方面修订和完善的基础主干中央党内法规制度有《党委（党组）意识形态工作责任制实施办法》（2015年10月）、《党委（党组）网络意识形态工作责任制实施细则》（2016年11月）、《党委（党组）网络安全工作责任制实施办法》（2017年8月）等。这些办法、细则有助于加强意识形态工作的过程管理和阵地管控，严格落实意识形态工作责任制，维护意识形态安全和文化安全，做到守土有责、守土负责、守土尽责。特别是2019年6月印发的《中国共产党宣传工作条例》，共十三章五十三条，就加强党对宣传工作的全面领导等方面作出明确规定，为党和国家事业发展提供了有力思想保证和强大精神力量，标志着党的宣传工作科学化、规范化、制度化建设迈上新的台阶。

党在领导社会建设方面修订和完善的基础主干中央党内法规制度有：（1）2016年2月印发的《健全落实社会治安综合治理领导责任制规定》。《规定》共六章三十三条，第一次将社会治安综合治理领导责任制上升为党内法规的形式予以明确，是一部全面依法治国时代背景下中央关于社会治安综合治理和平安建设方面的纲领性文件。（2）2018年4月印发的《地方党政领导干部安全生产责任制规定》。《规定》共六章二十九条，对县级以上地方各级党委和政府领导班子成员的安全生产职责、考核考察、表彰奖励、责任追究进行明确具体规定，是我国安全生产领域第一部党内法规。《规定》的实施，有助于加强地方各级党委和政府对安全生产工作的领导，健全落实安全生产责任制，树立安全发展理念。（3）2019年2月印发的《地方党政领导干部食品安全责任制规定》。《规定》共五章二十二条，提出实行地方党政领导干部食品安全工作责任制，将食品安全工作纳入地方党政领导干部政绩考核内容，是第一部关于地方党政领导干部食品安全责任的党内法规。（4）2021年5月印发的《中国共产党领导国家安全工作条例》。《条例》坚持党中央对国家安全工作的集中统一领导，坚持把维护国家政治安全放在首位，深入贯彻落实总体国家安全观，坚决捍卫国家政治安全和社会大局稳定。

党在领导生态文明建设方面修订和完善的基础主干中央党内法规制度有《党政领导干部生态环境损害责任追究办法（试行）》（2015年

8月）、《领导干部自然资源资产离任审计规定（试行）》（2017年11月）、《中央生态环境保护督察工作规定》（2019年6月）等。它们对于健全生态文明制度体系，强化党政领导干部生态环境和资源保护职责，压实生态文明建设和生态环境保护政治责任，推动建设美丽中国有着重要意义。

党在领导国防和军队建设方面修订和完善的党内法规制度有：（1）2020年9月颁布的《中国共产党军队党的建设条例》。《条例》共七章七十九条，对新时代军队党的建设作了全面规定，标志着我军党的建设科学化、制度化、规范化水平迈上新台阶。（2）2021年2月颁布新修订的《中国人民解放军军队政治工作条例》。《条例》共十章七十四条，对新时代军队政治工作作了全面规定，为实现党在新时代的强军目标、把人民军队全面建成世界一流军队提供坚强政治保证。

3. 党的自身建设法规制度

党的自身建设法规制度是指党在政治建设、思想建设、组织建设、作风建设、纪律建设等方面的党内法规制度。健全和完善党的自身建设法规制度，就是坚持党要管党、全面从严治党的新时代党的建设根本方针，以加强党的长期执政能力建设、先进性和纯洁性建设为主线，以党的政治建设为统领，以坚定理想信念宗旨为根基，以调动全党积极性、主动性、创造性为着力点，全面推进党的政治建设、思想建设、组织建设、作风建设、纪律建设，把制度建设贯穿始终，着力完善党的政治建设法规制度、党的思想建设法规制度、党的组织建设法规制度、党的作风建设法规制度、党的纪律建设法规制度，不断提高党的自身建设质量，不断增强党的建设工作的科学性和有效性。

一是健全和完善党的政治建设法规制度。这方面主要有：（1）2016年10月党的十八届六中全会审议通过的《关于新形势下党内政治生活的若干准则》。《准则》重申 1980 年党的十一届五中全会制定的《关于党内政治生活的若干准则》的主要原则和规定，同时对党的十八大以来全面从严治党的理论和实践进行了系统总结，并就新形势下党内政治生活的突出问题作了顶层设计，为严肃党内政治生活、净化党内政治生态提供了基本遵循。（2）2017 年 10 月中共中央政治局审议通过的《关于加强和维护党中央集中统一领导的若干规定》。《规定》强调中央政治局同志必须带头严格遵守党章和党内政治生活准则，自觉在党中央集中统一领导下履行职责、开展工作，每年向党中央和习近平总书记书面述职一次，坚决维护习近平总书记作为党中央的核心、全党的核心地位。（3）2019 年 1 月颁布的《关于加强党的政治建设的意见》。《意见》就新形势下党的政治建设各方面工作作了部署，对于坚持和加强党的全面领导，推进全面从严治党向纵深发展，不断提高党的执政能力和领导水平，确保全党统一意志、统一行动、步调一致向前进有着重要意义。（4）2019 年 1 月印发的《中国共产党重大事项请示报告条例》。《条例》共八章四十八条，从党组织请示报告主体、事项、程序、方式，党员、领导干部请示报告等方面作了详细规定，旨在加强和规范重大事项请示报告工作，严明党的政治纪律、组织纪律和工作纪律，坚决执行民主集中制原则，保证全党全国服从党中央、政令畅通、令行禁止。

二是健全和完善党的思想建设法规制度。这方面主要包括：（1）2017 年 1 月印发的《中国共产党党委（党组）理论学习中心组学习规则》。《规则》共五章十七条，对党委（党组）理论学习中心组学习的性质定位原则、内容形式要求、组织管理考核等方面作出明确规定。这对于提高中心组学习的制度化、规范化水平，推动学习由“软任务”变成“硬约束”，提高领导干部的理论水平和工作能力，加强领导班子思想政治建设具有重要意义。（2）2019 年 5 月印发的《中国共产党党员教育管理工作条例》。《条例》共十章四十六条，对党员教育管理的内容、方式、程序等作出规范，是新时代党员教育管理工作的基本遵循。这对于提高党员队伍建设质量，激发党组织的生机活力，推动全面从严治党向纵深发展，夯实党长期执政基础，实现党伟大执政使命具有十分重要的意义。（3）2019 年 10 月发布的《中国共产党党校（行政学院）工作条例》。《条例》共十三章七十条，对新时代党校（行政学院）工作作了详细规定。这对于加强党对党校（行政学院）工作的领导，充分发挥党校（行政学院）干部培训、思想引领、理论建设、决策咨询作用，培养造就忠诚干净担当的高素质专业化干部队伍具有重要意义。

三是健全和完善党的组织建设法规制度。这主要包括三个方面：（1）建立健全干部培养管理的全链条机制。如《关于地方党委向地方国家机关推荐领导干部的若干规定》（2014 年 10 月）、《干部教育培训工作条例》（2015 年 10 月）、《县以上党和国家机关党员领导干部民主生活会若干规定》（2016 年 12 月）、《干部人事档案工作条例》（2018 年 11 月）、《党政领导干部选拔任用工作条例》（2019 年 3 月）、《推进领导干部能上能下若干规定》（2022 年 9 月）等党的法规制度，涉及党员、干部的选拔、培养、管理、运用等系列制度，推动建设一支忠诚干净担当的高素质专业化干部队伍。（2）加强国有企事业单位干部队伍建设。如《事业单位领导人员管理暂行规定》（2015 年 5 月）、《中央企业领导人员管理规定》（2018 年 9 月）等。（3）完善中国特色公务员制度。如《专业技术类公务员管理规定（试行）》（2016 年 7 月）、《行政执法类公务员管理规定（试行）》（2016 年 7 月）、《聘任制公务员管理规定（试行）》（2017 年 9 月）、《公务员职务与职级并行规定》（2019 年 3 月）等。

四是健全和完善党的作风建设法规制度。2012 年 12 月，中共中央政治局会议审议通过《十八届中央政治局关于改进工作作风、密切联系群众的八项规定》（又称“中央八项规定”）。作为党的十八大后制定的第一部重要党内法规，中央八项规定坚持以上率下，深入整治形式主义、官僚主义、享乐主义和奢靡之风，是加强党风建设的重要切入点和动员令，开启了全面从严治党的新时代。为促进党的作风建设，继续弘扬艰苦奋斗、勤俭节约的优良作风，中共中央办公厅、国务院办公厅相继印发《党政机关厉行节约反对浪费条例》（2013 年 11 月）、《党政机关国内公务接待管理规定》（2013 年 11 月）、《党政机关办公用房管理办法》（2017 年 12 月）、《党政机关公务用车管理办法》（2017 年 12 月）等党的作风建设法规制度。此外，中共中央办公厅、国务院办公厅于 2014 年 10 月转发住建部等十部门《关于严禁在历史建筑、公园等公共资源中设立私人会所的暂行规定》，严厉整治人民群众反映强烈的不正之风。中共中央办公厅、国务院办公厅于 2018 年 12 月印发《评比达标表彰活动管理办法》，坚决纠正评比达标表彰过多过滥问题。

4. 党的监督保障法规制度

党的监督保障法规制度是对党组织和党员、干部进行监督、激励、惩戒、保障等方面的党内法规制度。健全和完善党的监督保障法规制度，就是按照规范主体、规范行为、规范监督相统筹相协调原则，切实加强对党组织和党员、干部的监督、激励、惩戒、保障，建立健全党内监督法规制度、党内激励法规制度、党内惩戒法规制度、党内保障法规制度等法规制度，形成有权必有责、有责要担当、用权受监督、失责必追究的激励约束机制，确保行使好党和人民赋予的权力。

一是健全和完善党内监督制度。这方面主要有：（1）2015 年 8 月中央纪律检查委员会会同中央组织部发布实施的《中国共产党巡视工作条例》，2017 年 7 月《条例》被修订后重新颁布。修订后的《条例》共七章四十二条，是规范巡视工作、强化党内监督的重要基础性法规，有助于落实全面从严治党、依规治党要求，贯彻中央巡视工作方针，深入推进党风廉政建设和反腐败斗争，加强党组织领导班子和干部队伍建设，推动党的先进性和纯洁性建设。（2）2016 年 10 月颁布的《中国共产党党内监督条例》。《条例》共八章四十七条，对党内监督的指导思想、基本原则、监督主体、监督内容、监督对象、监督方式等作出规定，为新形势下强化党内监督提供了根本遵循。（3）2017 年 1 月中央纪律检查委员会制定的《中国共产党纪律检查机关监督执纪工作规则（试行）》，2019 年 1 月上升为中央党内法规《中国共产党纪律检查机关监督执纪工作规则》。《规则》共十章七十七条，是党中央以更高要求、更严标准给纪检监察机关定制度、立规矩的重要法规，有助于加强党对纪律检查和国家监察工作的统一领导，加强党的纪律建设，推进全面从严治党，规范纪检监察机关监督执纪工作。（4）2017 年 4 月颁布的《领导干部报告个人有关事项规定》和《领导干部个人有关事项报告查核结果处理办法》。两者着眼于建立完善中国特色领导干部个人有关事项报告制度，从而进一步严明党的政治纪律和组织纪律，加强对党员领导干部的管理和监督，促进党员领导干部廉洁从政。（5）2019 年 4 月印发的《党政领导干部考核工作条例》。《条例》共十一章五十七条，为做好新时代干部考核工作提供了基本遵循。本《条例》的实施，有助于进一步发挥干部考核的指挥棒、风向标、助推器作用，激励引导广大干部以更好的状态、更实的作风贯彻落实党中央决策部署，推动全党统一意志、统一行动、步调一致向前进。（6）2019 年 7 月印发的《党政主要领导干部和国有企事业单位主要领导人员经济责任审计规定》。《规定》的制定和实施，有助于坚持和加强党对审计工作的集中统一领导，强化对党政主要领导干部和国有企事业单位主要领导人员的管理监督，促进领导干部履职尽责、担当作为，确保党中央令行禁止。（7）2022 年 6 月发布的《纪检监察机关派驻机构工作规则》。《规则》共七章五十六条，着眼于健全系统集成、协同高效的派驻监督体制机制，对各级纪检监察机关派驻机构的组织设置、领导体制、工作职责、履职程序、管理监督作出全面规范，对于推进派驻机构工作规范化、法治化、正规化，推动新时代派驻监督工作高质量发展具有重要意义。

二是健全和完善党内激励制度。为充分发挥功勋荣誉表彰的精神引领、典型示范作用，推动全社会形成见贤思齐、崇尚英雄、争做先锋的良好氛围，2015 年 12 月，中共中央印发了《关于建立健全党和国家功勋荣誉表彰制度的意见》。同月，全国人大常委会颁布了《中华人民共和国国家勋章和国家荣誉称号法》。2017 年 7 月，中共中央批准实施《中国共产党党内功勋荣誉表彰条例》《国家功勋荣誉表彰条例》《军队功勋荣誉表彰条例》《“共和国勋章”和国家荣誉称号授予办法》《“七一勋章”授予办法》《“八一勋章”授予办法》《“友谊勋章”授予办法》，标志着功勋荣誉表彰制度体系的“四梁八柱”搭建形成，统一、规范、权威的中国特色功勋荣誉表彰制度体系已经确立。2019 年 2 月，中共中央办公厅印发《中国共产党党内关怀帮扶办法》，坚持严管和厚爱结合、激励和约束并重，增强广大党员荣誉感、归属感、使命感。

三是健全和完善党内惩戒制度。这方面主要有：（1）2016 年 7 月印发的《中国共产党问责条例》，2019 年 9 月修订后重新颁布。《条例》共二十七条，为党的问责工作提供了制度遵循，推动失责必问、问责必严成为常态，发挥了全面从严治党的利器作用。（2）2015 年 10 月印发新修订的《中国共产党纪律处分条例》，2018 年 10 月再次修订《中国共产党纪律处分条例》。新修订的《条例》坚持依规治党与以德治党相结合，围绕党纪戒尺要求，明确六类违纪行为，开列“负面清单”，划出了党组织和党员不可触碰的底线。（3）2021 年 3 月印发的《中国共产党组织处理规定（试行）》。《规定》共十九条，对于指导和规范组织处理工作，推进组织处理与纪律处分、法律责任追究有机衔接，构建更加完备的干部管理监督制度体系具有重要意义。

四是健全和完善党内保障制度。这方面主要有：（1）2017 年 12 月印发的《中国共产党党务公开条例（试行）》。《条例》共五章二十七条，从党务公开的内容和范围、程序和方式、监督与追责等方面，对做好党务公开工作作了全面规定，标志着该项工作全面走上制度化、规范化、程序化轨道。（2）2019 年 9 月颁布新修订的《中国共产党党内法规制定条例》。《条例》共七章四十三条，对党内法规制定工作作了详细规定，有助于规范党内法规制定工作，提高党内法规质量，形成完善的党内法规体系，推进依规治党。与此同时，中共中央印发新修订的《中国共产党党内法规和规范性文件备案审查规定》以及新制定的《中国共产党党内法规执行责任制规定（试行）》，对党内法规工作进行了全链条的制度规范。（3）2020 年 12 月印发新修订的《中国共产党党员权利保障条例》。《条例》共五章五十二条，从党员权利的行使、保障措施、职责任务和责任追究等方面对党员权利保障作了全面规范。本《条例》的实施，对于充分发挥党员主体作用，把全体党员更加紧密地团结在党中央周围，为全面建设社会主义现代化国家、实现中华民族伟大复兴的中国梦共同奋斗具有重要意义。

## 三、扎紧纪律和规矩的笼子

全面从严治党永远在路上，党的纪律建设同样任重道远，不可能一蹴而就，必须常抓不懈、久久为功。要坚持纪严于法、纪在法前，坚持高标准与守底线相结合，坚持立明规则与破潜规则相统一，始终扎紧纪律和规矩的笼子。

### （一）纪严于法、纪在法前

纪律是治党之戒尺，法律是治国之重器。把权力关进制度的笼子里，从政党的角度来说就是依规治党，从国家的角度来说就是依法治国。习近平总书记指出："全面推进依法治国，必须努力形成国家法律法规和党内法规制度相辅相成、相互促进、相互保障的格局。"[①]这一概括为我们科学认识党纪与国法的关系、充分发挥党纪与国法两种规范在国家治理过程中的不同作用、切实提高国家治理体系与治理能力现代化水平提供了重要武器。加强党纪党规建设，需要科学认识和正确把握党纪和国法之间的辩证关系，坚持纪严于法、纪在法前，把党的纪律和规矩挺在前面。

1. 党纪与国法的辩证关系

党纪是对党组织和党员订立的规矩，体现的是政党的意志，是政党内部的规范。国法是对全体公民的要求，是对所有公民的行为底线，体现的是国家意志。党纪与国法之间存在着明显的区别。

第一，两者的制定主体不同。党纪党规的制定主体是党的组织，新

---

① 《十八大以来重要文献选编》中，中央文献出版社 2016 年版，第 150 页。

修订的《中国共产党党内法规制定条例》第三条规定："党内法规是党的中央组织，中央纪律检查委员会以及党中央工作机关和省、自治区、直辖市党委制定的体现党的统一意志、规范党的领导和党的建设活动、依靠党的纪律保证实施的专门规章制度。"[①]这里明确指出了党纪党规的制定主体，主要指党的中央组织、中央纪律检查委员会以及党中央工作机关和省、自治区、直辖市党委。对国法的制定主体同样有着严格要求，即由代表国家的、具有立法权的国家机关制定。《中华人民共和国立法法》第七条规定："全国人民代表大会和全国人民代表大会常务委员会行使国家立法权。全国人民代表大会制定和修改刑事、民事、国家机构的和其他的基本法律。全国人民代表大会常务委员会制定和修改除应当由全国人民代表大会制定的法律以外的其他法律。"[②]除全国人民代表大会及其常务委员会外，省、自治区、直辖市的人民代表大会及其常务委员会，国务院各部、委员会、中国人民银行、审计署和具有行政管理职能的直属机构，以及自治区、直辖市和设区的市、自治州的人民政府等，均可以根据实际情况制定部门性法规或地方性法规。

第二，两者的适用范围不同。党纪的适用对象是各级党组织和全体共产党员，而国法的适用对象是包括党员在内的全体中华人民共和国公民以及全体社会组织。因此，党纪的适用范围比国法要小，只限于党内。

第三，两者的具体内容不同。国法只约束人的外在行为而不牵涉人的内心世界和道德品质等问题，"它是调整人与人之间的行为规范，不是

---

① 本书编写组编：《纪检监察工作常用法规全书》，中国方正出版社 2020 年版，第 115 页。

② 全国人大常委会办公厅、中共中央文献研究室编：《人民代表大会制度重要文献选编》三，中国民主法制出版社 2015 年版，第 1097—1098 页。

规定人们的思想准则、真理标准、美学规则、道德品质的规范。法不应追究人的思想，只规范涉及他人的行为。”[①]党纪除维护社会秩序和国家、个人权益的规范内容外，还包括对党员遵守社会道德、公序良俗、个人品格等领域的规范。《中国共产党纪律处分条例》第五十一条规定：“对党不忠诚不老实，表里不一，阳奉阴违，欺上瞒下，搞两面派，做两面人，……给予……处分。”[②]严格地说，这些表述主要不是对个人行为规范的概括，而是鲜明地涉及党员的内心世界及道德品质问题。

第四，两者的约束程度不同。党纪的执行要严于国法，一些党员的行为可能违反了党纪，却未必触犯了法律。比如，中共中央纪律检查委员会定期通报曝光全国各地党员、干部违反中央八项规定精神大操大办婚丧嫁娶等案例，从法律角度看，该行为并不违法。但对党员、干部而言，该行为却违反了党纪，必须接受党纪的处分。又如对贪污贿赂等腐败行为的惩治，一般分两个阶段：党内处理和司法程序，大多数贪污贿赂等腐败行为在受到开除党籍、开除公职处分的同时，涉嫌违法犯罪的，还被移送司法机关处理。但也有些贪污贿赂等腐败行为仅受到党纪政纪处分，没有受到国法的惩戒，原因在于这些党员的腐败行为还未达到违法犯罪的临界点。因此可以说，党纪的约束力和规范性比国法更强，执行起来更严。

第五，两者的执行机构与惩处方式不同。对党员和党组织违纪行为进行调查和处理由党的各级纪律检查委员会执行和实施，对党员违纪行为的处分包括警告、严重警告、撤销党内职务、留党察看、开除党籍

---

① 郭道晖：《论法的本质内容与本质形式》，《法律科学》2006 年第 3 期。

② 《十九大以来重要文献选编》上，中央文献出版社 2019 年版，第 598 页。

5种形式。对党组织的违纪行为，党章规定："上级党组织应当责令其作出检查或者进行通报批评。对于严重违犯党的纪律、本身又不能纠正的党组织，上一级党的委员会在查明核实后，根据情节严重的程度，可以予以：（一）改组；（二）解散。"[①]而对公民的违法行为进行调查和处理的是司法机关，对违法行为的处罚主要有行政处罚和刑事处罚两种形式，其中行政处罚主要包括：警告、通报批评；罚款、没收违法所得、没收非法财物；暂扣许可证件、降低资质等级、吊销许可证件；限制开展生产经营活动、责令停产停业、责令关闭、限制从业；行政拘留；法律、行政法规规定的其他行政处罚。刑事处罚有主刑和附加刑两种，前者包括管制、拘役、有期徒刑、无期徒刑、死刑，后者包括罚金、剥夺政治权利、没收财产。

作为中国特色社会主义法治体系的共同组成部分，党纪与国法是当代中国国家治理制度的两大支柱，两者之间既相互区别，又相互联系。

第一，两者建设目标的一致性。党纪是党的意志的体现，是管党治党的重要手段。加强党纪建设，目的在于加强和改善党的领导，提高党的治国理政能力，推动党的建设伟大工程，最终实现中华民族伟大复兴。国法是国家意志的体现，是治国理政的基本依据。加强国法建设，目的在于推进全面依法治国进程，建成社会主义法治国家，保障中华民族伟大复兴的实现。因此，党纪与国法是中国共产党自身建设与治国理政的工具，两者在建设目标上具有一致性。

第二，两者基本原则的一致性。这基本原则即平等性。党章明确规定："要把严的标准、严的措施贯穿于管党治党全过程和各方面。坚持

① 《十九大以来重要文献选编》上，中央文献出版社2019年版，第588页。

依规治党、标本兼治，坚持把纪律挺在前面，加强组织性纪律性，在党的纪律面前人人平等。”[①]《中国共产党党员权利保障条例》在阐述党员权利保障应当遵循的原则时也指出：“坚持在党的纪律面前人人平等，不允许任何党员享有特权。”[②]在这里，平等性是党纪建设必须坚持的重要原则之一。党纪如此，国法也一样。《中华人民共和国宪法》第四条、第三十三条分别规定，“中华人民共和国各民族一律平等”；“中华人民共和国公民在法律面前一律平等”[③]。由此可见，平等性也是国法建设的重要原则之一。

第三，两者共同筑牢中国特色社会主义法治防线。党纪适用范围小于国法，但其包容性强，包含国法未涉及的部分内容。党纪严于国法，党员既要遵守党纪，又要遵守国法。党纪规范了党员行为，涵盖了国法规范不到的众多行为。在中国共产党内部，党纪是对国法的补充。党员的违纪行为如果触犯法律，违纪党员不但会受到党纪处罚，还要接受法律制裁，因此国法是对党纪惩罚能力的强化。党纪与国法之间这种相辅相成、相互促进、相互保障的关系，共同构筑起中国特色社会主义法治防线，并在中国特色社会主义法治建设中得到进一步丰富和发展。

2. 纪严于法、纪在法前的依据

长期以来，党纪与国法在相当程度上界限模糊，甚至混淆不清。纪法分开、纪严于法、纪在法前，是相对于纪法不分、错把法律当底线而言的，是全面从严治党的重要体现。从法律准线到纪律规矩，不仅是语

---

① 《中国共产党章程》，《人民日报》2022 年 10 月 27 日。

② 《中国共产党党员权利保障条例》，《人民日报》2021 年 1 月 5 日。

③ 转引自夏泽祥主编：《宪法学》，山东人民出版社 2011 年版，第 367、第 369 页。

境上的区别，更是内涵上的深化。

首先，纪严于法、纪在法前是由党的性质决定的。中国共产党是中国工人阶级的先锋队，同时是中国人民和中华民族的先锋队。每一个党员都是先锋队的成员，都是工人阶级中的优秀分子。相对于普通群众，党员的身份更加特殊，党员承担的责任与使命更加神圣和光荣，这就对党员提出了比法律标准更高的要求、更严的标准。因此，共产党员必须接受比普通人更加严格的约束，既要遵守宪法和法律，又要遵守和维护党的纪律。如果不严格约束和规范党员的各种行为并严惩违纪违法行为，有的党员就可能不把党纪党规当回事，全面从严治党就会变成一纸空文。因此，党纪必须严于国法，党纪的执行必须始终挺在国法之前。

其次，纪严于法、纪在法前是党治国理政的必然要求。中国共产党是中国特色社会主义事业的领导核心，党员是党的细胞。党员、干部一旦违纪违法，党组织就会出现问题，就会严重削弱党的创造力、凝聚力和战斗力，进一步影响到党的领导能力和治国理政能力。因此，坚持纪严于法、纪在法前，严格规范和约束党员的行为，将少数党员的违纪违法现象扼杀在萌芽状态，以免对党的领导和党治国理政能力产生消极作用和造成负面影响。

最后，纪严于法、纪在法前是管党治党的现实需要。党的十八大以来，全面从严治党取得重大成果，管党治党成效显著。但党内仍存在一些亟待解决的问题，长期执政考验、改革开放考验、市场经济考验、外部环境考验的“四大考验”，以及精神懈怠危险、能力不足危险、脱离群众危险、消极腐败危险的“四大危险”依然存在，部分党组织和党员、干部纪律松弛已经成为党的建设和发展的严重忧患。在此情况下，必须把党纪建设摆在更加突出的位置，坚持纪严于法、纪在法前，一刻不停抓党纪建设，用严明的纪律规范来约束全党。

3. 纪严于法、纪在法前的实现

纪严于法、纪在法前，是新时代管党治党、从严治党的必然要求和重要保证。纪严于法、纪在法前的实现，需要把握好以下几点。

第一，必须坚持党的领导。习近平总书记指出："办好中国的事情，关键在党。中国特色社会主义最本质的特征是中国共产党领导，中国特色社会主义制度的最大优势是中国共产党领导。坚持和完善党的领导，是党和国家的根本所在、命脉所在，是全国各族人民的利益所在、幸福所在。"[①]坚持和完善党对中国特色社会主义事业的领导，是中国特色社会主义事业得以推进和完成的根本保证。纪严于法、纪在法前的实现，依赖于中国共产党的坚强领导。要加强和完善党对党纪与国法在制定、执行、监督等方面的绝对领导，提高党的领导力，保障党纪与国法的科学性和合法性，以及执行的有效性。

第二，必须完善党纪国法。纪严于法、纪在法前的重要前提，是拥有严格的党纪与国法可以遵循。这就要求党和国家不断制定和完善党纪与国法，以适应全面从严治党和全面依法治国的现实需要。随着中国特色社会主义进入新时代，新情况新问题层出不穷，党的建设与国家发展面临的问题日益复杂严峻，党纪与国法面临着新挑战新任务。基于此，党纪与国法必须与时俱进，坚持废改立释并举，严格党纪与国法的制定与实施，并加强监督，保证有法可依、有纪可循。

第三，必须坚持纪法分开。党纪与国法概念不同，是两个不同的规范体系，不能混同。坚持纪法分开，不仅是因为两者概念与体系不同，

① 《十八大以来重要文献选编》下，中央文献出版社 2018 年版，第 355 页。

更是全面从严治党的现实需要。过去，将党纪党规混同于法律，导致党内监督执纪问责无法落到实处。习近平总书记指出："过去就存在纪法不分问题，把公民不能违反的法律底线作为党组织和党员的纪律底线，降低了对党员要求，最后造成的结果就是'违纪只是小节、违法才去处理'，'要么是好同志、要么是阶下囚'的不良后果。"[①]坚持纪法分开，使得党纪与国法既能够各司其职、各尽其责，又能够配套联动、相辅相成，形成建设合力。党的十八大以来，中国共产党以中央八项规定为起点，化繁为简、突出重点、针砭时弊，本着于法周延、于事简便原则，制定和修订了数十部党内法规，删除了与法律重复的条款，用"纪言纪语"取代"法言法语"，比如把"查办案件"改为"纪律审查"，把"案件线索"改称为"反映领导干部问题线索"。尤其是《中国共产党纪律处分条例》结合形势发展和党内情况变化，将违纪行为整合成了"六大纪律"，为全党开列"负面清单"，划出了纪律底线。新修订的《条例》还坚持问题导向，把很多新形式的违纪行为纳入处分条例，如组织纪律增加了"不如实填报个人档案资料"，廉洁纪律增加了"收受可能影响公正执行公务的礼品、礼金和消费卡等"等违纪条款，使量纪尺度比原来更细、更严、更实了。可以说，《条例》是目前最具体、最完整的党纪文本，充分体现了纪法分开、纪严于法的要求。

第四，必须搞好纪法衔接。在坚持纪法分开的同时，也要做好纪法协同和纪法衔接问题，加强两者的沟通。首先，要树立党章权威和宪法权威。党章是党内根本大法，宪法是国家根本大法，党在治国理政中必

① 《习近平关于严明党的纪律和规矩论述摘编》，中央文献出版社、中国方正出版社 2016 年版，第 65 页。

须遵循宪法为上、党章为本的原则，筑牢和维护宪法和党章的权威。作为党和人民共同意志的反映，宪法和党章具有共同的目标指向，共同构成了党的建设与国家发展不可或缺的法规和制度支撑。其次，要完善党内法规制度体系，保证党内法规制度体系的完善与国家法律制度体系的建设同步，不断提高党内明纪立规和国家立法的科学性，确保党纪与国法相互协调、相辅相成，健全中国特色社会主义法治体系。

## （二）高标准与守底线相结合

党的十八大以来，以习近平同志为核心的党中央在推进全面从严治党特别是党纪建设过程中，既注重理想信念的引领，又突出纪律规矩的约束，将高标准与守底线统一起来，着力推动管党治党从“宽松软”走向“严紧硬”。习近平总书记指出：“要坚持高标准和守底线相结合，既要注重规范惩戒、严明纪律底线，更要引导人向善向上，坚守共产党人精神追求，筑牢拒腐防变思想道德防线。”[①]这为全体党员划定了管党治党的高低两条线：高线是坚定理想信念，坚守根本宗旨，弘扬优良作风等；底线是恪守党纪党规和国家法律。共产党人既要牢固树立崇高理想信念、筑牢拒腐防变的道德防线，也要严守纪律和法律的规矩底线，将高标准和守底线统一起来。

### 1. 高标准与守底线相结合的内涵

高标准是指坚定的理想信念和奋斗目标，它们是中国共产党人的前进灯塔，为共产党员指明方向。守底线是量变与质变的临界线，是中国

① 习近平：《在第十八届中央纪律检查委员会第六次全体会议上的讲话》，《人民日报》2016 年 5 月 3 日。

共产党人想办法和做事情不可逾越的警戒线。中国共产党人的底线就是党纪与国法，它像一道堤坝需要筑牢和加固，一旦失守，便会造成堤决坝溃的严重后果。

高标准与守底线相互区别，两者不能混为一谈，但也不可分割。高标准是守底线的保障，拥有崇高理想信念的党员、干部，往往都能为了理想和目标严格要求自己。守底线是对共产党人的最低要求，是高标准的基础，只有坚守底线的共产党人，所树立的理想信念才有意义；只有坚守底线的共产党人，才能算得上合格的共产党员。如果把底线当作高标准，认为在平时工作中只要“不出乱子”就行，甚至少数党员、干部为了避免出错而消极求稳，这就违背了守底线的本意。这样的党员心中没有信仰、肩上没有责任，不能做到勇于斗争、勇担重任，对党和国家的发展毫无作用，他们总是钻政策和法规的漏洞，甚至会突破底线。还有一些党员、干部空谈理想，嘴上承诺坚定理想信念，但在实际工作中无所作为，甚至为了私利违反党纪党规，这些不是合格的共产党员。因此，高标准与守底线是统一的，共产党人唯有遵纪守法、坚守底线，才能走上正道；党员、干部也只有树立高标准，严格要求自己，才能焕发光彩。

2. 高标准与守底线相结合的实现

第一，必须树立理想信念。理想信念是共产党人的行动引领和精神支柱，决定着共产党人的方向和立场。理想信念任何时候都至关重要，是思想的“总开关”。坚定理想信念是共产党人安身立命之本，是实现中华民族伟大复兴的精神动力。只有把“总开关”拧紧了，思想觉悟、精神境界才会提高，精神动力才会强劲。历史和现实反复表明，拥有远大理想和崇高使命的政党，便能无坚不摧、无往不胜；拥有坚定理想信念的党员、干部，总能把握正确的方向。自党的十八大以来，以习近平同志为核心的党中央反复强调，党员、干部必须树立理想信念。之所以如此，“是因为一段时间里，受各种错误思想和糊涂观念影响，有相当数量的党员、干部丢掉了共产党人的理想信念，只讲功利不讲理想、只讲私欲不讲信仰了。”[①] 习近平总书记罗列了有些共产党员因精神“缺钙”导致患上“软骨病”的种种表现：“有的对共产主义心存怀疑，认为那是虚无缥缈、难以企及的幻想；有的不信马列信鬼神，从封建迷信中寻找精神寄托，热衷于算命看相、烧香拜佛，遇事‘问计于神’；有的是非观念淡薄、原则性不强、正义感退化，糊里糊涂当官，浑浑噩噩过日子；有的甚至向往西方社会制度和价值观念，对社会主义前途命运丧失信心；有的在涉及党的领导和中国特色社会主义道路等原则性问题的政治挑衅面前态度暧昧、消极躲避、不敢亮剑，甚至故意模糊立场、耍滑头；等等。”[②] 患上这些“软骨病”的共产党员，政治上是谈不上可靠性的，党纪上也是谈不上严格遵守的。2021 年 9 月，习近平总书记在中央党校（国家行政学院）中青年干部培训班开班式上的讲话中强调指出：“对我们党的理想信念，不要语焉不详，不要吞吞吐吐，而是要旗帜鲜明、理直气壮讲。共产党一旦丢了自己的理想信念，那就同其他政党没什么本质区别了，就会失去精神动力和精神纽带，就会成为乌合之众，难逃失败的命运。”[③]

共产党人树立坚定的理想信念，要从三个层面来把握：一是坚持马克思主义的真理信仰。马克思主义是科学真理，信仰马克思主义就是信仰真理，要从马克思主义真理中深刻感悟和汲取前行的力量。中国革

---

① 习近平：《努力成为可堪大用能担重任的栋梁之才》，《求是》2022 年第 3 期。

② 《习近平关于全面从严治党论述摘编》，中央文献出版社 2016 年版，第 16—17 页。

③ 习近平：《努力成为可堪大用能担重任的栋梁之才》，《求是》2022 年第 3 期。

命、建设和改革取得的巨大成就离不开马克思主义的指导。中华民族伟大复兴只有在马克思主义的指导下才能得以实现。要随着时代发展不断赋予马克思主义新内涵，使马克思主义在中国大地上放射出更加灿烂的真理光芒。二是坚定共产主义远大理想。共产主义远大理想是中国共产党人的精神支柱。中国共产党自成立伊始就把实现共产主义确立为最高理想。在百余年奋斗征程中，中国共产党之所以能够经受众多挫折和挑战而奋起，正是因为中国共产党人具有崇高的理想追求。三是坚守中国特色社会主义共同理想。中国特色社会主义共同理想是当代中国最广大人民群众共同利益和根本要求的集中体现，是实现中华民族伟大复兴的精神支柱和精神动力。新时代坚定中国特色社会主义共同理想，就是要坚定中国特色社会主义道路自信、理论自信、制度自信、文化自信。总之，坚持马克思主义的真理信仰、坚定共产主义远大理想、坚守中国特色社会主义共同理想，是一辈子的追求，不是一阵子的事，要常修常炼，要常悟常进，无论是顺境还是逆境，都要坚贞不渝，始终如一，经得起大浪淘沙的考验。

第二，必须提高道德修养。坚持高标准与守底线相统一，必然要求依规治党与以德治党结合起来。道德使人向善，是比纪律和法律更高的自我约束，是纪律和法律的前提；纪律和法律是具体的行为规范，是道德的保障。习近平总书记指出：“做官先做人，做人先立德；德乃官之本，为官先修德。”[①]领导干部要把加强道德修养作为人生必修课，要善于修心，特别是修好忠诚、担当、务实、清廉四大品德课。

忠诚自古以来就是中华民族最核心的道德准则之一。天下至德，莫

① 习近平：《之江新语》，浙江人民出版社2007年版，第258页。

大于忠。新时代，忠诚更是党员、干部的修心之基、立德之本。对党绝对忠诚是共产党人的首要品德。一个党员无论职位大小、贡献多少，都必须坚守对党绝对忠诚的政治底线。对党忠诚关键在“绝对”二字，绝对忠诚是一种始终如一、忠贞不二、无怨无悔的忠诚，是彻底的、无条件的、不掺任何杂质的、没有任何水分的忠诚，是忠诚的最高境界。具体而言，对党忠诚，既要忠于信念，即对马克思主义的信仰，对共产主义的信念；又要忠于宗旨，即对全心全意为人民服务宗旨的努力践行；还要忠于组织，即任何时候任何情况下都与党同心同德，热爱党、拥护党、跟党走。党员、干部要以这样的标准来严格要求自己，自觉在思想上政治上行动上同党中央保持高度一致，党叫干什么就坚决干，党不让干什么就坚决不干。

担当是中华民族自古以来的优秀品质。使命在心，责任在肩。中国共产党自成立之日起，就把民族独立和人民解放的重任担在肩上，肩负起实现国家富强、民族复兴、人民幸福的重大使命。中华民族正处于实现伟大复兴的关键时期，这就要求每一位共产党人必须牢固树立担当意识，敢于担当责任，夯实担当品德，为推进中华民族伟大复兴的中国梦提供保障。每一个共产党人要把党和人民的事业放在首位，各尽其责，强化责任意识，遇事不推诿、不退避、不说谎，该履行的职责必须履行，该承担的责任必须承担。干事担事，是干部的职责所在，也是其价值所在。正如习近平总书记所说的：“要有所作为、有所进步，就要敢于较真碰硬、敢于直面困难，自觉把使命放在心上、把责任扛在肩上。”[①] 少些

① 习近平：《在纪念胡耀邦同志诞辰100周年座谈会上的讲话》，《人民日报》2015年11月21日。

“迈过锅台上炕”的做法，少些“事后诸葛亮”的言行。党把干部放在各个岗位上是要大家担当干事，而不是做官享福。

务实是共产党人的优良传统，是共产党人想问题、作决策、办事情的出发点和落脚点，是党和国家事业健康发展的重要保证。务实就是从实际出发，实事求是。共产党人培养务实品德，首先要察实情，在深入调查的基础上，认真听取各方意见，掌握全面情况，善于发现问题，透过现象看本质。不能搞作秀式调研、盆景式调研、蜻蜓点水式调研，“无实事求是之意，有哗众取宠之心”是不行的！其次要出实招，在察实情的基础上，结合具体情况分析问题，做出科学的决策。再次要办实事，以实现广大人民群众的根本利益为出发点和落脚点，解决人民群众亟待解决的问题，必须脚踏实地、实事求是地办事情，既要尽力而为，又要量力而行，避免搞“形象工程”和“面子工程”，坚决杜绝口号式、表态式、包装式应付的行为。最后要求实效，领导干部要树立正确的政绩观，既要有“功成不必在我”的格局和境界，又要有“功成必定有我”的担当和实干，以钉钉子精神坚韧不拔抓落实。

清廉是共产党人最基本的要求，也是共产党人的优良传统和政治品格。为官之德在于清廉。领导干部必须廉洁从政、廉洁用权，干净做人，踏实做事，守好廉洁自律的底线。一要发扬勤俭朴素的作风，严防党员奢靡之心、浮躁之心、虚荣之心的养成，保持清廉的操守。二要严于律己，“一个人能否廉洁自律，最大的诱惑是自己，最难战胜的敌人也是自己”①。三要自觉加强家风建设，古人云：“将教天下，必定其家，必正其

① 《习近平关于全面从严治党论述摘编》，中央文献出版社 2021 年版，第 364 页。

身。”从近年来查处的违纪行为和违法案件看，家风败坏往往是领导干部走向严重违纪违法的重要原因。不少领导干部不但自己在前台大搞权钱交易，还纵容家属在幕后收钱敛财。习近平总书记指出：“每一位领导干部都要把家风建设摆在重要位置，廉洁修身、廉洁齐家，在管好自己的同时，严格要求配偶、子女和身边工作人员。”①

第三，必须严守党纪底线。守底线就是约束和规范党员的行为，要求党员、干部恪守党纪与国法，既不能触碰党纪，更不能违反国法。严守党纪底线，首先最重要的是严明政治纪律。提高全党政治觉悟，必须严守政治纪律的底线，把严守党的政治纪律和政治规矩摆在最前面。当前，党内绝大多数党员、干部都能严格遵守和维护党的政治纪律。但不可否认的是，仍有不少党员、干部政治纪律意识淡薄，政治立场和政治方向不坚定，在原则问题和大是大非面前立场摇摆。有的党员、干部在党不为党，搞圈子文化、码头文化，整天琢磨拉关系、找门路，玩权弄术，结群逐利，严重违反党的政治纪律，污染党内政治生态，损害党的肌体健康，带坏政风民风，影响社会团结。有的党员、干部在党不忧党，面对社会转型、经济转型和党的建设存在的矛盾和问题，没有牢固树立大局意识，没有旗帜鲜明地支持和落实党中央的决策部署，为了一己私利不顾整体利益，消极观望，刻意回避。有的党员、干部在党不爱党，丑化、歪曲党的历史，诋毁党的声誉和形象，眼中无纪、心中无党，没有把自己的命运和党的命运紧密联系在一起。有的党员、干部在党不言党，人在党，心却没有跟党走，在组织面前不做老实人、不说真心话，对党的工作不作为、不落实，甚至和党背道而驰，搞“两面派”“墙头

---

① 《习近平谈治国理政》第2卷，外文出版社2017年版，第165页。

草”，损害党的利益。以上这些问题，从根本上讲，都与党的政治建设软弱乏力、政治纪律和政治规矩不严肃有关。为此，需要深刻领悟“两个确立”的决定性意义，树牢“四个意识”、坚定“四个自信”，坚决做到“两个维护”，自觉维护党中央的权威，通过严明政治纪律和政治规矩，带动党的其他纪律的建设。严守党纪底线，其次要抓住“关键少数”，抓住关键对象和关键权力。关键对象就是党的各级领导干部，他们位高权重，违纪违法情况往往发生在少数领导干部身上，只有抓住关键对象，才能管住突破底线的源头。党的各级组织和各部门领导干部分工明确，部分领导干部所在的职位和所拥有的权力便于其受贿，如一些领导干部在选人用人时受贿，有些领导干部通过审批工程收敛钱财等。这就要求抓住这些易于受贿的关键权力，精准查处。

### （三）立明规则与破潜规则相统一

明规则是指党内明确规定并严格执行的规章制度，包括党章、党纪、国法，以及党在长期实践中形成的优良传统和工作惯例。潜规则是指党内那些见不得光的所谓“规矩”。潜规则对党的建设和国家发展危害极大，是党的纪律建设亟待解决的突出问题。立明规则与破潜规则是新时代管党治党、全面从严治党的重要保证。习近平总书记指出：“立明规则，破潜规则，必须在党内形成弘扬正气的大气候。大气候不形成，小气候自然就会成气候。”①

① 《习近平关于严明党的纪律和规矩论述摘编》，中央文献出版社、中国方正出版社 2016 年版，第 54 页。

### 1. 明规则与潜规则的内涵

古人云："大智治制，中智治人，小智治事。"规则和规矩是中国共产党治国理政的重要手段，制定科学的规则和规矩并保证其实施，是党执政能力的重要体现。习近平总书记强调："治理一个国家、一个社会，关键是要立规矩、讲规矩、守规矩。"[①]中国共产党制定的规则和规矩，集中了全党全国人民的集体智慧，是管党治党、全面从严治党最基本和最重要的明规则。这些明规则是党的先进性和纯洁性的重要保证，对社会风气具有重要导向和形塑作用。因此，明规则是指严明中国共产党的纪律和规矩，明确规定和执行党章、党纪、国法和党在长期实践中形成的优良传统和工作惯例。

与明规则相对的是潜规则。潜规则是指存在于中国共产党内部，与党的规章制度相对立，被部分党员、干部认可，并在现实中奉行的非正式规则和规矩。它们具有隐蔽性、功利性、排他性、欺骗性等特征。潜规则所带来的伤害，就在于其获得组织内的部分成员特别是部分领导干部的认可，一旦它在组织内"蔚然成风"，便会带来重大危机。就党的建设来讲，潜规则的存在会破坏党内政治生态，造成党风不正、党内生活庸俗化。一些党员、干部在潜规则驱使下，会突破道德和法律的底线，通过"钻空子"、暗箱操作、真戏假做等形式滋生腐败，造成部分党员人格的分裂，搞"表面一套、背后一套"，以及人前人后两种表现，其结果必然导致人民群众根本利益得不到保障，公平正义得不到维护，党的执政基础受到严重削弱，党的形象受到败坏和玷污。

---

① 《习近平关于严明党的纪律和规矩论述摘编》，中央文献出版社、中国方正出版社2016年版，第6页。

党的十八大以来，全面从严治党取得重大成效，党内潜规则现象大为好转，但仍未根除。当前，党内潜规则主要通过以下四种形式表现出来：一是“钻空子”。规则是用来约束和规范行为的，一旦形成，任何人都要遵守。但是在规则实际运用中，部分党员、干部为达到自己的目的，绞尽脑汁钻规则的空子。这些党员、干部通过强行解释规则，或利用党纪国法的弹性空间“打擦边球”，使其运作为自己获利。二是“上有政策、下有对策”。党的方针政策的制定始终坚持人民立场，把广大人民群众的根本利益放在首位，这也是党能够长期执政的根本保障。习近平总书记反复强调党员、干部绝不允许“上有政策、下有对策”，但在实际运作过程中，仍存在少数党员、干部为了个人利益，搞些小动作、小聪明，总是想着找一些“对策”来应对规则的约束。三是“暗箱操作”。暗箱操作是指领导干部通过职权暗地里操作一些不公平、不合法的活动，以达到自己想要的目的，或是为了私利受贿，以帮助他人“明修栈道，暗度陈仓”。四是表里不一。有些党员、干部搞“表面一套、背后一套”，一边跟别人大谈特谈要遵守规则，另一边自己却不断破坏规则。在党纪国法面前，他们更喜欢严于律人、宽以待己。

当前，党内潜规则的存在有着深刻的根源，具体来说，有以下四个方面因素：一是社会原因。潜规则能够生存，必是社会上还存在着适合其生存的土壤。一些党员干部认可、接受潜规则的存在，甚至乐于利用潜规则谋取个人利益。这类人虽是少数，但往往身居高位，能够左右潜规则的走向。二是制度原因。明规则不完善是潜规则得以生存的重要原因，明规则不健全，潜规则就会出来补位。当前党纪法规等政策不健全不完善，潜规则就有空子可以钻；规章制度执行不力，监督制度缺失，导致明规则权威性不足，造成潜规则有恃无恐，挤压明规则的作用空间。

三是历史原因。潜规则在中国社会自古有之。两千多年封建制度的残余思想和旧俗习惯等，对当前党内潜规则的生成和发展仍有着深刻影响。中国古代农业生产以小农经济为主，法治观念和规则意识淡薄，人与人之间的关系以亲情、友情为纽带。这是中国古代潜规则滋生的重要原因。再加上中国古代官场腐败盛行，潜规则问题层出不穷，在一定程度上左右了官场的运作。四是外部因素。潜规则与腐败一样，是人类社会难以消弭的痼疾，是各国都存在的通病，资本主义国家更甚。资本主义国家奉行自由主义的市场经济，经济与政治交织在一起，权钱交易、暗箱操作等潜规则现象举不胜举。改革开放以来，西方社会思潮蜂拥而来，外企纷纷在中国开办企业、建立工厂，也把西方的一些潜规则带入中国。

2. 立明规则与破潜规则的实现

立明规则与破潜规则是中国共产党管党治党、全面从严治党的重要举措，是坚持和加强党的全面领导、大力推进党的建设新的伟大工程的现实需要。习近平总书记指出，“各级领导干部特别是高级干部要从自身做起”，“要秉公用权、廉洁用权，做遵纪守法的模范，同时要坚持原则、敢抓敢管”，“要抓住建章立制，立‘明规矩’、破‘潜规则’”，“通过体制机制改革和制度创新促进政治生态不断改善”。[①]

第一，铲除潜规则滋生土壤。传统封建腐朽的思想政治文化和当前社会上一些民众对潜规则的麻木及认同，是潜规则得以滋生蔓延的主要土壤。如何铲除这一土壤？一要强化规则意识。既要强化党员、干部的规则意识，在全党营造讲政治、懂规矩、守纪律的氛围，让党员、干部

① 习近平：《在第十八届中央纪律检查委员会第六次全体会议上的讲话》，《人民日报》2016 年 5 月 3 日。

形成不敢潜、不能潜、不想潜的意识；又要增强人民群众的规则意识，使人民群众在遵守规则的同时，自觉维护社会公平正义，敢于监督和举报潜规则现象。二要清理腐朽的政治思想文化。加强对全党的理想信念、道德修养和社会主义核心价值观教育，筑牢全体共产党员的理想信念之基，提高党员的政治定力和政治辨别力，培养党员的政治敏锐性和政治鉴别力，自觉抵制腐朽政治思想文化的侵蚀。三要端正党风政风。只要党风和政风端正了，百姓的德行和社会风气就有了导向。把治理党内潜规则与加强党的作风建设相结合，将治理潜规则作为党性教育的重要内容，深刻揭露党内潜规则的危害，在扫除党内形式主义、官僚主义、享乐主义、奢靡之风中铲除潜规则赖以生存的土壤。四要建设党内廉洁文化。腐败与潜规则共存相生，有潜规则的地方必然存在腐败。腐败加速潜规则的蔓延，潜规则又加剧腐败的横行，两者在本质上是一致的。廉洁文化对遏制腐败和潜规则的蔓延有着重要作用。通过建设党内廉洁文化，宣传和践行廉洁思想及其价值理念，铲除潜规则滋生的土壤和市场。

第二，制定和完善党纪国法。潜规则的对立面是明规则，两者是势不两立、此消彼长、此存彼亡的关系。明规则不彰，潜规则必然大行其道，潜规则存在的重要原因就是明规则不健全。因此，破除潜规则的重要举措便是订立明规则，明规则真正立起来了、硬起来了，潜规则的生存空间和交易市场自然会不断缩小。习近平总书记明确指出："破除潜规则，根本之策是强化明规则，以正压邪，让潜规则在党内以及社会上失去土壤、失去通道、失去市场。"[①] 立明规则，要坚持立改废释并举，完

① 《习近平关于严明党的纪律和规矩论述摘编》，中央文献出版社、中国方正出版社 2016 年版，第 54 页。

善以“1+4”为基本框架的党内法规制度体系，严明国法，让潜规则无处遁形，同时要及时制定、修改和废除阻碍或不适应发展需求的党纪国法，积极推进制度创新，保证党纪国法的科学性和连续性。

第三，强化权力制约与监督。习近平总书记指出：“监督是权力正确运行的根本保证，是加强和规范党内政治生活的重要举措。”[①]在监督机制不健全和监督不力的情况下，党内潜规则便有了生存空间。潜规则往往发生在握有权力的领导干部身上，一旦监督不到位，一些领导干部便会利用职权谋私利。因此，应对潜规则，必须强化全方位、全过程的监督，构建严格的党内监督体系，将党内监督与党外监督相结合，保证只要有权力的运行，就有监督，使潜规则没有发挥的余地。为此，一要强化全体党员的监督意识。通过加强教育，促使全体党员愿意监督、敢于监督，同时要增强党员的自律意识，保证全体党员特别是领导干部自觉接受监督。二要构建和完善党内监督体制机制。着力构建起事前控制、事中监督和事后惩戒的体制机制，完善党中央集中统一领导，党委（党组）全面监督，纪律检查机关专责监督，党的工作部门职能监督，党的基层组织日常监督，党员民主监督的党内监督体系。三要加大党内舆论监督力度。网络舆论具有直接性和很强的曝光力度，便于党员和群众直接曝光和检举党员、干部的潜规则行为。要充分利用党报、党刊、网络等舆论媒体对党员、干部进行监督，保障权力在阳光下运行。四要抓住“关键少数”。领导干部是全面从严治党的“关键少数”，潜规则是发生在领导干部中的“关键少数”。领导干部的行为直接影响党内政治生活的好坏，因此必须抓好“关键少数”，从源头上防止潜规则的发生。

---

① 《十八大以来重要文献选编》下，中央文献出版社2018年版，第436页。

# 第三章 严明政治纪律和政治规矩

在党的全部纪律中，政治纪律是最重要、最根本的纪律，是打头的、管总的纪律。严明党的纪律，首要的就是严明政治纪律。党的纪律是多方面的，但政治纪律是最重要、最根本、最关键的纪律，遵守党的政治纪律是遵守党的全部纪律的基础。讲政治是党突出的特点和优势。党员、干部要恪守政治纪律和政治规矩，严格按政治纪律和政治规矩办事。各级党组织要自觉地担负起执行和维护党的政治纪律和政治规矩的责任，对违反政治纪律和政治规矩的行为，必须严肃查处、严加整治。

## 一、讲政治是党突出的特点和优势

旗帜鲜明讲政治，是马克思主义政党的鲜明特征，是中国共产党一以贯之的政治优势。列宁说过："问题只在于（从马克思主义的观点来看，也只能在于）：一个阶级如果不从政治上正确地看问题，就不能维持它的统治，因而也就不能完成它的生产任务。"① 列宁的这一思想对工人阶级及其先锋队——中国共产党来讲，至今仍有着现实的指导意义。习近平总书记指出："我们党作为马克思主义政党，讲政治是突出的特点和优势。没有强有力的政治保证，党的团结统一就是一句空话。"② 中国共产党在领导和团结全国人民进行革命、建设和改革的历史进程中，形成和发展了讲政治这一党的优良传统和独特优势。

1921 年 7 月，党的一大通过《中国共产党第一个纲领》，明确指出中国共产党是以马克思主义为指针、以共产主义为奋斗目标的党，并明确表示"党的根本政治目的是实行社会革命"③。1922 年 6 月，党的二大通过的《中国共产党第二次全国代表大会宣言》，明确提出党的最低纲领即在民主革命阶段的奋斗目标："一、消除内乱，打倒军阀，建设国内和平；二、推翻国际帝国主义的压迫，达到中华民族完全独立；统一中

---

① 《列宁选集》第 4 卷，人民出版社 2012 年版，第 408 页。

② 《习近平关于严明党的纪律和规矩论述摘编》，中央文献出版社、中国方正出版社 2016 年版，第 23 页。

③ 《建党以来重要文献选编（1921—1949）》第 1 册，中央文献出版社 2011 年版，第 1 页。

国本部（东三省在内）为真正民主共和国。”[①]《宣言》同时明确了党的最高纲领，即“组织无产阶级，用阶级斗争的手段，建立劳农专政的政治，铲除私有财产制度，渐次达到一个共产主义的社会。”[②]由此可见，党自成立之日起就旗帜鲜明地表明了自己的政治属性、政治纲领、政治方向和政治立场。

1927年5月，党的五大首次以中央文件形式提出“政治纪律”[③]概念，并强调政治纪律的重要性：“党内纪律非常重要，但宜重视政治纪律，不应将党的纪律在日常生活中机械的应用。”[④]同年11月，中央临时政治局扩大会议颁布《政治纪律决议案》，开头即指出：“只有最严密的政治纪律，才能够增厚无产阶级政党的斗争力量，这是每一个共产党所必具的最低条件。”[⑤]这是党的历史上第一个关于政治纪律的专门决议案。紧接着，中央临时政治局向全党发出通告，明确告知全党这次大会的任务之一就是要从“根本上重造我们的党，强健我们的党，澈底肃清机会主义，严厉的整顿政治纪律”，认为“此次会议实行整饬政治纪律，对

---

① 《建党以来重要文献选编（1921—1949）》第1册，中央文献出版社2011年版，第133页。

② 《建党以来重要文献选编（1921—1949）》第1册，中央文献出版社2011年版，第133页。

③ 1927年2月，瞿秋白在《中国革命中之争论问题》长文中曾提及“政治纪律”和“政治上的纪律”，指出：“只有组织手续上的纪律，而没有政治上的纪律。区委对地委责备是常有的，但是真正纪律，政治上的纪律差不多没有”；“我们应当严格的执行政治纪律”。参见《建党以来重要文献选编（1921—1949）》第4册，中央文献出版社2011年版，第85、第89页。

④ 《建党以来重要文献选编（1921—1949）》第4册，中央文献出版社2011年版，第208页。

⑤ 《建党以来重要文献选编（1921—1949）》第4册，中央文献出版社2011年版，第642页。

于不坚决的执行布尔塞维克的策略，甚至故意违背中央命令，以及显然有叛党行为的党员，都有明显的批评与分别的处罚”[①]。从此，“政治纪律”概念逐渐被党内接受和使用。

土地革命初期，随着农村包围城市、武装夺取政权的中国革命新道路的开辟，党和军队领导人在军队建设问题上产生不同看法，军内存在的单纯军事观点开始抬头。有同志认为，“军事好，政治自然会好，军事不好，政治也不会好”；也有同志认为，红军任务与白军相同，只是单纯地为了打仗而打仗；还有同志把红军的政治机关隶属于军事工作机关，提出“司令部对外”口号；等等。针对这些把军事与政治对立起来的单纯军事观点，毛泽东在1929年12月的古田会议上旗帜鲜明地指出：“军事只是完成政治任务的工具之一”，“中国的红军是一个执行革命的政治任务的武装集团”；他明确提出要“从教育上提高党内的政治水平，肃清单纯军事观点的理论根源”，“教育党员使党员的思想和党内的生活都政治化，科学化”，“教育党员用马克思列宁主义的方法去作政治形势的分析和阶级势力的估量”。[②]毛泽东的这些思想观点，成为古田会议决议的题中内容，对于加强党的思想政治建设特别是用无产阶级思想进行党的建设和军队建设具有重要意义。

抗日战争全面爆发后，为了打败日本帝国主义，毛泽东对“领导干部要努力成为无产阶级政治家”[③]表达了强烈期盼和要求，指出：“使

---

① 《建党以来重要文献选编（1921—1949）》第4册，中央文献出版社2011年版，第697、第701页。

② 《毛泽东选集》第1卷，人民出版社1991年版，第86、第87、第92页。

③ 中共中央文献研究室编：《毛泽东著作专题摘编》下，中央文献出版社2003年版，第2048页。

我们的干部不但能治党，而且能治国，要懂得向全中国与全世界人民讲话，并为他们做事，要有远大的政治眼光与政治家的风度。”[①]1938 年 4 月，毛泽东在回答抗日军政大学学员提出的“抗大应当学习什么”问题时指出：“你们在这里要学到坚定正确的政治方向，艰苦奋斗的工作作风，加上灵活的战略战术。有了这三样东西，我们便能够最后战败敌人。”[②]1939 年 5 月，毛泽东在纪念抗大成立三周年时，明确地将“坚定正确的政治方向，艰苦奋斗的工作作风，灵活机动的战略战术”这三样东西确定为抗大的教育方针。[③]这其中，“坚定正确的政治方向”被置于抗大应当学习内容之首位，同时被置于抗大教育方针之首位。在毛泽东看来，坚定正确的政治方向与艰苦奋斗的工作作风是紧密联系的，“没有坚定正确的政治方向，就不能激发艰苦奋斗的工作作风；没有艰苦奋斗的工作作风，也就不能执行坚定正确的政治方向”。[④]总的来看，在整个新民主主义革命时期，中国共产党把政治和革命紧密联系，强调用政治领导革命，革命围绕党的政治目标展开，在党的建设中突出政治建设和思想政治工作的重要性。

新中国成立后，毛泽东一如既往地强调政治工作的重要性。1955 年 3 月，他在中国共产党全国代表会议上要求：“所有的省委书记、市委书记、地委书记以及中央各部门的负责同志，都要奋发努力，在提高马克思列宁主义水平的基础上，使自己成为精通政治工作和经济工作的专家。一

① 《毛泽东文集》第 2 卷，人民出版社 1993 年版，第 60 页。
② 《毛泽东文集》第 2 卷，人民出版社 1993 年版，第 117 页。
③ 《毛泽东文集》第 2 卷，人民出版社 1993 年版，第 188 页。
④ 毛泽东：《国民精神总动员的政治方向》，《新中华报》1939 年 5 月 10 日。

方面要搞好政治思想工作，一方面要搞好经济建设。”[①]之后不久，毛泽东相继提出“政治工作是一切经济工作的生命线”[②]，“没有正确的政治观点，就等于没有灵魂”[③]等重要观点，旗帜鲜明地强调讲政治的重要性，深刻揭示了思想政治工作与经济工作的内在联系。1958 年初，毛泽东在《工作方法六十条（草案）》中再次强调思想工作与政治工作的关系，他说：“思想工作和政治工作，是完成经济工作和技术工作的保证，它们是为经济基础服务的。思想和政治又是统帅，是灵魂。只要我们的思想工作和政治工作稍为一放松，经济工作和技术工作就一定会走到邪路上去。”[④]

改革开放以后，中国共产党重新确立了正确的政治路线，建设社会主义现代化国家成为党在社会主义初级阶段的宏伟目标。1979 年 3 月，邓小平在党的理论工作务虚会上作《坚持四项基本原则》重要讲话，明确指出：“社会主义现代化建设是我们当前最大的政治，因为它代表着人民的最大的利益、最根本的利益。”[⑤]这一论断将社会主义现代化建设与讲政治紧密联系起来，为讲政治注入了新内容。在经济建设转变为党的工作重心之后，政治工作的重要性更加不容忽视。1980 年 2 月，党的十一届五中全会审议通过《关于党内政治生活的若干准则》，为加强党内生活的政治性提供了基本遵循，对于当时恢复和健全党内民主、维护党的集中统一、严肃党的纪律、促进党的团结，实现政治上思想上组织上作风上的拨乱反正，实现全党工作中心的转移发挥了重要历史作

---

① 《毛泽东文集》第 6 卷，人民出版社 1999 年版，第 396 页。
② 《毛泽东文集》第 6 卷，人民出版社 1999 年版，第 449 页。
③ 《毛泽东文集》第 7 卷，人民出版社 1999 年版，第 226 页。
④ 《毛泽东文集》第 7 卷，人民出版社 1999 年版，第 351 页。
⑤ 《邓小平文选》第 2 卷，人民出版社 1994 年版，第 163 页。

用。[①]1986年8月，邓小平在视察天津时又强调："改革，现代化科学技术，加上我们讲政治，威力就大多了。到什么时候都得讲政治。"[②]

为了深入贯彻邓小平有关讲政治的重要思想，同时根据党的干部队伍的状况以及存在的突出问题，以江泽民同志为核心的党中央决定，自1996年开始对县处级以上领导干部进行一次以"三讲"（讲学习、讲政治、讲正气）为主要内容的党性党风教育。江泽民指出："我们党是马克思主义的政党，必须坚持讲马克思主义的政治，讲建设有中国特色社会主义的政治，讲实现、维护和发展人民群众利益的政治。全党同志特别是领导干部，必须坚定正确的政治立场、政治方向和政治观点，严守政治纪律，增强政治敏锐性和政治鉴别力，保证全党在思想上、政治上、组织上的高度统一。"[③]在这里，政治包括政治方向、政治立场、政治纪律、政治鉴别力、政治敏锐性等内容。同时要指出的是，这里的讲政治，绝不是像境外一些报刊歪曲的那样，中国又要回到过去搞什么"阶级斗争为纲"，搞什么"左"的那一套了，更不是也绝不会去搞什么运动。对这些别有用心的舆论，要警惕，不要上当。

党的十八大以来，以习近平同志为核心的党中央把党的政治建设摆在更加突出位置，在把准政治方向、坚持党的领导、夯实政治根基、涵养政治生态、防范政治风险、永葆政治本色、提高政治能力等方面取得

---

① 2014年1月12日，习近平在给刘云山、王岐山同志的批示中指出，1980年制定的《关于党内政治生活的若干准则》，在当前，"对我们严肃和规范党内政治生活、弘扬党的优良传统和作风仍具有重要现实指导意义"。参见习近平：《关于〈关于新形势下党内政治生活的若干准则〉和〈中国共产党党内监督条例〉的说明》，《人民日报》2016年11月3日。

② 《邓小平文选》第3卷，人民出版社1993年版，第166页。

③ 《江泽民文选》第2卷，人民出版社2006年版，第360—361页。

了明显成效。实践证明，党的政治建设决定党的建设方向和效果，不抓党的政治建设或偏离党的政治建设指引的方向，党的其他建设就难以取得预期成效。中国共产党在全面从严治党实践中深刻认识到，党内存在的很多问题都同政治问题相关联，都是因为党的政治建设没有抓紧、没有抓实，如果不从政治上认识问题、解决问题，就会陷入头痛医头、脚痛医脚的被动局面，就无法从根本上解决问题。因此，习近平总书记强调，首先要从政治上看问题，善于从政治上把大局、观大势，善于从政治上谋划、部署、推进工作，要时刻绷紧讲政治这根弦，增强政治敏锐性和政治鉴别力，把讲政治落实到思想、工作、纪律、作风、生活等各方面。他曾振聋发聩地诘问道："共产党不讲政治还叫共产党吗？"[①] 2017年10月，习近平总书记在党的十九大报告中把政治建设列入党的建设总体布局中，着重强调把政治建设摆在首位，以党的政治建设为统领继续推进新时代党的建设新的伟大工程。党的十九大提出政治建设这个重大命题，这是有很深考虑的，习近平总书记明确指出："马克思主义政党具有崇高政治理想、高尚政治追求、纯洁政治品质、严明政治纪律。如果马克思主义政党政治上的先进性丧失了，党的先进性和纯洁性就无从谈起。这就是我们把党的政治建设作为党的根本性建设的道理所在。"[②] 在习近平总书记看来，领导干部如果在政治上出问题，这对党造成的危害不亚于腐败问题，有的甚至比腐败问题更严重。他指出："在政治问题上，任何人同样不能越过红线，越过了就要严肃追究其政治责任。有

① 《习近平关于严明党的纪律和规矩论述摘编》，中央文献出版社、中国方正出版社2016年版，第23页。

② 《习近平谈治国理政》第3卷，外文出版社2020年版，第91页。

些事情在政治上是绝不能做的，做了就要付出代价，谁都不能拿政治纪律和政治规矩当儿戏。”[①]2021年11月，党的十九届六中全会指出：“党的十八大以来，党中央权威和集中统一领导得到有力保证，党的领导制度体系不断完善，党的领导方式更加科学，全党思想上更加统一、政治上更加团结、行动上更加一致，党的政治领导力、思想引领力、群众组织力、社会号召力显著增强。”[②]这是党的政治建设取得巨大成就的重要体现。

梳理中国共产党的发展历程以及正反两方面的历史经验可以看出，讲政治，是马克思主义政党的根本要求，关乎党的前途命运，是党补钙壮骨、强身健体的根本保证，是党培养自我革命勇气、增强自我净化能力、提高排毒杀菌政治免疫力的根本途径。什么时候全党讲政治，党内政治生活就健康发展，党就风清气正、团结统一，充满着生机活力，党的事业就能蓬勃发展；反之，领导干部不讲政治，没有政治信仰，政治意识淡薄，不讲政治规矩，对严肃的政治问题不以为然，党内政治生活不严肃、不认真，就会弊病丛生、人心涣散、丧失斗志，各种错误思想、错误路线得不到及时纠正，党的事业就会造成严重损失。

## 二、“两个维护”是最根本的政治纪律和政治规矩

“两个维护”是指坚决维护习近平总书记党中央的核心、全党的核心

---

① 《习近平关于全面从严治党论述摘编》，中央文献出版社2021年版，第98页。

② 《中国共产党第十九届中央委员会第六次全体会议文件汇编》，人民出版社2021年版，第52页。

地位，坚决维护党中央权威和集中统一领导。它是新时代加强党的政治建设的首要任务，是党的政治建设的“根”和“魂”，是党的最根本的政治纪律和政治规矩。

## （一）“两个维护”的重要意义

“两个维护”的明确提出是最近几年的事情，但其思想基因和精神内核却不是现在才骤然生成的，而是长期历史积淀和思想浸润的必然结果。它是中国共产党长期奋斗历史经验的深刻总结，是党的十八大以来党和国家事业发展进步的根本原因，是新时代推进中华民族伟大复兴历史进程的根本保证。

1. “两个维护”是中国共产党长期奋斗历史经验的深刻总结

坚决维护无产阶级革命运动的权威和领导核心，是马克思主义政党理论的基本要求。马克思恩格斯在领导欧洲工人运动和创立科学社会主义理论、建立无产阶级政党的实践中，多次强调权威的重要性。恩格斯在总结巴黎公社失败教训时一针见血地指出：“巴黎公社遭到灭亡，就是由于缺乏集中和权威。”[①]他说：“没有权威，就不可能有任何的一致行动”；“没有这种统一的和指导性的意志，要进行任何合作都是不可能的”。[②]列宁在领导俄国无产阶级革命运动过程中，进一步深化了党的领袖对于政党重要性的思想，他说：“在历史上，任何一个阶级，如果不推举出自己的善于组织运动和领导运动的政治领袖和先进代表，就不可能

① 《马克思恩格斯选集》第4卷，人民出版社2012年版，第500页。
② 《马克思恩格斯文集》第10卷，人民出版社2009年版，第372页。

取得统治地位。”[①]他同时指出：“培养一批有经验、有极高威望的党的领袖是一件长期的艰难的事情。但是做不到这一点，无产阶级专政、无产阶级的‘意志统一’就只能是一句空话。”[②]他在《共产主义运动中的“左派”幼稚病》一文中为“政党”下了这样的定义：“政党通常是由最有威信、最有影响、最有经验、被选出来担任最重要职务而称为领袖的人们所组成的比较稳定的集团来主持的。”[③]国际共产主义运动实践反复证明，对于马克思主义政党来说，无论是夺取政权之前还是之后，有没有确立以领袖为代表的领导权威，以及有没有确立马克思主义理论的指导地位，结果是迥乎不同的。

回顾党的百年奋斗史，“两个维护”有着深厚的历史渊源。中国共产党自 1921 年成立后的很长一段时间内，由于处在幼年时期，党没有形成成熟的中央领导集体，更缺乏坚强有力的领导核心，致使中国革命事业迭遭挫折甚至面临覆灭的危险，这一状况直至 1935 年 1 月遵义会议才发生根本性变化。遵义会议“事实上确立了毛泽东同志在党中央和红军的领导地位，开始确立以毛泽东同志为主要代表的马克思主义正确路线在党中央的领导地位，开始形成以毛泽东同志为核心的党的第一代中央领导集体，开启了党独立自主解决中国革命实际问题新阶段，在最危急关头挽救了党、挽救了红军、挽救了中国革命，并且在这以后使党能够战胜张国焘的分裂主义，胜利完成长征，打开中国革命新局面”[④]，中国革

① 《列宁选集》第 1 卷，人民出版社 2012 年版，第 286 页。

② 《列宁专题文集·论无产阶级政党》，人民出版社 2009 年版，第 344 页。

③ 《列宁选集》第 4 卷，人民出版社 2012 年版，第 151 页。

④ 《中国共产党第十九届中央委员会第六次全体会议文件汇编》，人民出版社 2021 年版，第 25 页。

命事业从此转危为安。遵义会议在党的历史上是一个生死攸关的转折点。

1943年5月，毛泽东在《关于共产国际解散问题的报告》中要求："全党同志必须团结在中央的周围"，"只要共产党人团结一致，同心同德，任何强大的敌人，任何困难的环境，都会被我们战胜的"。[①]同年10月，毛泽东在中共中央西北局高级干部会议上谈到加强抗日根据地统一领导的重要性时，以桃子为例对领导核心作了形象比喻，他说："领导核心只能有一个。一个桃子剖开来有几个核心？只有一个核心。"[②]"实行一元化的领导很重要，要建立领导核心，反对'一国三公'。"[③]1945年4月，党的六届七中全会通过的《关于若干历史问题的决议》使全党对中国革命基本问题的认识达到空前一致，决议明确指出："党在奋斗的过程中产生了自己的领袖毛泽东同志"，"全党已经空前一致地认识了毛泽东同志的路线的正确性，空前自觉地团结在毛泽东的旗帜下了。"[④]之后不久召开的党的七大，将毛泽东思想作为党的指导思想确立下来并正式写入党章，实现了马克思主义中国化的第一次历史性飞跃，使全党在马克思列宁主义、毛泽东思想的基础上达到了空前的团结。以毛泽东同志为核心的第一代中央领导集体的确立以及毛泽东思想指导地位的确立，为党领导人民夺取新民主主义革命的全国胜利，奠定了政治上思想上组织上的坚实基础。

新中国成立后，以毛泽东同志为核心的第一代中央领导集体地位得到进一步巩固和增强。1954年2月，党的七届四中全会通过《关于增

---

① 《毛泽东文集》第3卷，人民出版社1996年版，第22页。
② 转引自栗战书：《坚决维护党中央权威》，《人民日报》2016年11月15日。
③ 《毛泽东文集》第3卷，人民出版社1996年版，第69页。
④ 《毛泽东选集》第3卷，人民出版社1991年版，第952、第999页。

强党的团结的决议》，明确指出："党的团结的唯一中心是党的中央"①。1954年9月，毛泽东在第一届全国人民第一次会议上郑重提出："领导我们事业的核心力量是中国共产党。指导我们思想的理论基础是马克思列宁主义。"②这一重要论断，确立了中国共产党在中国社会主义事业发展中的领导核心作用，确立了马克思列宁主义在中国社会主义事业发展中的指导引领作用。刘少奇在会上作《关于中华人民共和国宪法草案的报告》，强调："中国共产党是我们国家的领导核心。党的这种地位，决不应当使党员在国家生活中享有任何特殊的权利，只是使他们必须担负更大的责任。"③1956年4月，毛泽东在中共中央政治局扩大会议上作了《论十大关系》讲话，指出："为了建设一个强大的社会主义国家，必须有中央的强有力的统一领导，必须有全国的统一计划和统一纪律。"④1957年5月，毛泽东在接见中国新民主主义青年团第三次全国代表大会全体代表时再次指出："中国共产党是全中国人民的领导核心。没有这样一个核心，社会主义事业就不能胜利。"⑤1962年1月，毛泽东在扩大的中央工作会议上指出："工、农、商、学、兵、政、党这七个方面，党是领导一切的。"⑥1964年11月，邓小平在《党一定要有领导核心》的讲话中强调："党一定要有领袖，有领导核心"；"中国革命之所以取得胜利，就是因为有了毛泽东这样的领袖。领袖与集体领导是

---

① 《建国以来重要文献选编》第5册，中央文献出版社2011年版，第111页。
② 《毛泽东文集》第6卷，人民出版社1999年版，第350页。
③ 《建国以来重要文献选编》第5册，中央文献出版社2011年版，第442页。
④ 《建国以来重要文献选编》第8册，中央文献出版社2011年版，第214页。
⑤ 《毛泽东文集》第7卷，人民出版社1996年版，第303页。
⑥ 《建国以来重要文献选编》第15册，中央文献出版社2011年版，第109页。

不矛盾的。”[①]在邓小平看来，党的领袖是增强党内团结的纽带，也是党中央坚强有力的关键。

1978 年年底召开的党的十一届三中全会，实现了新中国成立以来党的历史上具有深远意义的伟大转折，我国改革开放和社会主义现代化建设自此迈开新步伐，中华民族伟大复兴自此踏上新里程，根本原因就在于中国共产党新的领导核心的确立和成熟的领导集体的形成，以及马克思主义理论在中国的创新性发展。1983 年 10 月，邓小平针对即将开展的整党工作，明确指出其主要目标是："把我们党建设成为有战斗力的马克思主义政党，成为领导全国人民进行社会主义物质文明和精神文明建设的坚强核心。"[②]1988 年 9 月，他在《中央要有权威》谈话中指出："中央要有权威。改革要成功，就必须有领导有秩序地进行。没有这一条，就是乱哄哄，各行其是，怎么行呢？不能搞'你有政策我有对策'，不能搞违背中央政策的'对策'。"如果"党中央、国务院没有权威，局势就控制不住"。[③]1989 年夏秋之际，邓小平多次结合党的历史谈到党的领导集体和领导核心问题。5 月，他在《组成一个实行改革的有希望的领导集体》谈话中讲道："从毛刘周朱开始，中国共产党才真正形成了一个稳定的成熟的领导集体。以前的领导都是很不稳定，也很不成熟的。""第二代是我们这一代，现在换第三代。"[④]6 月，他在《第三代领导集体的当务之急》中又一次讲道："任何一个领导集体都要有一个核心，没有核心的领导是靠不住的。""党的十一届三中全会建立了一个新的领

① 《邓小平文集（1949—1974 年）》下卷，人民出版社 2014 年版，第 222 页。
② 《邓小平文选》第 3 卷，人民出版社 1993 年版，第 39 页。
③ 《邓小平文选》第 3 卷，人民出版社 1993 年版，第 277 页。
④ 《邓小平文选》第 3 卷，人民出版社 1993 年版，第 298 页。

导集体，这就是第二代的领导集体。”“中国共产党现在要建立起第三代的领导集体。在历史上，遵义会议以前，我们的党没有形成过一个成熟的党中央。”[①]9月，他在同几位中央负责同志谈话时再次特别强调：“中国一定要有一个具有改革开放形象的领导集体”；“这个集体要有个核心”；“江泽民同志应该成为你们这个集体的核心”。[②]在这里，邓小平不仅高度概括了党的历史上三代中央领导集体，而且用“稳定”“成熟”等作为界定中央领导集体的政治标准。这些思想认识既是总结党的历史经验得出的科学结论，也为新时代“两个维护”的提出奠定了深厚的思想基础和理论根基。

党的十三届四中全会之后，江泽民多次强调要建设一个坚强有力的党的领导集体及领导核心，维护党中央权威。1992年10月，他在党的十四大报告中谈到加强和改善党的领导时指出：“我们一定要结合新的实际，遵循党的基本路线，坚持党要管党和从严治党，加强和改进党的建设，努力提高党的执政水平和领导水平，使我们这个久经考验的马克思主义的党，在建设有中国特色社会主义的伟大事业中更好地发挥领导核心作用。”[③]1994年9月，党的十四届四中全会集中讨论党的建设问题，通过《中共中央关于加强党的建设几个重大问题的决定》，郑重地指出党的领导核心的重要性：“党的历史表明，必须有一个在实践中形成的坚强的中央领导集体，在这个领导集体中必须有一个核心。如果没有这样的领导集体和核心，党的事业就不能胜利。”[④]1999年1月，江泽民在

① 《邓小平文选》第3卷，人民出版社1993年版，第310、第309页。
② 《邓小平文选》第3卷，人民出版社1993年版，第318、第319页。
③ 《江泽民文选》第1卷，人民出版社2006年版，第245页。
④ 《十四大以来重要文献选编》中，中央文献出版社1997年版，第9页。

十五届中央纪委三次全会上作《切实加强和坚决维护党的纪律》的讲话，在谈到必须严肃党的政治纪律时强调："讲政治纪律，首要的一条，就是要坚持党的基本理论和基本路线不动摇，在政治上同党中央保持一致，保证中央的政令畅通。""党的各级组织和党员、干部，必须坚决维护中央的权威。""每个党员都要加强组织观念，顾全党和国家的大局，维护安定团结的政治局面。"①

党的十六大后，面对新形势新要求，胡锦涛指出要加强新一届党中央领导集体建设，维护党中央权威和党的集中统一。2004 年 9 月，党的十六届四中全会通过《中共中央关于加强党的执政能力建设的决定》，要求全党同志"坚决维护党的团结统一，维护中央权威，严肃党的纪律，保证政令畅通"②。2005 年 1 月，胡锦涛在新时期保持共产党员先进性专题报告会上的讲话中指出："党的各级组织和全体党员必须坚持党的基本理论、基本路线、基本纲领、基本经验，在思想上政治上同党中央保持一致，自觉维护中央权威，保证中央政令畅通。这是党和人民的最高利益所在。"③2007 年 12 月，他在新进中央委员、候补中央委员学习贯彻党的十七大精神研讨会上的讲话中再次强调："在积极发展党内民主的同时，全党同志要坚决维护党的集中统一，坚决维护中央权威。"④从这些讲话及相关文献中可以看出，维护党的领导核心、维护党中央权威和集中统一，既是加强和规范党内政治生活的急切需要，也是统一全党思想、步调一致向前进的现实需要。这些思想观点为"两个维护"的明确提出

① 江泽民：《论党的建设》，中央文献出版社 2001 年版，第 340 页。
② 《十六大以来重要文献选编》中，中央文献出版社 2006 年版，第 294 页。
③ 《十六大以来重要文献选编》中，中央文献出版社 2006 年版，第 626 页。
④ 《胡锦涛文选》第 3 卷，人民出版社 2006 年版，第 15 页。

提供了重要思想资源。

党的十八大以来，以习近平同志为核心的党中央着眼于推进新时代管党治党、全面从严治党的战略布局，在继承百年来中国共产党有关维护党中央核心、维护中央权威和集中统一领导的思想认识的基础上，正式提出了“两个维护”新论断新概括。

“两个维护”思想的核心内容，是“以习近平同志为核心的党中央”思想的明确宣示。这一全新表述是2016年10月在党的十八届六中全会上首次正式提出的。这次中央全会主题是研究全面从严治党重大问题，制定新形势下党内政治生活若干准则，修订《中国共产党党内监督条例（试行）》。全会公报中两处提到“以习近平同志为核心的党中央”的新表述，一处为全会高度评价党的十八大以来全面从严治党取得的成就时指出：“党的十八大以来，以习近平同志为核心的党中央身体力行、率先垂范，坚定推进全面从严治党，坚持思想建党和制度治党紧密结合，集中整饬党风，严厉惩治腐败，净化党内政治生态，党内政治生活展现新气象，赢得了党心民心，为开创党和国家事业新局面提供了重要保证。”① 另一处为结尾时全会向全党发出号召：“全党同志紧密团结在以习近平同志为核心的党中央周围，全面深入贯彻本次全会精神，牢固树立政治意识、大局意识、核心意识、看齐意识，坚定不移维护党中央权威和党中央集中统一领导，继续推进全面从严治党，共同营造风清气正的政治生态，确保党团结带领人民不断开创中国特色社会主义事业新局面。”②

---

① 《中国共产党第十八届中央委员会第六次全体会议公报》，《人民日报》2016年10月28日。

② 《中国共产党第十八届中央委员会第六次全体会议公报》，《人民日报》2016年10月28日。

“以习近平同志为核心的党中央”的明确提出，对于维护党中央权威、维护党的团结和集中统一，继续推进全面从严治党，更好地凝聚党和人民的力量推进中国特色社会主义伟大事业和民族复兴大业，保证党和国家兴旺发达、长治久安具有十分重大而深远的意义。正如2016年12月中共中央政治局召开的民主生活会认为：“党的十八届六中全会正式确立习近平同志为党中央的核心、全党的核心，是关系党和人民根本利益的大事，是关系党中央权威、关系全党团结和集中统一的大事，是关系党和国家事业长远发展的大事。”①2017年1月，王岐山在十八届中央纪委七次全会的工作报告中指出：“明确‘以习近平同志为核心的党中央’，是六中全会的历史性贡献。我们正处在民族复兴的关键节点，维护以习近平同志为核心的党中央权威，是坚持党的领导的根本所在，是坚持和发展中国特色社会主义的根本保证。”②2017年3月，张德江在第十二届全国人大五次会议上所作的工作报告中说：“党的十八届六中全会正式确立习近平总书记为党中央的核心、全党的核心，反映了全党全军全国各族人民的共同心愿。”③2017年5月，刘云山在中央党校春季学期学员开学典礼上的讲话中进一步指出：“习近平总书记之所以成为党中央的核心、全党的核心，既是在历史和实践中形成的，也是与总书记坚如磐石的信仰信念分不开的。”④由此可见，党的十八届六中全会之后，“以

① 《中共中央政治局召开民主生活会　对照贯彻落实党的十八届六中全会精神研究加强党内政治生活和党内监督措施》，《人民日报》2016年12月28日。

② 王岐山：《推动全面从严治党向纵深发展　以优异成绩迎接党的十九大召开——在中国共产党第十八届中央纪律检查委员会第七次全体会议上的工作报告》，《人民日报》2017年1月20日。

③ 《十八大以来重要文献选编》下，中央文献出版社2018年版，第649—650页。

④ 《十八大以来重要文献选编》下，中央文献出版社2018年版，第743页。

习近平同志为核心的党中央”等新表述迅速地传播开来。

随着“以习近平同志为核心的党中央”新判断的明确提出，作为“两个维护”思想的核心内容已经得到充分确认和切实展现，这样，“两个维护”新命题的提出就水到渠成、顺理成章了。如前所述，党的十八届六中全会郑重地提出“以习近平同志为核心的党中央”新表述的同时，全会也适时地提出了“坚决维护党中央权威”“坚持党中央的集中统一领导”[①]等新判断。2016 年 12 月，中共中央、国务院发布《关于加强和改进新形势下高校思想政治工作的意见》，指出加强和改进高校思想政治工作，要“紧密团结在以习近平同志为核心的党中央周围”，“坚定不移维护党中央权威和党中央集中统一领导”。[②]2017 年 4 月，刘云山在推进“两学一做”学习教育常态化制度化工作座谈会上的讲话中，强调领导干部要“坚定维护以习近平同志为核心的党中央权威和集中统一领导”；“自觉在政治方向、政治路线、政治立场、政治主张上同以习近平同志为核心的党中央保持高度一致，坚决维护党中央权威和集中统一领导”。[③]2017 年 7 月，新修订的《中国共产党巡视工作条例》对第三条作了修订，明确规定要“坚定不移维护以习近平同志为核心的党中央权威和集中统一领导”。[④]2017 年 8 月，俞正声在内蒙古自治区成立 70 周年庆祝大会上的讲话中要求：“内蒙古各族党员干部要牢固树立‘四个意

① 《十八大以来重要文献选编》下，中央文献出版社 2018 年版，第 423、第 424 页。

② 《十八大以来重要文献选编》下，中央文献出版社 2018 年版，第 480 页。

③ 《十八大以来重要文献选编》下，中央文献出版社 2018 年版，第 694、第 700 页。

④ 《十八大以来重要文献选编》下，中央文献出版社 2018 年版，第 771—772 页。

识’，坚决维护党中央权威和习近平总书记核心地位，团结带领全区各族人民永远一心一意跟党走。”[①]2017 年 10 月，党的十九大通过的党章明确要求所有党员：“必须实行正确的集中，牢固树立政治意识、大局意识、核心意识、看齐意识，坚定维护以习近平同志为核心的党中央权威和集中统一领导。”[②]以上这些思想观点，实际上已经比较接近“两个维护”概念的主要内涵了。

2017 年 12 月底，中共中央政治局召开民主生活会。会议强调：“习近平总书记作为党中央的核心、全党的核心是党心所向、民心所向。中央政治局的同志要带头增强‘四个意识’、坚定‘四个自信’，增强维护习近平总书记全党的核心、党中央的核心地位的思想自觉和行动自觉，坚决维护党中央权威和集中统一领导，自觉在思想上政治上行动上同以习近平同志为核心的党中央保持高度一致。”[③]这是“两个维护”思想较早地得到完整、准确展示的场合。2018 年 1 月，十九届中央纪委二次全会开宗明义地指出：“全面贯彻落实党的十九大精神，关键在于坚决维护习近平总书记在党中央和全党的核心地位，坚决维护党中央权威和集中统一领导。”[④]同年 8 月和 10 月，新修订的《中国共产党纪律处分条例》

---

① 《十八大以来重要文献选编》下，中央文献出版社 2018 年版，第 825 页。

② 《中国共产党历次党章汇编（1921—2017）》，中国方正出版社 2019 年版，第 12 页。

③ 《中共中央政治局召开民主生活会　以认真学习贯彻习近平新时代中国特色社会主义思想　坚定维护以习近平同志为核心的党中央权威和集中统一领导　全面贯彻落实党的十九大各项决策部署情况为主题进行对照检查》，《人民日报》2017 年 12 月 27 日。

④ 《中国共产党第十九届中央纪律检查委员会第二次全体会议公报》，《人民日报》2018 年 1 月 14 日。

和《中国共产党支部工作条例（试行）》两部党内法规，均在各自“总则”部分增写了如下内容：“坚决维护习近平总书记党中央的核心、全党的核心地位，坚决维护党中央权威和集中统一领导。”这是党内法规中比较早地使用“两个维护”完整内容的表述。

差不多在此前后，中共中央开始使用“两个维护”的简洁称谓。比如，2018 年 9 月中共中央政治局在审议《中国共产党支部工作条例（试行）》和《2018—2022 年全国干部教育培训规划》两部党内法规时，同年 10 月中共中央办公厅在印发的《关于统筹规范督查检查考核工作的通知》中，同年 12 月中共中央政治局召开的民主生活会上，都多次使用了“两个维护”新概念，强调要增强“四个意识”、坚定“四个自信”、做到“两个维护”。[①]在此之后，党和国家领导人讲话以及相关党和国家文献中，“两个维护”概念的使用频次和运用场合就骤然增多起来。2019 年 1 月，中共中央印发的《关于加强党的政治建设的意见》强调指出：“坚持和加强党的全面领导，最重要的是坚决维护党中央权威和集中统一领导；坚决维护党中央权威和集中统一领导，最关键的是坚决维护习近平总书记党中央的核心、全党的核心地位。”[②]在这里，“两个维护”的内在关系得到进一步明确和深化：坚持和加强党的全面领导，最重要的是坚持党中央权威和集中统一领导，这是党的领导的最高原则，任何时候都不能动摇。党中央权威的加强，离不开领袖权威的号召和认同，维护党中央权威和集中统一领导是基础，维护习近平总书记的核心地位、

---

① 中共中央办公厅：《关于统筹规范督查检查考核工作的通知》，《人民日报》2018 年 10 月 10 日。

② 《十九大以来重要文献选编》上，中央文献出版社 2019 年版，第 798 页。

全党的核心地位是关键。坚决维护习近平总书记党中央的核心、全党的核心地位，与坚决维护党中央权威和集中统一领导，两者在本质上具有一致性，是相互促进的。两者统一于新时代全面从严治党和党的建设新的伟大工程之中，统一于新时代中国特色社会主义建设的伟大实践之中，统一于实现中华民族伟大复兴的历史进程之中。

纵观中国共产党百余年奋斗历程，给我们的深刻启示就是，拥有一个坚强的领导核心以及维护党中央权威和集中统一领导，是成熟的马克思主义政党的显著标志，是关系党和国家前途命运、党和人民事业兴衰成败的根本性问题。“两个维护”是中国共产党长期奋斗历史经验的深刻总结和高度凝练，是中国共产党创造历史伟业的成功秘诀。

**2.“两个维护”是党的十八大以来党和国家事业发展进步的根本原因**

党的十八大以来，是党和国家事业发展进程中极不寻常、极不平凡的一段时期。在此期间，党面临形势环境的复杂性和严峻性、肩负任务的繁重性和艰巨性均世所罕见、史所罕见。国际方面，世界正经历百年未有之大变局，处于大发展大变革大调整时期，各国之间的博弈日益加剧，全球新一轮科技革命和产业变革蓄势待发，发展中国家群体性崛起，中国进一步参与世界格局和国际秩序的塑造，越来越走向国际舞台的中央。与此同时，世界经济复苏脆弱乏力，局部冲突和动荡频发，和平赤字、民主赤字、发展赤字和治理赤字日益加剧。国内方面，在新中国成立以来特别是改革开放以来社会主义现代化建设取得重大成就的基础上，中国正处于实现中华民族伟大复兴的关键时期，我们正在进行具有许多新的历史特点的伟大斗争，全面深化改革进入深水区，经济社会发展具有多方面条件和优势，但发展的不平衡不充分问题也十分突出。党内方面，党面临着长期的、尖锐的“四大考验”和“四大危险”，思想不纯、组织不纯、作风不纯等党内存在的突出问题没有得到根本解决，管党治党一度宽松软带来党内消极腐败现象蔓延、政治生态出现严重问题，党群干群关系受到损害，党的创造力、凝聚力、战斗力受到削弱，党治国理政面临着重大考验。

面对错综复杂的国内外环境和党建现状，以习近平同志为核心的党中央统筹国内国际两个大局，贯彻党的基本理论、基本路线、基本方略，统揽伟大斗争、伟大工程、伟大事业、伟大梦想，坚持稳中求进的工作总基调，出台一系列重大方针政策，推出一系列重大举措，推进一系列重大工作，战胜一系列重大风险挑战，取得了新时代改革开放和社会主义现代化建设的一系列重大成就。2021 年 11 月，党的十九届六中全会通过的《中共中央关于党的百年奋斗重大成就和历史经验的决议》从十三个方面，对党的十八大以来党治国理政取得的历史性成就、发生的历史性变革作了具体生动的阐述和总结。

这十三个方面的成就和变革的主要内容包括：（1）在坚持党的全面领导上，党中央权威和集中统一领导得到有力保证，党的领导制度体系不断完善，党的领导方式更加科学，全党思想上更加统一、政治上更加团结、行动上更加一致，党的政治领导力、思想引领力、群众组织力、社会号召力显著增强。（2）在全面从严治党上，党的自我净化、自我完善、自我革新、自我提高能力显著增强，管党治党宽松软状况得到根本扭转，反腐败斗争取得压倒性胜利并全面巩固，党在革命性锻造中更加坚强。（3）在经济建设上，我国经济发展平衡性、协调性、可持续性明显增强，国家经济实力、科技实力、综合国力跃上新台阶，我国经济迈上更高质量、更有效率、更加公平、更可持续、更为安全的发展之路。

（4）在全面深化改革开放上，党不断推动全面深化改革向广度和深度进军，中国特色社会主义制度更加成熟更加定型，国家治理体系和治理能力现代化水平不断提高，党和国家事业焕发出新的生机活力。（5）在政治建设上，积极发展全过程人民民主，我国社会主义民主政治制度化、规范化、程序化全面推进，中国特色社会主义政治制度优越性得到更好发挥，生动活泼、安定团结的政治局面得到巩固和发展。（6）在全面依法治国上，中国特色社会主义法治体系不断健全，法治中国建设迈出坚实步伐，党运用法治方式领导和治理国家的能力显著增强。（7）在文化建设上，我国意识形态领域形势发生全局性、根本性转变，全党全国各族人民文化自信明显增强，全社会凝聚力和向心力极大提升，为新时代开创党和国家事业新局面提供了坚强思想保证和强大精神力量。（8）在社会建设上，人民生活全方位改善，社会治理社会化、法治化、智能化、专业化水平大幅提升，发展了人民安居乐业、社会安定有序的良好局面，续写了社会长期稳定奇迹。（9）在生态文明建设上，党中央以前所未有的力度抓生态文明建设，美丽中国建设迈出重大步伐，我国生态环境保护发生历史性、转折性、全局性变化。（10）在国防和军队建设上，人民军队实现整体性革命性重塑、重整行装再出发，国防实力和经济实力同步提升，人民军队坚决履行新时代使命任务，以顽强斗争精神和实际行动捍卫了国家主权、安全、发展利益。（11）在维护国家安全上，国家安全得到全面加强，经受住了来自政治、经济、意识形态、自然界等方面的风险挑战考验，为党和国家兴旺发达、长治久安提供了有力保证。（12）在坚持“一国两制”和推进祖国统一上，党中央采取一系列标本兼治的举措，坚定落实“爱国者治港”“爱国者治澳”，推动香港局势实现由乱到治的重大转折，为推进依法治港治澳、促进“一国两制”实践行稳致远打下了坚实基础；坚持一个中国原则和“九二共识”，坚决反对“台独”分裂行径，坚决反对外部势力干涉，牢牢把握两岸关系主导权和主动权。（13）在外交工作上，中国特色大国外交全面推进，构建人类命运共同体成为引领时代潮流和人类前进方向的鲜明旗帜，我国外交在世界大变局中开创新局、在世界乱局中化危为机，我国国际影响力、感召力、塑造力显著提升。中国共产党和中国人民以英勇顽强的奋斗向世界庄严宣告，中华民族迎来了从站起来、富起来到强起来的伟大飞跃。总之，党的十八大以来，党和国家事业取得的历史性成就是全方位的、开创性的，发生的历史性变革是深层次的、根本性的，不仅在中国共产党历史上、中华人民共和国发展史上、中华民族发展史上具有重大意义，而且在世界社会主义发展史上、人类社会发展史上具有重大意义。

上述历史性成就的取得和历史性变革的实现，离不开对习近平总书记作为党中央的核心、全党的核心地位的坚决维护，离不开对党中央权威和集中统一领导的坚决维护。习近平总书记以伟大的历史主动精神、巨大的政治勇气、卓越的政治智慧、赤诚的为民情怀、强烈的责任担当，在治党治国治军、改革发展稳定、内政外交国防等领域挂帅出征，力挽狂澜、砥柱中流、成就伟业，成为众望所归、当之无愧的党的核心、人民领袖、军队统帅。与此同时，作为习近平新时代中国特色社会主义思想的主要创立者，习近平总书记以马克思主义政治家、理论家、战略家的深刻洞察力、敏锐判断力和战略定力，对关系新时代党和国家事业发展的一系列重大理论和实践问题进行了深邃思考和科学判断，提出了一系列原创性的治国理政新理念新思想新战略，深刻回答了中国之问、世界之问、人民之问、时代之问，实现了马克思主义中国化新的飞跃。在以习近平同志为核心的党中央的坚强领导下，在习近平新时代中国特色社会主义思想这一科学理论的引领指导下，全党全军全国各族人民砥砺前行、守正创新，解决了许多长期想解决而没有解决的难题，办成了许多过去想办而没有办成的大事，开创了中国特色社会主义新时代，彰显了新时代中国特色社会主义的强大生机与活力，党心军心民心空前凝聚振奋，为实现中华民族伟大复兴提供了更为完善的制度保证、更为坚实的物质基础、更为主动的精神力量，中华民族伟大复兴进入了不可逆转的历史进程。

由此可见，正是党的十八大以来对“两个维护”作出了高瞻远瞩的战略安排，才迅速地从根本上改变了一段时间以来管党治党宽松软的状况，消除了党和国家以及军队内部存在的严重政治隐患，化解了党面临的重大风险和严峻考验，推动党和国家事业取得历史性成就、发生历史性变革。事实雄辩地证明，党和国家事业取得的历史性成就、发生的历史性变革，根本在于全党全国人民坚决拥护习近平总书记作为党中央的核心、全党的核心地位，在于全党全国人民坚决维护党中央权威和集中统一领导。“两个维护”是党的十八大以来中国共产党克敌制胜的重要政治密码，它从根本上推动着党和国家事业行稳致远，在百年变局中不断开拓新局面。

3.“两个维护”是新时代推进中华民族伟大复兴历史进程的坚强保证

刚刚过去的100年，党向人民和历史交出了一份优异答卷。现在，以习近平同志为核心的党中央团结带领全国人民又踏上了实现第二个百年奋斗目标新的赶考之路。在中华民族伟大复兴战略全局和世界百年未有之大变局交互演进的时代背景下，“两个维护”充分反映了全党共同意志和全国人民共同心声，为新时代推进中华民族伟大复兴历史进程提供了坚强保证。

今天，我们比历史上任何时期都更接近、更有信心和能力实现中华民族伟大复兴的目标。但是中华民族伟大复兴绝不是轻轻松松、敲锣打鼓就能实现的，前进道路上还会遇到许多可以预见和难以预见的风险挑战。面对波谲云诡的国际形势和艰巨繁重的改革发展稳定任务，需要坚强有力、坚定成熟、富有胆识的党的领导核心，才能把全党更加牢固地凝聚起来，进而把全国各族人民更加紧密地团结起来，形成万众一心、无坚不摧的磅礴力量。“两个维护”的捍卫和坚持，使全党有了定盘星，使全国人民有了主心骨，使中华民族“复兴号”巨轮有了掌舵者，在惊涛骇浪面前就可以做到“任凭风浪起，稳坐钓鱼船”。只要我们坚持党的全面领导不动摇，坚决维护党的核心和党中央权威，更加紧密地团结在以习近平同志为核心的党中央周围，始终在政治立场、政治方向、政治原则、政治道路上同以习近平同志为核心的党中央保持高度一致，不断提高政治判断力、政治领悟力、政治执行力，深刻领悟“两个确立”的决定性意义，进一步增强“四个意识”、坚定“四个自信”、做到“两个维护”，牢记“国之大者”，真正将忠诚核心、拥戴核心、维护核心、捍卫核心的思想意识深入骨髓、融入血脉、铸入灵魂，就一定能为中华民族伟大复兴提供坚强有力的政治保证。

新时代推进中华民族伟大复兴，一刻也不能没有习近平新时代中国特色社会主义思想的科学指引。党的十八大以来，以习近平同志为主要代表的中国共产党人，坚持把马克思主义基本原理同中国具体实际相结合、同中华优秀传统文化相结合，坚持毛泽东思想、邓小平理论、“三个代表”重要思想、科学发展观，深刻总结并充分运用党成立以来的历史经验，从新的实际出发，创立了习近平新时代中国特色社会主义思想。习近平新时代中国特色社会主义思想围绕新时代坚持和发展什么样的中国特色社会主义、怎样坚持和发展中国特色社会主义，建设什么样的社会主义现代化强国、怎样建设社会主义现代化强国，建设什么样的长期执政的马克思主义政党、怎样建设长期执政的马克思主义政党等重大时代课题进行了系统性思考，作出了创造性回答，赢得了全党全国人民的信赖和拥护，奠定了新时代党和国家指导思想的重要地位。

这些系统性思考和创造性回答包括十个方面，简称为“十个明确”，分别是：（1）它明确了中国特色社会主义最本质的特征是中国共产党领导，中国特色社会主义制度的最大优势是中国共产党领导，中国共产党是最高政治领导力量。（2）它明确了坚持和发展中国特色社会主义，总任务是实现社会主义现代化和中华民族伟大复兴，在全面建成小康社会的基础上，分两步走在本世纪中叶建成富强民主文明和谐美丽的社会主义现代化强国，以中国式现代化推进中华民族伟大复兴。（3）它明确了新时代我国社会主要矛盾是人民日益增长的美好生活需要和不平衡不充分的发展之间的矛盾，必须坚持以人民为中心的发展思想，发展全过程人民民主，推动人的全面发展、全体人民共同富裕取得更为明显的实质性进展。（4）它明确了中国特色社会主义事业总体布局是经济建设、政治建设、文化建设、社会建设、生态文明建设的“五位一体”，战略布局是全面建设社会主义现代化国家、全面深化改革、全面依法治国、全面从严治党的“四个全面”。[①]（5）它明确了全面深化改革总目标是完善和发展中国特色社会主义制度、推进国家治理体系和治理能力现代化。

---

① “四个全面”是党的十八大后习近平总书记逐步提出的我国发展的战略布局。2014年12月，他在江苏调研时首次提出包括全面建成小康社会、全面深化改革、全面依法治国、全面从严治党的“四个全面”。随着全面建成小康社会取得决定性进展，2020年10月，党的十九届五中全会对“四个全面”战略布局作出新的表述，将“全面建成小康社会”调整为“全面建设社会主义现代化国家”，其他表述不变。

（6）它明确了全面推进依法治国总目标是建设中国特色社会主义法治体系、建设社会主义法治国家。（7）它明确了必须坚持和完善社会主义基本经济制度，使市场在资源配置中起决定性作用，更好发挥政府作用，把握新发展阶段，坚定不移贯彻创新、协调、绿色、开放、共享的新发展理念，加快构建以国内大循环为主体、国内国际双循环相互促进的新发展格局，推动高质量发展，统筹发展和安全。（8）它明确了党在新时代的强军目标是建设一支听党指挥、能打胜仗、作风优良的人民军队，把人民军队建设成为世界一流军队。（9）它明确了中国特色大国外交要服务民族复兴、促进人类进步，推动建设新型国际关系，推动构建人类命运共同体。（10）它明确了全面从严治党的战略方针，提出新时代党的建设总要求，全面推进党的政治建设、思想建设、组织建设、作风建设、纪律建设，把制度建设贯穿其中，深入推进反腐败斗争，落实管党治党政治责任，以伟大自我革命引领伟大社会革命。这些战略思想和创新理念，是党对中国特色社会主义建设规律认识深化和理论创新的重大成果。正如党的十九届六中全会决议所指出的："习近平新时代中国特色社会主义思想是当代中国马克思主义、二十一世纪马克思主义，是中华文化和中国精神的时代精华，实现了马克思主义中国化新的飞跃。"①

在此基础上，党的十九届六中全会首次明确提出"两个确立"思想："党确立习近平同志党中央的核心、全党的核心地位，确立习近平新时代中国特色社会主义思想的指导地位，反映了全党全军全国各族人民共同心愿，对新时代党和国家事业发展、对推进中华民族伟大复兴历史进程

---

① 《中国共产党第十九届中央委员会第六次全体会议文件汇编》，人民出版社2021年版，第48页。

具有决定性意义。”[1]从“两个维护”的捍卫和坚持，到“两个确立”的明确提出，为新时代管党治党和全面从严治党、推进中华民族伟大复兴历史进程提供了强有力的政治保证和思想保证。只要我们坚决维护习近平总书记党中央的核心、全党的核心地位，坚决维护党中央权威和集中统一领导，始终高举习近平新时代中国特色社会主义思想不动摇，始终做习近平新时代中国特色社会主义思想的坚定信仰者和忠实践行者，就能够引领时代前进航向，深刻把握当代中国发展规律，科学谋划中国特色社会主义事业发展，努力克服前进道路上的各种艰难险阻，团结带领全国各族人民不断开辟中华民族伟大复兴的光明前景。

万山磅礴有主峰，沧海横流显砥柱。“两个维护”是时代的选择、历史的选择、人民的选择。只有深刻领悟“两个维护”对新时代推进中华民族伟大复兴历史进程的重大意义，才能在任何时候任何情况下都不改其心、不变其志、不毁其节，切实增强贯彻落实“两个维护”的思想自觉、政治自觉和行动自觉。

## （二）坚决做到“两个维护”

“事在四方，要在中央。”历史与现实告诉我们：要治理好中国共产党这个大党、治理好中华人民共和国这个大国，坚决维护习近平总书记党中央的核心、全党的核心地位至关重要，坚决维护党中央权威和集中统一领导至关重要。“两个维护”关系着党的历史使命，关系着中华民族的前途未来，是党和国家全部事业的政治基石。新时代加强和深化党的

---

① 《中国共产党第十九届中央委员会第六次全体会议文件汇编》，人民出版社 2021 年版，第 48—49 页。

建设、深入推进全面从严治党，必须把坚定“两个维护”作为政治建设的首要任务，自觉地担负起“两个维护”的重大政治责任。

1. 永葆对党忠诚政治本色

古人曰：“忠也者，一其心之谓也”；“诚者，真实无妄之谓”。对党忠诚是中国共产党人的优秀品质。百年党史，中国共产党一步一个脚印地从昨天走到今天，经历了无数艰难险阻和磨难坎坷，但从来没有被困难和敌人压垮过、征服过，而是再接再厉、越挫越勇，不断地在磨难中成长、从挫折中奋起，靠的不是别的，而是千千万万共产党人的赤胆忠诚。这些共产党人对党和人民事业矢志不渝、百折不挠，坚守一心为民的理想信念，坚守为中国人民谋幸福、为中华民族谋复兴的初心使命，用青春、热血和生命谱写了感天动地的英雄壮歌。安徽省金寨党组织创始人詹谷堂，1929 年 9 月被捕后，被敌人用铁丝穿胳膊游街，但他毅然挺起胸膛，高呼“共产党万岁”。敌人审问时，他义正词严地痛斥敌人的罪行，说道：“天上有多少星星，地上就有多少共产党！”1935 年 7 月，为了迎接党中央、与中央红军会师，中共鄂豫陕省委决定率领红二十五军西征北上策应中央红军。在出征动员大会上，军首长吴焕先、徐海东对战士们讲：“这次的行动，我们这几千人就是牺牲完了，也要牵制住敌人，保证党中央和中央红军顺利北上。”河南省兰考县委书记焦裕禄，为党和人民的事业鞠躬尽瘁、对党无限忠诚，尽管身患重大疾病，依然心系兰考人民，总结出一套行之有效的治沙治水对策，把自己的生命完全交给了党，交给了人民。“共和国勋章”获得者、全国优秀共产党员、老英雄张富清深藏功名 60 余载，一辈子坚守初心、不改本色，在部队时，他保家卫国，到地方时，他为民造福，用自己的朴实纯粹、淡泊名利书写了精彩人生，诠释了什么是共产党人的信仰与忠诚、责任与担当。这些优秀共产党人的先进事迹告诉我们，无论是顺境还是逆境，无论是高峰还是低谷，共产党人对党忠诚的初心都要矢志不渝地坚守，都要铁心跟党走、丹心向党红。

党的十八大以来，以习近平同志为核心的党中央多次强调对党忠诚的极端重要性，强调要做对党忠诚、干净做事、勇于担当的共产党人。2018 年 1 月，习近平总书记在新进中央委员会的委员、候补委员和省部级主要领导干部学习贯彻习近平新时代中国特色社会主义思想和党的十九大精神研讨班上的讲话中指出："坚持党中央权威和集中统一领导，要有一套制度和规定，也要有领导干部对党的事业的忠诚、以身许党许国的使命担当。做到这一点，牢固树立'四个意识'至关重要，思想上有了'四个意识'，行动上就有了基本遵循。"①同年 7 月，他在全国组织工作会议上讲到新时期党的好干部标准时强调："我们坚持德才兼备、以德为先，坚持五湖四海、任人唯贤，突出政治标准，培养造就忠诚干净担当的干部队伍。"②2019 年 3 月，他在春季学期中央党校中青年干部培训班开班式上讲道："领导干部要忠诚干净担当，忠诚始终是第一位的。对党忠诚，就要增强'四个意识'，坚定'四个自信'，做到'两个维护'，严守党的政治纪律和政治规矩，始终在政治立场、政治方向、政治原则、政治道路上同党中央保持高度一致。"③同年 7 月，他在中央和国家机关党的建设工作会议上再次强调："带头做到'两个维护'，从根本上讲就是要做到对党忠诚。"④2021 年 7 月 1 日，他在庆祝中国共产党

① 习近平：《推进党的建设新的伟大工程要一以贯之》，《求是》2019年第19期。
② 《十九大以来重要文献选编》上，中央文献出版社 2019 年版，第 556 页。
③ 《习近平谈治国理政》第 3 卷，外文出版社 2020 年版，第 519 页。
④ 《习近平谈治国理政》第 3 卷，外文出版社 2020 年版，第 100 页。

成立100周年大会上的讲话中，精辟地概括了伟大建党精神的深刻内涵，将“对党忠诚”郑重地纳入其中，彰显了中国共产党人的政治本色和思想情操。

对党忠诚，是中国共产党对所有党员的基本要求，“我们挑选优秀年轻干部，千条万条，第一条就是看是否对党忠诚；我们培养优秀年轻干部，千条万条，第一条就是教育他们对党忠诚，坚决防止政治上的两面人。”[①]对党忠诚是写在入党誓词里的，也是共产党选人用人的重要标准。对党忠诚不是抽象的，而是具体的；不是有条件的，而是无条件的。对党忠诚必须纯粹，不能有丝毫杂质。在革命年代，检验一个共产党员是否忠诚，主要看其能不能为党和人民事业冲锋陷阵、舍生忘死。在和平时期，检验一个共产党员是否忠诚，主要标准是什么呢？习近平总书记将其概括为“四个能不能”：“能不能坚持党的领导，坚决维护党中央权威和集中统一领导，自觉在思想上政治上行动上同党中央保持高度一致；能不能坚决贯彻执行党的理论和路线方针政策，不折不扣把党中央决策部署落到实处；能不能严守党的政治纪律和政治规矩，做政治上的明白人、老实人；能不能坚持党和人民事业高于一切，自觉执行组织决定，服从组织安排；等等，都是对党忠诚的直接检验。”[②]这就是说，新时代加强党的建设和推进全面从严治党，对党忠诚是共产党人永恒不变的底色，要始终如一地坚持和坚守，一刻也不能丢掉，丢了就会丧失共产党人的本质和初心。

对党忠诚，首先体现在对党的理想信念的忠诚。理想信念坚定与

---

① 《十九大以来重要文献选编》上，中央文献出版社2019年版，第569页。

② 习近平：《努力成为可堪大用能担重任的栋梁之才》，《求是》2022年第3期。

对党忠诚是紧密联系的。只有理想信念坚定的人，才能自觉做到心中有党、对党忠诚，才能将坚定的理想信念转化为贯彻中央决策部署的实际行动，不断增强党的凝聚力和战斗力，真正拥有抵御和战胜各种风险挑战的能力。当前，有的党员、干部对共产主义产生怀疑，认为共产主义是不可能实现的幻想，遇到问题不信马列信鬼神，热衷于算命看相、求神拜佛，企图从封建迷信中找到精神寄托。有的党员、干部信仰宗教，参加迷信活动，是对党不忠诚的典型行为，违反了党的政治纪律，在干部群众中造成严重的负面影响。习近平总书记指出："我们干事业不能忘本忘祖、忘记初心，我们共产党人的本，就是对马克思主义的信仰，对中国特色社会主义和共产主义的信念，对党和人民的忠诚。我们要固的本，就是坚定这份信仰、坚定这份信念、坚定这份忠诚。"[①]在当代中国，坚定马克思主义信仰，坚定共产主义和社会主义信念，就是坚定对党的忠诚。世界共产主义运动实践的曲折历程告诉我们，共产党员一旦放弃对马克思主义的信仰、对社会主义和共产主义的信念，对党忠诚也就丧失了赖以存在的科学世界观和方法论根基。因此，共产党人要树立终身学习理念，增强学习本领，持续深化对马克思主义理论，特别是马克思主义中国化时代化最新理论成果——习近平新时代中国特色社会主义思想的学习、掌握和运用。我们不能因为共产主义理想的实现是一个漫长的过程，就认为那是虚无缥缈的海市蜃楼，就不去做一个忠诚的共产党人，而是要坚持不懈地用党的创新理论武装头脑、指导实践、推动工作，经常运用共产主义远大理想和中国特色社会主义共同理想检视自己的理想信念和思想言行，不断掸去思想上的政治微生物，永葆对党

① 习近平：《坚定理想信念　补足精神之钙》，《求是》2021年第21期。

忠诚的政治本色。

对党忠诚，其次体现在对党组织的忠诚。古人云："人之忠也，犹鱼之有渊。鱼失水则死，人失忠则凶。"中国共产党是按照马克思主义建党原则组织起来的强大政党。共产党组织之所以强大和有力量，是因为以千千万万共产党员的大力支持和衷心拥护作为基础和支撑的。如果共产党员的党性观念很强，相信党、维护党、忠于党，党的组织力量就会倍增，党的向心力和凝聚力就会大大提升。相反，如果共产党员的党性观念淡薄，对党缺乏真情实感，嘴上对党忠诚喊得震天响，实际上身在曹营心在汉，对党不真信、不紧跟、不忠诚，貌合神离，甚至离心离德，党的组织力量就会受限，党的向心力和凝聚力就会大大退步。在党的历史上，在对党忠诚方面有许多好的传统和作风，广大党员时刻听从党和人民的召唤，只要党有需要，党叫干啥就干啥，党让去哪儿就去哪儿，没有二话、毫无怨言，永远跟党走。今天，有的党员、干部在党组织安排的工作面前拈轻怕重、挑肥拣瘦，患得患失、讨价还价，犹犹豫豫、想这想那，不愿意去艰苦边远地区和岗位"强筋健骨"。这种态度就不能说是对党忠诚了。习近平总书记指出："全党同志要强化党的意识，牢记自己的第一身份是共产党员，第一职责是为党工作，做到忠诚于组织，任何时候都与党同心同德。"[①]因此，每一个共产党员要时刻牢记自己的党员身份和职责使命，把对党组织的忠诚作为基本政治素养，以党的号召为号召，以党的指示为指示，以党的行动为行动，始终保持忠诚于党组织的政治品格，坚决做到"两个维护"，不折不扣地贯彻党组织的决策部署，努力完成党的历史使命和任务。

① 《十八大以来重要文献选编》上，中央文献出版社 2014 年版，第 767 页。

对党忠诚，最终要体现和落实在具体行动上。对党忠诚不是空洞的口号，不能只停留在口头表态和报告文件中，而是要始于足下，转化为实实在在的行动，体现在推进党和国家事业发展的伟大实践中，将共产党人的知与行有机统一起来。习近平总书记强调："知是基础、是前提，行是重点、是关键，必须以知促行、以行促知，做到知行合一。"[①]广大党员、干部要把对党和人民的忠诚和热爱牢记在心，自觉担当作为。担当和作为是一体的，不作为就是不担当，有作为就要有担当。共产党人要自觉做到党中央提倡的坚决响应、党中央决定的坚决照办、党中央禁止的坚决不做，不讲条件、不搞变通，不掉队、不走偏，保证全党上下拧成一股绳，心往一处想、劲往一处使。凡是有利于党和人民的事，就要事不避难、义不逃责，大胆地干、坚决地干，把对党忠诚、为党分忧、为党尽职、为民造福落到实处，落在贯彻执行党中央决策部署的行动上，落在履职尽责、种好"责任田"的实效上，落在严守党章党规党纪的日常言行上，在勇于担当、甘于奉献中诠释共产党人的初心和忠诚。

2. 切实增强"四个意识"

2016年1月29日，中共中央政治局会议首次明确提出"四个意识"，即政治意识、大局意识、核心意识、看齐意识。会议认为："中国共产党领导是中国特色社会主义制度的最大优势，加强党的领导关键是坚持党中央集中统一领导。只有增强政治意识、大局意识、核心意识、看齐意识，自觉在思想上政治上行动上同以习近平同志为总书记的党中央保持高度一致，才能使我们党更加团结统一、坚强有力，始终成为中国特

① 《习近平关于党的群众路线教育实践活动论述摘编》，党建读物出版社、中央文献出版社2014年版，第39页。

色社会主义事业的坚强领导核心。”[①]“四个意识”是一个意蕴深刻、相互联系的有机整体，集中体现了根本的政治方向、政治立场、政治要求，是检验党员、干部政治素养的基本标准。牢固树立“四个意识”，对于全党团结一心，对于保证党和国家兴旺发达、长治久安具有十分重大的意义。

此后，习近平总书记在多个场合强调增强“四个意识”，仅2016年公开发表的讲话来看就有10余次。7月1日，他在庆祝中国共产党成立95周年大会上的讲话中指出：“全党同志要增强政治意识、大局意识、核心意识、看齐意识，切实做到对党忠诚、为党分忧、为党担责、为党尽责。”[②]10月10日，他在全国国有企业党的建设工作会议上的讲话中强调：“国有企业领导人员要坚定信念、任事担当，牢记自己的第一职责是为党工作，牢固树立政治意识、大局意识、核心意识、看齐意识，把爱党、忧党、兴党、护党落实到经营管理各项工作中。”[③]10月21日，他在纪念红军长征胜利80周年大会上的讲话中强调：“要坚持党中央集中统一领导，在各级党组织和广大党员、干部中强化政治意识、大局意识、核心意识、看齐意识，确保在思想上政治上行动上始终同党中央保持高度一致。”[④]

---

① 《中共中央政治局召开会议　审议〈中央政治局常委会听取和研究全国人大常委会、国务院、全国政协、最高人民法院、最高人民检察院党组工作汇报和中央书记处工作报告的综合情况报告〉》，《人民日报》2016年1月30日。

② 《十八大以来重要文献选编》下，中央文献出版社2018年版，第355—356页。

③ 习近平：《在全国国有企业党的建设工作会议上的讲话》，《人民日报》2016年10月12日。

④ 习近平：《在纪念红军长征胜利80周年大会上的讲话》，《人民日报》2016年10月22日。

10月27日，他在党的十八届六中全会第二次全体会议上指出：“各级党组织和广大党员要自觉遵守政治纪律和政治规矩，不断增强政治意识、大局意识、核心意识、看齐意识，做到坚守政治信仰、站稳政治立场、把准政治方向。”[①]12月26日，他在中央政治局民主生活会上强调：“中央政治局的同志要牢固树立政治意识、大局意识、核心意识、看齐意识，坚持以党的旗帜为旗帜、以党的方向为方向、以党的意志为意志，当政治上的明白人。”[②]此外，习近平总书记在9月28日纪念刘华清同志诞辰100周年座谈会上的讲话中、在11月29日纪念朱德同志诞辰130周年座谈会上的讲话中、在12月5日纪念万里同志诞辰100周年座谈会上的讲话中，均提出要增强“四个意识”。[③]以上这些以及之后习近平总书记有关“四个意识”的重要论述，对于我们深刻理解和把握“四个意识”的科学内涵和精神实质，具有重要的指导意义。

（1）增强政治意识。增强“四个意识”，首要的就是增强政治意识。政治意识是指政治主体所拥有的政治认知、政治态度和政治信仰。它在“四个意识”中具有基础和统领地位。增强政治意识，要求我们保持清醒的政治头脑、敏锐的政治观察力和鉴别力，始终坚守对马克思主义的信仰、对中国特色社会主义和共产主义的信念，做到政治方向不偏、政治信仰不变、政治立场不移，确保红色江山永不变色。

---

① 习近平：《在党的十八届六中全会第二次全体会议上的讲话（节选）》，《求是》2017年第1期。

② 《中共中央政治局召开民主生活会》，《人民日报》2016年12月28日。

③ 参见习近平的3篇讲话：《在纪念刘华清同志诞辰100周年座谈会上的讲话》（《人民日报》2016年9月29日）、《在纪念朱德同志诞辰130周年座谈会上的讲话》（《人民日报》2016年11月30日）、《在纪念万里同志诞辰100周年座谈会上的讲话》（《人民日报》2016年12月6日）。

坚定政治信仰。对马克思主义的信仰，对社会主义和共产主义的信念，是共产党人的政治灵魂，是共产党人经受住任何考验的精神支柱。中国共产党是以马克思主义为指导的政党，坚定的马克思主义信仰是共产党人的灵魂，事关党的兴衰成败和前途命运。实践证明，党员、干部政治信仰坚定、理想信念笃实，就能自觉挺直共产党人的精神脊梁，风雨无阻、坚毅前行，“虽九死其犹未悔”。反之，党员、干部政治信仰缺失，理想信念不坚定，精神上就会缺“钙”，就会得“软骨病”，必然导致政治上变质、经济上贪婪、道德上堕落、生活上腐化，各种消极思想就会乘虚而入。

树立政治理想。共产党人要树立的政治理想，就是共产主义远大理想和中国特色社会主义共同理想。共产主义理想是党的最高理想，以实现共产主义为远大目标，代表着无产阶级的利益以及全人类的利益，共产党人只有坚定共产主义理想，才能为无产阶级自身的解放以及全人类的解放提供思想上的保障。共产主义远大理想的实现是一条漫长之路，其间有若干阶段性理想，中国特色社会主义共同理想就是阶段性理想的具体表现。建设中国特色社会主义，把我国建设成为富强民主文明和谐美丽的社会主义现代化强国，这就是现阶段我国各族人民的共同理想。坚定政治理想，必须落实在坚定中国特色社会主义共同理想上。

坚守政治立场。坚守政治立场就是要坚守广大人民群众的立场。坚守人民立场是马克思主义政党的本质要求，是党战胜一切艰难险阻的根本保证，更是中国共产党人的崇高使命。共产党人坚守政治立场，要把实现广大人民群众的根本利益作为一切工作的出发点和落脚点。习近平总书记指出：“全党必须牢记，为什么人、靠什么人的问题，是检验一个政党、一个政权性质的试金石。我们要始终把人民立场作为根本政治立场，把人民利益摆在至高无上的地位，不断把为人民造福事业推向前进。”[①]中国共产党是马克思主义的忠诚信奉者和坚定实践者，秉持以人民为中心的理念，坚持一切为了群众，一切依靠群众，肯定人民群众的主体性作用，与人民共进退、心连心，在坚定人民立场中实现党性与人民性的统一，充分体现了中国共产党作为马克思主义政党区别于其他政党的显著标识。

保持政治定力。政治定力是党员、干部重要的政治素养。面对复杂形势、艰巨任务和严峻考验，党员、干部要时刻保持政治清醒，不断提高自身的政治定力，提高政治敏锐性和政治鉴别力，自觉抵制腐朽政治思想文化的侵蚀。

（2）增强大局意识。“不谋全局者，不足谋一域；不谋万世者，不足谋一时。”讲大局、顾大局是中国共产党的优良传统和政治优势。早在革命年代，毛泽东就深刻论述过大局问题，指出：“共产党员必须懂得以局部需要服从全局需要这一个道理。如果某项意见在局部的情形看来是可行的，而在全局的情形看来是不可行的，就应以局部服从全局。”[②]在中国共产党历史上，无论是新民主主义革命时期刘邓大军千里跃进大别山，20世纪五六十年代举全国之力研制“两弹一星”，还是今天协调推进“四个全面”战略布局，夺取全面建成小康社会决胜阶段的伟大胜利，都是全党全军全国各族人民按照党中央决策部署、讲政治讲大局的努力结果。增强大局意识，就是要求广大党员、干部自觉地站在党和国家大局上想问题、做事情，正确认识大局，自觉服从大局，坚决维护大局。

---

① 《习近平谈治国理政》第2卷，外文出版社2017年版，第52页。

② 《毛泽东选集》第2卷，人民出版社1991年版，第525页。

正确认识大局。正确认识大局，必须具有世界眼光，能够准确把握时代特征，善于站在全局的高度、用长远的眼光观察问题、分析问题。共产党人要处理好全局与局部的利益关系，正确认识党和国家事业发展的大局，把工作放到大局中去思考、去完成，高瞻远瞩、提纲挈领，做到自觉在大局下行动，不计较局部利益得失。

自觉服从大局。自觉服从大局要有高瞻远瞩的政治见识和开阔包容的博大胸怀，要能从党和国家的全局出发，正确处理好中央与地方、局部与全局、当前与长远的关系。共产党人无论在什么时候，做什么事情，都要以大局为重，局部利益要服从整体利益，有利于大局利益的事要做好，不利于大局的事坚决不做。

坚决维护大局。正确认识大局、把握大局、服务大局，都是为了更好地维护大局。共产党人要做到在大是大非面前坚定正确立场和方向，经得起各种诱惑和考验，绝不能因小失大、为局部而误全局。党员、干部要始终保持对党忠诚老实，自觉遵守党的政治纪律和政治规矩，维护党的集中统一。

（3）增强核心意识。中国共产党是中国特色社会主义事业的领导核心。《汉书》云：“《春秋》所以大一统者，六合同风，九州共贯也。”在当代中国，没有共产党的领导，没有党的领导核心作用的充分发挥，这样的愿景是很难实现的。邓小平强调：党的领导集体要有一个核心，“要注意树立和维护这个集体和这个集体中的核心”[①]。他同时指出：“中国问题的关键在于共产党要有一个好的政治局，特别是好的政治局常委会。只要这个环节不发生问题，中国就稳如泰山。”“最关紧要的是有一个团

① 《邓小平文选》第3卷，人民出版社1993年版，第310页。

结的领导核心。这样保持五十年，六十年，社会主义中国将是不可战胜的。”[①]因为有了成熟的马克思主义政党中国共产党的坚强领导，有了总揽全局、协调各方的党的领导制度体系在国家制度和国家治理中的统领性地位，中国特色社会主义伟大事业才展现出光辉灿烂的图景。在中华民族伟大复兴的历史征程中，需要牢牢把握坚持和加强党的领导这个根本原则，毫不动摇地坚持和加强党的全面领导，提高政治站位，增强核心意识，切实做到思想上认同核心、政治上维护核心、组织上服从核心、行动上对表核心，确保党的领导更加坚强有力。

思想上认同核心。思想认同是增强核心意识的前提和基础。党的十八大以来，习近平总书记围绕改革发展稳定、内政外交国防、治党治国治军，围绕推进“五位一体”总体布局和“四个全面”战略布局，提出了一系列原创性的治国理政新理念新思想新战略，创立了习近平新时代中国特色社会主义思想。习近平新时代中国特色社会主义思想蕴含着伟大的真理力量、丰富的实践精神、崇高的为民情怀、强烈的问题意识和宏阔的世界眼光，是当代中国马克思主义，是21世纪马克思主义，是当代中国进行具有许多新的历史特点伟大斗争的强大思想武器，是坚持和发展中国特色社会主义的行动指南。基于习近平新时代中国特色社会主义思想的历史地位和重要贡献，迫切需要广大党员、干部深刻理解和深入领会这一思想的科学体系和精髓要义，坚持读原著、学原文、悟原理，坚持系统学、联系实际学、带着问题学，努力掌握贯穿习近平新时代中国特色社会主义思想的马克思主义立场观点方法，做到深思悟透，常学常新，进一步正本清源、固本培元，打牢心中的思想根基，彻底解

① 《邓小平文选》第3卷，人民出版社1993年版，第365页。

决思想认识问题，提升思想觉悟。习近平总书记强调："党的领导干部必须讲觉悟、有觉悟。觉悟了，觉悟高了，就能找到自己行为的准星。"①

政治上维护核心。增强核心意识，最根本的是要对党忠诚、表里如一，始终在政治立场、政治方向、政治原则、政治道路上同以习近平同志为核心的党中央保持高度一致，任何时候任何情况下都要以党的旗帜为旗帜、以党的方向为方向、以党的意志为意志，坚决听从党中央号令，服从党中央指挥，做到在党爱党、在党言党、在党忧党、在党为党。凡是党中央提倡的都要坚决响应，凡是党中央决定的都要坚决照办，凡是党中央禁止的都要坚决杜绝，执行党中央决策部署不讲条件、不打折扣、不搞变通，确保中央政令畅通、落实到基层。作为党员、干部，应自觉把维护党中央权威体现到平时的一言一行中，体现在日常工作和生活中，从政治上和大局上考虑问题，中央要求的全力去做，中央禁止的坚决不做，决不出现与中央要求不一致的言论，决不能有与中央要求不一致的行为，决不能搞有令不行、有禁不止，决不能搞上有政策、下有对策，坚定不移地保证中央政令畅通。这就要求广大党员、干部不断提高政治敏锐性和政治鉴别力，善于从政治上划清是非曲直、善恶美丑，在大是大非面前头脑清醒、旗帜鲜明，在大风大浪面前立场坚定、态度明朗，在关键时刻敢于亮剑、挺身而出，旗帜鲜明、理直气壮地同一切形形色色违背党的原则、违反党的政治纪律和政治规矩的行为作坚决斗争，同各种丑化党和国家形象、诋毁和诬蔑党和国家领导人和英雄模范以及

① 《习近平在十八届中央纪委七次全会上发表重要讲话强调　全面贯彻落实党的十八届六中全会精神　增强全面从严治党系统性创造性实效性》，《人民日报》2017 年 1 月 7 日。

歪曲党的历史、中华人民共和国历史、人民军队历史的现象作坚决斗争。坚定维护党的核心，做政治上的明白人。

组织上服从核心。在“四个服从”中，最重要的就是全党服从中央。这是增强核心意识的关键。坚持全党服从中央，要坚决做到在言论上与党中央保持高度一致，不妄议党中央大政方针，在行动上要坚决听从党中央指挥，不搞阳奉阴违、自行其是。习近平总书记曾经把发挥党的总揽全局、协调各方的领导核心作用这一我国社会主义政治制度优越性的突出特点形象地比喻为“众星捧月”，他说：“这个‘月’就是中国共产党。在国家治理体系的大棋局中，党中央是坐镇中军帐的‘帅’，车马炮各展其长，一盘棋大局分明。”[①]这就是说，中国共产党有着严密的组织体系和完善的组织制度，党的领导核心作用能不能发挥以及在多大程度上得到发挥，跟各级党组织以及全体党员的大力支持和组织服从是分不开的。如果党组织像个大车店、大卖场一样，想来就来，想走就走，那还能有什么核心力量？习近平总书记指出：“每一个党的组织、每一名党员干部，无论处在哪个领域、哪个层级、哪个部门和单位，都要服从党中央集中统一领导，确保党中央令行禁止，决不允许背着党中央另搞一套。”[②]这就要求广大党员、干部切实强化组织观念，“入了组织门，永是党的人”，时刻不忘自己应尽的义务和责任，充分相信组织、信任党中央，永远听党话，坚定跟党走，决不搞表态性服从、选择性服从、应付性服从那一套。要严格遵守党的组织纪律，坚决执行组织决定，无条

---

① 《习近平关于全面从严治党论述摘编》，中央文献出版社 2021 年版，第 59 页。

② 《十八大以来重要文献选编》下，中央文献出版社 2018 年版，第 585—586 页。

件服从组织的需要和安排，决不拉帮结派、搞“山头主义”，决不与组织讨价还价、我行我素。对党组织的决议和政策，不得以任何借口阻挠、延缓、消极抵制其贯彻执行。

行动上对表核心。“政者，口言之，身必行之。”增强核心意识，不是空洞的口号，不能只停留在口头表态上，而要体现在坚决贯彻执行党中央决策部署的具体行动中，体现在履职尽责、做好本职工作的实际成效上，体现在党员、干部的日常言行上。这就需要广大党员、干部以党中央的旗帜立场、决策部署、担当精神为标杆，经常用中央的决定决议、中央的最新精神、中央的原则要求对照自己的言行，及时校准思想之标、调正行为之舵、绷紧作风之弦，把爱党、忧党、兴党、护党落实到工作的各个环节和方方面面，使之成为一种习惯、一种自觉，用实际行动为党和人民的事业尽忠尽责，任何时候任何情况下都要做到政治立场不移、政治方向不偏。习近平总书记指出：“同党中央保持高度一致是具体的，要落实在行动上。对工作，个人会有个人的看法，在讨论阶段可以仁者见仁、智者见智，充分讨论、民主集中。一旦党中央作出决定，就不能三心二意了，不能说没有照自己的想法做就可以敷衍了事，不尽心尽力贯彻落实。”[①]党员、干部要自觉经常地与党中央“对表”，不折不扣地贯彻执行中央的路线方针政策和重大工作部署，把增强核心意识自觉地转化成听党指挥、为党尽责的实际行动。

（4）增强看齐意识。“人心齐，泰山移。”1945 年 4 月，毛泽东在党的七大预备会议上形象地说到看齐问题，他说：“要知道，一个队伍经常

---

① 《习近平关于全面从严治党论述摘编》，中央文献出版社 2021 年版，第 103 页。

是不大整齐的，所以就要常常喊看齐，向左看齐，向右看齐，向中看齐，我们要向中央基准看齐，向大会基准看齐。看齐是原则，有偏差是实际生活，有了偏差，就喊看齐。”[①]习近平总书记特别强调看齐意识在“四个意识”中的重要地位，他说：“增强政治意识、大局意识、核心意识、看齐意识，最终要落脚在看齐上。”[②]增强看齐意识，需要党的各级组织、全体党员特别是高级干部经常自觉主动地向党中央看齐，向习近平总书记看齐，向党的理论和路线方针政策看齐，向党中央改革发展稳定、内政外交国防、治党治国治军各项决策部署看齐，确保党和国家事业在任何时候都不偏航，而是沿着正确航向奋勇前进。

增强看齐意识，实质是要求广大党员、干部在思想上政治上行动上自觉地同党中央保持高度一致，把广大党员、干部以及群众的思想和行动统一到党中央精神和决策部署上来，这是党的一贯要求。在这里，与党中央保持高度一致，向党中央看齐，这一逻辑不能想当然地层层向下推演，变成层层提权威、级级提核心，不能打着维护党中央权威和集中统一领导的旗号在地方和部门单位中却干着损坏制度、压制民主的勾当。习近平总书记旗帜鲜明地指出：“核心只有党中央的核心，看齐只能向党中央看齐，不能层层讲‘核心’、层层喊‘看齐’。”[③]这在政治上是错误的，甚至是有害的。有的人口头上喊着要看齐，实际上想的是维护自己利益、强化自己权力的事，贯彻党的路线方针政策不坚决、不全面、不

① 《毛泽东文集》第3卷，人民出版社1996年版，第297—298页。

② 《习近平关于全面从严治党论述摘编》，中央文献出版社2021年版，第112页。

③ 《习近平关于全面从严治党论述摘编》，中央文献出版社2021年版，第143页。

到位，搞选择性执行。比如，2016年10月，中共中央办公厅、国务院办公厅印发《脱贫攻坚责任制实施办法》，其中明确规定："保持贫困县党政正职稳定，做到不脱贫不调整、不摘帽不调离。"[①]有的地方却将中央的这一"军令状"当成耳边风。如果党中央的决策部署得不到有效贯彻，党的集中统一领导就无从谈起，必然导致党中央被虚化、被弱化，看齐蜕变成"看不齐"。

增强看齐意识，维护党中央权威，决不是一般问题和个人的事，而是方向性、原则性问题，是党性，是大局，是全党的政治责任，当然首先是党的领导决策核心的政治责任。《中国共产党中央委员会工作条例》第五条规定："中央委员会、中央政治局、中央政治局常务委员会是党的组织体系的大脑和中枢，在推进中国特色社会主义事业中把方向、谋大局、定政策、促改革。"[②]习近平总书记指出："中央委员会，中央政治局，中央政治局常委会，这是党的领导决策核心。"[③]贯彻落实看齐意识，要首先从中央政治局常委会、中央政治局、中央委员会做起来。习近平总书记多次强调中央政治局要起到模范带头作用，他说："中央政治局的同志必须有很强的看齐意识，必须经常看齐、主动看齐，这样才能真正看齐。这是最最紧要的政治。""中央政治局要带好头，让全党都感到我们是一个同心同德、团结一心、步调一致的领导机构。"[④]共同使中央政治

---

① 中共中央办公厅、国务院办公厅：《脱贫攻坚责任制实施办法》，《人民日报》2016年10月18日。

② 《十九大以来重要文献选编》中，中央文献出版社2021年版，第735页。

③ 《十八大以来重要文献选编》上，中央文献出版社2014年版，第772页。

④ 《习近平关于全面从严治党论述摘编》，中央文献出版社2021年版，第102、第103页。

局、中央政治局常委会成为一个团结一心、步调一致、一起实干的领导集体，成为全党保持高度一致、带头践行和增强看齐意识的典范。

## 三、严格按政治纪律和政治规矩办事

严明党的政治纪律和政治规矩是党的政治建设的本质要求和重要内容。习近平总书记指出："党的各级组织要加强对党员、干部遵守政治纪律的教育，党的各级纪律检查机关要把维护党的政治纪律放在首位，确保全党在思想上政治上行动上同党中央保持高度一致。"[①]"要教育引导各级领导干部增强政治敏锐性和政治鉴别力，对容易诱发政治问题特别是重大突发事件的敏感因素、苗头性倾向性问题，做到眼睛亮、见事早、行动快，及时消除各种政治隐患。"[②]切实维护政治纪律和政治规矩的严肃性，牢记"五个必须"要求，杜绝"七个有之"问题。

### （一）牢记"五个必须"要求

2015 年 1 月，习近平总书记在十八届中央纪委五次全会上谈到遵守政治纪律和政治规矩时，首次明确提出"五个必须"，即必须维护党中央权威，在任何时候任何情况下都必须在思想上政治上行动上同党中央保持高度一致；必须维护党的团结，坚持五湖四海，团结一切忠实于党的同志；必须遵循组织程序，重大问题该请示的请示，该汇报的汇报，

① 《习近平关于全面从严治党论述摘编》，中央文献出版社 2016 年版，第 18 页。

② 《习近平谈治国理政》第 3 卷，外文出版社 2020 年版，第 96—97 页。

不允许超越权限办事；必须服从组织决定，决不允许搞非组织活动，不得违背组织决定；必须管好亲属和身边工作人员，不得默许他们利用特殊身份谋取非法利益。[①]时隔四年之后，2019 年 1 月，中共中央下发《关于加强党的政治建设的意见》，不仅再次强调“五个必须”，同时提出“五个决不允许”：“必须维护党中央权威，决不允许背离党中央要求另搞一套；必须维护党的团结，决不允许在党内培植个人势力；必须遵循组织程序，决不允许擅作主张、我行我素；必须服从组织决定，决不允许搞非组织活动；必须管好领导干部亲属和身边工作人员，决不允许他们擅权干政、谋取私利。”[②]从“五个必须”到“五个决不允许”，不仅成为党员、干部遵守政治纪律和政治规矩的检验标准，也成为党员、干部规范自身行为应当遵守的行为准则，具有极强的现实针对性和启示意义。

**1. 必须维护党中央权威**

中国拥有 14 亿多人口，共产党员总数为 9800 多万名，党的基层组织有 493 万多个。对于在这样一个人口总数量、党员总数量、基层党组织总数量如此庞大的大国长期执政的中国共产党来说，维护党中央权威显得尤其重要。党中央权威是党对人民群众所展现的一种崇高威望，是凝聚力和感召力的集中统一，表现在中国共产党团结带领全国各族人民建设中国特色社会主义事业，人民积极拥护党的领导和党中央制定的路线方针政策。党的利益和人民的利益是一致的，党中央按照民主集中制原则，以维护人民群众的根本利益为出发点和落脚点，制定和执行党和

---

① 《十八大以来重要文献选编》中，中央文献出版社 2016 年版，第 350—351 页。

② 《十九大以来重要文献选编》上，中央文献出版社 2019 年版，第 804 页。

国家的大政方针，切实营造政令畅通、上行下效、党和人民团结一心的政治局面。因此，坚决维护党中央权威，本质上是对党的利益和人民利益的维护。

坚决维护党中央权威，是全体党员的职责和使命。全体党员都要树立全局观念和大局意识，任何时候任何情况下都要坚决维护党中央权威，坚决做到以贯彻党中央精神为前提执行党的各项决议，同心同德，敢于同一切损害党和人民利益的思想和行为作斗争。习近平总书记强调："遵守党的政治纪律，最核心的，就是坚持党的领导，坚持党的基本理论、基本路线、基本纲领、基本经验、基本要求，同党中央保持高度一致，自觉维护中央权威。"①

坚决维护领导核心的权威。船重千钧，掌舵一人。习近平总书记党中央的核心、全党的核心地位，是在新的伟大斗争实践中形成的，是历史和人民的共同选择。全党要坚决维护习近平总书记党中央的核心、全党的核心地位，特别是党的领导干部要把眼光放在党和国家前途命运的战略高度上，教育引导党员深刻认识、强化认同习近平总书记的核心地位，增强拥护核心、跟随核心、捍卫核心的思想自觉、政治自觉和行动自觉，始终同以习近平同志为核心的党中央保持高度一致。

坚决维护党中央集中统一领导的权威。党和国家的历史表明，治理好中国共产党这个大党，治理好中华人民共和国这个大国，维护党中央集中统一领导的权威至关重要。党中央有权威，党就有力量。习近平总书记指出："只有党中央有权威，才能把全党牢固凝聚起来，进而把全国

① 《十八大以来重要文献选编》上，中央文献出版社 2014 年版，第 132 页。

各族人民紧密团结起来，形成万众一心、无坚不摧的磅礴力量。”[①]如果党中央没有权威，党的理论和路线方针政策可以随意不执行，大家各自为政、各行其是，想干什么就干什么，想不干什么就不干什么，党就会变成一盘散沙，就会成为自行其是的“私人俱乐部”，党的领导就会成为一句空话。维护党中央集中统一领导的权威，是原则性、方向性问题，与党、民族、国家的前途命运休戚相关。党员必须对党忠诚，听党指挥、为党尽责，严格遵守党的政治纪律和政治规矩，把维护党中央集中统一领导作为根本的政治要求，坚决响应党中央的倡导，坚决执行党中央的决定，向党中央看齐。

坚决维护马克思主义理论的权威。中国共产党是鲜明的马克思主义政党，以马克思主义作为共产党人的理论武装和看家本领。马克思主义是指导中国革命、建设和改革的思想武器，正是因为有马克思主义的指导，党和国家的建设事业才能朝着正确的方向前进。马克思主义理论是权威性的，维护党中央的权威，必须以维护马克思主义理论权威为根基。党员要认真学习马克思主义理论知识及其中国化的成果，夯实理论功底，牢固树立马克思主义信仰，把维护马克思主义理论权威和维护党中央权威有机统一起来，做马克思主义的坚定信仰者和忠诚实践者。

2. 必须维护党的团结

团结是马克思主义政党的建党原则，关乎党的兴衰存亡，是党的生命得以延续的重要保障。团结就是力量，党的团结统一是社会进步、经济发展、民族团结和国家统一的前提基础。只有把党的团结统一和民族、国家的命运紧密相连，才能战胜一切艰难险阻，实现中华民族伟大复兴。

---

① 《十八大以来重要文献选编》下，中央文献出版社 2018 年版，第 585 页。

反之，党如果是一盘散沙，纪律松弛、组织涣散，甚至溃败、分裂，就一定会损害人民的利益，阻碍党和国家事业的发展，严重威胁中华民族伟大复兴中国梦的奋斗目标的实现。因此，全体党员都要像爱护自己的眼睛一样爱护党，维护党的团结统一，不做背离、损害党的事，始终与党中央保持高度一致。党面临的形势越复杂、肩负的任务越艰巨，就越要加强政治纪律和政治规矩建设，越要维护党的团结统一，确保全党统一意志、统一行动、步调一致向前进。

团结一切忠实于党的同志。共产党员遵守政治纪律和政治规矩，必须维护党的团结，坚持五湖四海，团结一切忠实于党的同志，不得在党内培植私人势力，不得以人划线，不得搞任何形式的派别活动。党员要坚持团结的广泛性，团结一切可以团结的力量，壮大党的队伍，齐心协力为实现共同理想而奋斗。党员要善于团结有不同意见和声音，甚至犯过错误的同志。由于性格特点、知识水平、工作方法、价值取向等差异，党员对党的工作总会存在各种分歧和看法。这就要求党员之间做到求同存异，取他人之长、容他人之短，善于同与自己观点不一致的同志和谐相处、共同处事。另外，对于犯过错误的同志，不能避而远之，要积极主动帮助分析犯错误的原因，帮助他们正视错误、改正错误。

坚持“团结—批评—团结”的方针。“团结—批评—团结”是毛泽东提出的正确处理党内矛盾和人民内部矛盾的方针方法。党员遵守党的政治纪律和政治规矩，维护党的团结统一，必须坚持“团结—批评—团结”的方针，切实做到在进行思想斗争时，肃清消极的思想源头，从团结的愿望出发。旗帜鲜明地反对两种错误倾向，既要反对只讲批评不讲团结、破坏党的团结的各种斗争，又要反对只讲团结不讲批评、取消党内思想斗争的自由主义。把“团结—批评—团结”作为一个整体对待，在团结的前提下敢于开展批评和自我批评，进而达到在新的基础上团结同志、加强党的团结的目的。

运用民主集中制维护党的团结。民主集中制是党在革命、建设和改革的实践历程中总结的历史经验，是中国共产党的根本组织原则和领导制度，对于统一全党思想和行动、维护党的团结发挥着至关重要的作用。党的历史经验充分证明，民主集中制坚持得好，就能统一党的指导思想，巩固党的团结，党的事业就能蓬勃发展；民主集中制被破坏和削弱，党的指导思想就会涣散，党的凝聚力和战斗力就会随之减弱，党的事业就会遭受挫折。维护党的团结，要求党员自觉贯彻执行民主集中制。注重运用民主集中制处理协调党内关系，努力营造团结向上的党内集体氛围；注重运用民主集中制化解党内矛盾，消除影响团结的种种障碍；注重运用民主集中制激发党的创造活力，提高民主生活质量；注重运用民主集中制强化党内监督，时时处处讲原则，按原则办事。

3. 必须遵循组织程序

党的组织程序，即党的各级组织和全体党员按照党章党纪党规的规定必须遵守的步骤、程式和规范。组织程序是党的工作命脉，保证党的理论和路线方针政策得到有效贯彻落实和党组织内部的良性运转与发展。党的组织程序是维护政治纪律和政治规矩的必要手段，遵循党的组织程序是遵守政治纪律和政治规矩的基本要求。全体党员要加强对组织程序的认识，严格遵循组织程序的各项规章制度，严禁党员、干部在处理那些应由中央和上级组织统一决定的重要问题时独断专行、擅作主张，事前不请示，事后不报告，搞先斩后奏、边斩边奏，甚至斩而不奏，超越权限办事。严禁党员、干部变着法子绕开组织，把一件完整的需要汇报的大事情拆分成一件一件可以不汇报的小事项，让组织程序空转。

牢固树立程序意识。在党组织的指示下按程序办事是每个党员应履行的最起码的工作要求，而在这之前必须首先树立程序意识，在充分认识程序规则的基础上开展工作。牢固树立程序意识，要求党员真正做到既懂组织的程序规则，又能正确对待个人与组织的关系。就前者而言，党员要自觉学习党内程序规范和国家法律法规，做到心中有数，同时要对党内组织程序和国家法律法规保持敬畏之心，严格遵守不逾矩。心有所畏，方能言有所戒、行有所止。就后者来说，个人应服从组织，把组织利益放在个人利益之前，不能凌驾于组织之上，树立正确的组织观念，主动培养组织情怀，自愿接受组织的一切安排。

严格按程序办事。中国共产党有一系列的组织管理程序、议事决策程序、干部任用程序、党内监督程序等，这些程序操作性强，是所有党员必须遵循并严格执行的规章制度。党员、干部必须时刻提醒自己，严格按党组织程序秉公用权，不能超越权限办事，要在思想上筑牢党纪防线，增强依纪行使权力的意识，在行动上要做到严谨规范，严格按照程序行使权力。要利用好手中的职权，在权力行使的范围内坚持依纪决策、科学决策、民主决策，保证程序过程的公正性和公开性，真正让权力在阳光下运行，充分保障人民群众的知情权、参与权、表达权、监督权，自觉接受群众监督，以公开促公正、以公正保廉洁。领导干部还要时刻端正自己的身份，发挥好带头作用和示范作用，把手中权力最大化使用好的同时，严防越级用权或滥用权力。

4. 必须服从组织决定

服从组织决定是党员讲大局、讲党性、守纪律、守规矩的重要表现。检验一名党员能否严守政治纪律和政治规矩，最基本的一点就是看其能否坚决服从组织决定。任何党员都应当努力追求和拥有这样的思想境界：

"革命需要我去烧木炭，我就去做张思德；革命需要我去堵枪眼，我就去做黄继光。"中国共产党是由一个个党员组成的，每个党员都是党的一分子，党能形成统一整体的关键，就在于全体党员坚决听从组织指挥、服从组织决定，如果党员拒绝服从组织决定，各行其是、各自为政，组织就会是一盘散沙，没有凝聚力、战斗力和创造力。一般而言，党组织的决定集中反映了大多数党员的意见和建议，是正确和相对正确的。服从组织决定就是服从大多数党员的意见。习近平总书记强调，遵守政治纪律和政治规矩，"必须服从组织决定，决不允许搞非组织活动，不得跟组织讨价还价，不得违背组织决定，遇到问题要找组织、依靠组织，不得欺骗组织、对抗组织。"[①]当然，这并不意味着党员个人的意见没有任何参考价值，党组织允许党员保留个人意见，并允许向上级组织直至中央反映，这样既维护党员的发言权，也保证党在行动上的统一。

加强组织观念。党员要强化组织意识、加强组织观念，时刻牢记自己是党组织的一员，无论什么时候什么情况都要充分相信组织、依靠组织、服从组织，从内心深处认同组织决定，做组织决定的坚决服从者和团结统一的积极维护者。党员要以大局为中心开展工作，不要求组织能给自己什么，而应多考虑自己能给组织做些什么，做到以组织利益为先、个人利益服从组织利益，妥善把握好个人利益和集体利益、眼前利益和长远利益、局部利益与整体利益的关系，尽自己所能为组织做贡献，回报组织的培养。

提升党性修养。党员要把党性修养放在第一位，切实提升党性修养，维护党的光辉形象，努力为党排忧解难。做到认真对待党组织安排的工

① 《习近平谈治国理政》第2卷，外文出版社2017年版，第155页。

作，不拈轻怕重，不挑肥拣瘦，踏实干好分内之事，在实践中加强党性修养，努力提升自身思想觉悟。要发挥党员、干部带头作用，担负好党和国家政策法规宣传者和执行者的职责，不忘为人民服务的宗旨，时刻心系群众，强化服务意识，做人民群众利益的代言人。

坚决执行党的政策和决议。党员个人是否服从组织的最集中体现，就是看其能否坚决执行党的政策和决议。党员对组织的政策和决议有不同意见，或者认为其有不妥之处，可通过组织程序向组织反映，在组织没有对决定作出改变之前，必须落实好组织意图，不允许以任何借口阻挠、抵制决定的贯彻执行。党员、干部特别是领导干部在执行党的政策和决议时，要使出踏石留印、抓铁有痕的劲头，敢担当、敢作为，坚决落实党组织部署的各项任务。要雷厉风行、不折不扣地贯彻执行组织决定，高质量完成组织交办的任务，做到凡是有利于加强和巩固党的执政地位和团结统一的，要不遗余力地去推进；凡是有利于改善人民群众生产生活条件的，要稳步有序地去落实；凡是有利于增进和密切党群干群关系的，要不畏艰难地去完成；凡是有利于带动同志发挥创造能力的，要积极带头去执行。

5. 必须管好领导干部亲属和身边工作人员

打铁必须自身硬。领导干部要严于律己、以身作则，牢固树立纪律和规矩意识，在守纪律、讲规矩上作表率。同时要管理约束好身边人，无论是家庭关系中的配偶、子女，或者带有血缘关系、亲属关系的人，还是因工作关系相处的秘书、下属、司机等人。对身边人的管理约束出了差池，将会极大损害党的形象，给社会带来恶劣影响，甚至给党和国家的事业造成重大损失。为了避免身边腐败事件的发生，领导干部必须树立原则意识，管好亲属和身边工作人员，切实让纪律严起来、把规矩立起来。

领导干部必须管好亲属。家风正则政风清。习近平总书记反复强调，无论时代如何变，生活格局如何变，重视家庭建设的传统不能变，注重家庭、家教、家风始终是重要内容。从近年来查处的“大老虎”案件来看，亲人涉腐、内助贪婪事件屡见不鲜，这些官员非但不严正家风、严肃家规，还利用手中的权势放任亲属打着自己的旗号胡作非为、违法乱纪。领导干部要使家庭成为拒腐防变的一方净土，同家人一起算好家庭账、经济账、政治账。城门失火殃及池鱼，家庭成员出了问题，将会扰乱正常生活秩序，精神上也会备受压力，舆论上也会受到谴责，甚至导致家破人亡、人财两空。用权牟取暴利将会落得失去岗位福利、工资保险、退休待遇，甚至遭受巨额惩处的下场，一切经济利益将化为乌有。由于亲属牵连而陷入贪婪泥潭无法自拔，将会受到法律制裁，断送前程。

领导干部必须管好身边工作人员。自身正则周围清。从近年来查处的“大老虎”案件来看，领导干部身边的工作人员是腐败多发群体。这些人拉大旗作虎皮、借权谋私，或与领导干部结成腐败同盟、利益共享。不少领导干部与身边的工作人员特别是与交流往来最为密切的秘书之间的关系，不只是简单的工作关系，而是同流合污、“一根绳上的蚂蚱”，如果领导东窗事发，秘书便难逃干系，秘书为非作歹，领导便难辞其咎。领导干部要坚定政治立场，保持政治定力，不断提高政治鉴别力和政治敏锐性，带头管好自己和身边工作人员，以身示范，营造良好的从政环境。要对身边工作人员时刻提醒、警钟长鸣，用法律法规对其进行约束，一旦他们有不正之念，就要及时帮助其制止，并厘清要害，提升他们抵御腐朽思想侵蚀的能力。要对身边工作人员耳提面命，勤于观察和了解他们的品行和工作生活作风，及时把握其思想变化，对其出格欲望要严加防范、出格行为要严加敲打，教育他们时时自警自省自纠、处处慎初慎微慎欲。要对身边工作人员约法三章，教育其做政治上的明白人、经济上的清白人、生活上的正派人，懂得哪些事可以做、哪些事不能做，哪些话可以说、哪些话不能说，哪些地方可以去、哪些地方不能去。要对出现问题苗头的人进行劝阻，使其悬崖勒马；对已经犯了错误的人严肃处理，绝不能助纣为虐、养痈成患。

## （二）杜绝“七个有之”问题

党的十八大以来，以习近平同志为核心的党中央反复强调政治纪律和政治规矩的重要性，要求领导干部严格按照政治纪律和政治规矩办事。但是部分党组织习惯于把干部监督的防线只设置在反对腐败上，认为只要干部没有腐败问题，其他问题都可以忽略不计。部分纪委只重视查办大案要案，把监督执纪工作退到法律的“红线”，认为违反党的纪律和规矩“无伤大雅”。有的干部认为，反正自己不腐败、没有腐败问题就行了，其他问题都不是问题，没什么可怕的。正是基于这些错误认识，习近平总书记从党的十八届四中全会开始，就反复强调警惕“七个有之”问题。

2014 年 10 月 23 日，习近平总书记在党的十八届四中全会第二次全体会议上讲到党员、干部特别是领导干部严守政治纪律和政治规矩时，首次将违反政治纪律和政治规矩的现象归纳为“七个有之”问题，他说：“一些人无视党的政治纪律和政治规矩，为了自己的所谓仕途，为了自己的所谓影响力，搞任人唯亲、排斥异己的有之，搞团团伙伙、拉帮结派的有之，搞匿名诬告、制造谣言的有之，搞收买人心、拉动选票的有之，搞封官许愿、弹冠相庆的有之，搞自行其是、阳奉阴违的有之，搞尾大不掉、妄议中央的也有之，如此等等。”[①]习近平总书记义正词严地指出：“有的人已经到了肆无忌惮、胆大妄为的地步！而这些问题往往没有引起一些地方和部门党组织的注意，发现了问题也没有上升到党纪国法高度来认识和处理。这是不对的，必须加以纠正。”[②]“七个有之”问题的明确提出，“主要是从政治上讲的”[③]，有着很强的现实针对性。

2018 年 1 月，习近平总书记在十九届中央纪委二次全会上再次论及“七个有之”问题，他说：“‘七个有之’本质上是政治问题，概括起来是两个方面。一个是政治问题和经济问题交织形成利益集团，妄图攫取党和国家权力；一个是山头主义和宗派主义作祟，大搞非组织活动，破坏党的集中统一。对政治上的这种隐患不能采取鸵鸟政策，王顾左右而言他，必须采取断然措施予以防范和遏制，消除隐患后患。”[④]这是对“七个有之”问题内在本质的揭示。

由此可见，习近平总书记指出的“七个有之”问题不是空洞的说教，而是有的放矢，有着极其严肃的政治内涵和实质要求，实际上是告诫广大党员、干部在明确“七个有之”问题及其危害，防止和杜绝“七个有之”问题的同时，要正确把握“七个有之”的对立面，严守党的政治纪律和政治规矩。

---

① 《习近平关于严明党的纪律和规矩论述摘编》，中央文献出版社、中国方正出版社 2016 年版，第 22 页。

② 《习近平关于严明党的纪律和规矩论述摘编》，中央文献出版社、中国方正出版社 2016 年版，第 22 页。

③ 习近平：《在党的十八届六中全会第二次全体会议上的讲话（节选）》，《求是》2017 年第 1 期。

④ 《十九大以来重要文献选编》上，中央文献出版社 2019 年版，第 194 页。

1. 杜绝搞任人唯亲、排斥异己

领导干部手中的权力是人民赋予的，为人民谋利益是领导干部的职责和使命。但在实际情况中，有的领导干部手握权力，选人用人不问德才，只看亲疏，只任用与自己关系密切的人，培植亲信，安插他们在重要岗位任职，搞违规提拔，企图壮大自己的“阵营”。有的领导干部仗着手中权势排斥异己，利用各种手段打压跟自己不是同一“战壕”的领导干部。这些大大小小的关系网把一些地方和单位搞得乌烟瘴气，致使一些党员、干部信奉“能力不如关系”“琢磨事不如琢磨人”的官场术，想方设法牵线搭桥，出现“劣币驱逐良币”的逆淘汰现象，严重污染政治环境。人类历史充分证明，任人唯亲，国家就会腐败衰退；任人唯贤，国家才会兴旺发达。党和政府历来把任人唯贤、德才兼备作为选拔任用干部的硬性标准。任人唯亲、排斥异己是党决不允许、坚决反对的。正如习近平总书记所指出的：“伟大的斗争，宏伟的事业，需要高素质干部。我们要坚持德才兼备、以德为先，坚持五湖四海、任人唯贤，坚持事业为上、公道正派，坚决防止和纠正选人用人上的不正之风，把党和人民需要的好干部精心培养起来、及时发现起来、合理使用起来。”①

2. 杜绝搞团团伙伙、拉帮结派

综观党的十八大以来查处的系统性腐败、“塌方式”腐败等案件，经常看到拉帮结派、结党营私、利益输送等贪污腐化现象。这些现象的背后往往隐藏着搞权权交易的潜规则，存在着无视党的政治纪律和政治规矩的“一霸手”坐镇的“码头”和“山头”。有的领导干部在党内培植

---

① 《十八大以来重要文献选编》下，中央文献出版社 2018 年版，第 356 页。

私人势力，把党内同志关系搞成人身依附关系，以私下聚会、拉拉扯扯等形式结成利益同盟，相互提携、互通款曲，形成较为固定或稳定的团伙和“圈子”。有的领导干部为一己私利或小团体的不正当利益，背着组织搞破坏党的政治勾当和政治阴谋活动。更有甚者把自己凌驾于组织之上，企图建立一个游离于党组织以外的“独立王国”，以实现个人的政治野心。这些问题严重破坏党的团结统一、败坏党风政风、损害党的光荣形象和污染党内政治生态，必须从源头上加以根治。广大党员、干部理应清醒地认识到这些问题的严重危害性，认识到一旦抱了团、成了伙，就会成为“一根绳上的蚂蚱”，东窗事发势必落得被“一锅端”的下场，最终害人害己、名利两空。同时要引为鉴戒，破除“关系网”，远离“小圈子”，不为物欲所惑、不为名利所累，保持政治上的清流，积极向党组织和人民群众靠拢。

3. 杜绝搞匿名诬告、制造谣言

近年来，匿名诬告、制造谣言事件时有发生。有的党员、干部在换届考察前夕，故意给考察人选“泼脏水”“下绊子”，炮制“黑材料”，为了自己的利益不择手段。有的党员、干部为了编织、巩固“小圈子”，诬告陷害和他们站队相反的干部。有的党员、干部因自己的诉求没有得到满足，或者上级安排、人事变动触碰到自己的“奶酪”，就胡作非为、不计后果地罗织罪名、混淆视听等。这些行为严重违反党的政治纪律和政治规矩，破坏党内政治生态，扰乱正常工作秩序，增加监督执纪工作成本，性质恶劣，影响极坏。黑白不容颠倒，严查严办匿名诬告、制造谣言者是全面从严治党、净化党内政治生态的题中应有之义。习近平总书记指出：“注意保护那些敢于负责、敢于担当作为的干部，对那些受到诬告陷害的干部要及时予以澄清，形成激浊扬清、干事创业的良好政治生态。”[①]诬告者不容轻纵，担当者理应关怀。党组织和领导干部为担当作为的同志撑腰鼓劲、消除顾虑，给予他们更多的呵护和激励，有助于他们重整旗鼓干事创业、重拾信心履职尽责。党员、干部面对匿名诬告、制造谣言的不良行径，必须明其危害、计其后果，时刻谨慎自己的言行，做敢于亮剑的实干者，不做舍人为己的诽谤者。

4. 杜绝搞收买人心、拉动选票

收买人心、拉动选票是指一些党员、干部为了自己的所谓仕途，通过金钱或感情等笼络人心，以此为自己拉动选票，赢得选举。此类行为违反了中央八项规定精神，带坏党风政风，破坏了党内民主选举。近几年发生的湖南衡阳破坏选举案、四川南充拉票贿选案、辽宁拉票贿选案等一系列重大案件，性质极为恶劣，是对中国共产党和社会主义民主制度的挑战。一些不能保持头脑清醒和廉洁之心的领导干部，明知在换届中组织没有安排他，仍派亲信到处游说拉票，搞非组织活动。有的党员、干部为了一点蝇头小利甘愿被收买，从而使其在党内选举过程中不能表达自己真实的意志，使得党内选举失去了本质意义。而党内选举是党内民主的本质内容，如果党内选举不能充分体现选举人的意志，必然导致党内民主难以为继，党员、干部的民主权利不能得到有效保障，从而破坏党的集中统一。因此，党员、干部必须保持清醒头脑和高度廉洁之心，加强政治锻炼，锤炼政治品格，不断提高自身政治素养，既要拒绝被他人收买，也不能收买他人，要发扬党内民主，严明换届纪律，营造风清气正的政治生态。

---

① 习近平：《在新的起点上深化国家监察体制改革》，《求是》2019 年第 5 期。

5. 杜绝搞封官许愿、弹冠相庆

党员、干部在党内搞封官许愿、弹冠相庆是一种不良的党内政治文化现象，对维护党的团结统一、维护党中央权威和保持政治清明具有强烈的负面影响。这种不良的党内政治文化会在党员、干部中滋生出不良的文化心态。一是依附心理。有些党员、干部在党内习惯于“拜码头”“找靠山”，把对组织的服从和忠诚转化为对上级领导和“一把手”的忠诚，把上下级关系理解为等级关系，搞人身依附，将个人的前途命运寄托在上级身上，把人民群众和其他党员的利益抛在脑后。二是阿谀心态。一些党员、干部在上级面前不能摆正自我，喜欢搞阿谀奉承、溜须拍马，对上级吹吹拍拍、奴颜婢膝，由此诱发庸俗风气，长此以往，便会滋生腐败，破坏党的团结统一。三是江湖习气。一些党员、干部把上级领导干部当作“江湖大哥”，在党内一切工作和事务中唯“老大”马首是瞻。不问原则、不讲是非，把上级决议当作真理并无条件地服从，只对“老大”负责，不对党和人民负责。邓小平强调：“上级对下级不能颐指气使，尤其不能让下级办违反党章国法的事情；下级也不应当对上级阿谀奉承，无原则地服从，‘尽忠’。不应当把上下级之间的关系搞成毛泽东同志多次批评过的猫鼠关系，搞成旧社会那种君臣父子关系或帮派关系。”[①]广大党员、干部要牢固树立正确的政治立场，坚定正确的政治方向，坚决抵制封官许愿、弹冠相庆等不良政治文化，自觉维护党中央集中统一。

6. 杜绝搞自行其是、阳奉阴违

在党内搞自行其是、阳奉阴违是严令禁止的。一些党员、干部在自

---

① 《邓小平文选》第 2 卷，人民出版社 1994 年版，第 331 页。

己主政地方或分管部门自行其是，搞“山头”主义，落实党中央决策部署不坚决，拒不执行党中央大政方针，甚至把自己凌驾于组织之上，背着党中央另搞一套。这些党员、干部在党中央或上级明确要求执行方针政策和决策部署的情况下，依然拒绝执行，或以各种理由推诿和拖延，怠于执行，导致党中央的决议无法得到贯彻执行，阻碍了中央政令畅通，危害党的团结统一。有些党员、干部抛开党中央的大政方针，按照自己意愿在其所在地区或单位搞一套“土政策”，这个“土政策”在大多情况下都是背离党中央决议的，导致中央与地方的割裂，破坏党的集中统一领导。党员、干部阳奉阴违主要表现为在党内搞“两面派”，做“两面人”，一些党员、干部不乏豪言壮语，口头上时时强调要清正廉洁、忠诚为民，但在现实中却搞些贪污腐败、严重损害党和人民利益的事，典型的表里不一。

7. 杜绝搞尾大不掉、妄议中央

妄议中央，具体而言就是妄议党的大政方针。党中央的大政方针是引导党的事业前进的方向和指针。党中央在制定大政方针时，要通过多种渠道和方式，充分收集和听取有关党组织和党员的意见和建议，并通过召开党代会，按照民主集中制、遵循少数服从多数的原则，最终制定出党的路线方针政策。由此可见，党的大政方针代表了大多数人意见、符合大多数人利益，是科学的、合理的。防止党员、干部妄议中央主要针对的是“妄”，而不是“议”，防止的是一些党员、干部在重大政治原则问题上、在大是大非问题上同党中央唱反调、搞政治上的自由主义，或是没有根据地胡说乱说，而不是说不能提意见和建议甚至批评性意见。有些人当面不说、背后乱说，台上不说、台下乱说，当面一套、背后一套，当“两面派”、做“两面人”，在一定程度上扰乱了其他党员和群众的思想，破坏了党的集中统一，阻碍了党中央大政方针的执行，也损害了民主集中制原则。广大党员、干部必须在日常生活与学习中时时刻刻注意自己的言行，坚决贯彻党中央的重大政治决定，维护党的集中统一。

总的来看，党员领导干部要以“七个有之”问题为戒，时常自我监督、自我反省、自我检验，严格按照党章党规办事，自觉接受党的政治纪律和政治规矩的约束。目前看来，大部分党组织和党员、干部在遵守政治纪律和政治规矩方面是做得比较好的。但也应当看到，少数党组织和党员、干部仍然存在着不严不实现象，不同程度地出现“七个有之”问题。这些情况如果不严加整治和及时处理，就会像毒瘤一样侵蚀党的健康肌体，不但扰乱党内政治生活，破坏党内政治生态，削弱党的凝聚力和战斗力，给党带来负面影响，而且严重危害党员、干部自身的发展，使其偏离正确轨道，走上歪门邪路，最终一发不可收拾地滑向罪恶的深渊。领导干部如何有效防止“七个有之”问题，一靠自律，二靠他律。自律强调的是自我约束，他律强调的是外部约束，自律与他律相结合是保证党员、干部守纪律和讲规矩的两大法宝。

# 第四章

# 把严明组织纪律贯穿管党治党全过程

组织纪律是全体党员和各级党组织在组织原则、组织关系、组织观念、组织行为方面必须遵守的纪律和规矩，是维护党的集中统一的重要保证。中国共产党历来重视组织纪律建设，加强组织纪律建设始终是党克敌制胜的重要法宝。党的十八大以来，以习近平同志为核心的党中央深刻阐释了严明党的组织纪律、加强党的组织纪律性的重大问题，强调全党同志要相信组织、依靠组织、服从组织，自觉接受组织的安排和纪律约束，自觉维护党的集中统一。

## 一、党的组织纪律建设的探索历程

党的力量来自组织，组织纪律是维护党的集中统一、保持党的战斗力的重要保证。一百年来，中国共产党之所以能够带领中国人民实现革命、建设和改革的伟大胜利，并发展成为世界第一大执政党、推动中国特色社会主义进入新时代，一个极其重要原因就是党始终保持组织严密、纪律严明。

早在中国共产党创建之初，早期马克思主义者在与无政府主义者的论战过程中，就批判了无政府主义者的个人意志和极端自由观点，指出这种认识对革命有着极坏的影响，进而强调工人阶级加强组织纪律的重要性。陈独秀指出，一个强大的共产党对无产阶级专政有着重要意义，“实行无产阶级革命与专政，无产阶级非有强大的组织力和战斗力不可，要造成这样强大的组织力和战斗力，都非有一个强大的共产党做无产阶级底先锋队与指导者不可。”[①]李达认为，中国要成为社会主义国家，无产阶级必须要有觉悟，要有严密的组织，“什么劳动者自由的结合，完全没有用处。阶级争斗，就是战争，一切作战计划，全靠参谋部筹划出来，方可以操胜算。这参谋部就是共产党”。“所以无产阶级革命，应先由有阶级觉悟的工人组织一个共产党作指导人。共产党是无产阶级的柱石，是无产阶级的头脑，共产党人散布到全体中间宣传革命，实行革命。”[②]

---

① 《陈独秀文集》第 2 卷，人民出版社 2013 年版，第 264—265 页。

② 《李达文集》第 1 卷，人民出版社 1980 年版，第 133、第 134 页。

旅欧的蔡和森提出，必须建立一个“主义明确，方法得当和俄一致的党”，“先要组织党——共产党。因为他是革命运动的发动者、宣传者、先锋队、作战部。以中国现在的情形看来，须先组织他，然后工团、合作社，才能发生有力的组织。革命运动、劳动运动，才有神经中枢”。[①]从这些论述中可以看出，早期马克思主义者十分坚决地主张在中国创建一个具有组织纪律性的马克思主义政党——共产党。

1921 年 7 月，中国共产党应运而生。党的一大在讨论组织原则时，大多数代表反对和抵制无政府主义思潮对党的建设的影响，否定了党内不要严密组织、党员可以不受纪律约束的意见，主张中国共产党应该以列宁创建的布尔什维克党为榜样，建立一个高度集中统一的有严格组织纪律的马克思主义政党，而决不能是松散的学术团体。不过受条件限制，党的一大对组织纪律只作了基础性规定，要求党员不得与违背党的纲领的集团或党派联系；要严格保守党的秘密和党员身份，在未经法律和党的允许下，不得担任其他职务。党的一大还规定了组织原则和组织关系，在党员人数多的地方组织中，可派党员去其他地方工作，但必须接受地方执行委员会的监督；地方委员会的财政、活动和政策，要接受中央委员会的监督。这些有关组织纪律方面的规定，符合列宁的建党原则和要求。

1922 年 7 月，党的二大通过的党章用了近 1/3 篇幅对党的纪律作出规定，明确了中央和地方执行委员、党支部、党小组的产生程序及相关职责，规定了中央与地方党组织之间、党员与党组织之间、党员与党员之间的权利与义务关系，规定了全体党员必须服从全国大会和中央执行

① 《蔡和森文集》第 2 卷，人民出版社 2013 年版，第 58、第 57 页。

委员会的决议，下级机关必须执行上级的命令，党内少数服从多数的原则。[①]党的二大还通过《关于共产党组织章程决议案》，强调党员个人服从组织的重要性，以及权力集中的重要性。1925 年 1 月，党的四大在《对于组织问题之议决案》中谈到中国共产党当前阶段的任务时指出，要“扩大党的数量，实行民主的集权主义，巩固党的纪律”[②]。1927 年 5 月，党的五大选举产生中国共产党历史上第一个中央纪律检查机构——中央监察委员会，为党的组织纪律建设提供了保障。同年 6 月 1 日，中共中央政治局会议通过《中国共产党第三次修正案章程决议》，第一次将民主集中制写入党章，并将其确定为党的指导原则，同时重申了坚持少数服从多数、下级服从上级的组织原则。

1928 年 5 月，党的六大通过的党章规定，对不执行上级党支部决议和有党内过错的团体和个人必须予以相应处分，强调党的“组织原则为民主集中制”[③]，规定党部由党员代表会议及全国大会选举产生，党部对选举自己的党员须定期汇报，下级党部必须承认上级的决议并严格执行。1929 年 12 月，古田会议通过决议，针对当时党员队伍组织松散的问题，决议严肃批评了“由下而上的民主集权制”[④]，提出了一系列加强党的组织纪律建设的要求和措施，指出集中指导下的民主的原则，进一

① 《中国共产党历次党章汇编（1921—2017）》，中国方正出版社 2019 年版，第 67—68 页。

② 《建党以来重要文献选编（1921—1949）》第 2 册，中央文献出版社 2011 年版，第 259 页。

③ 《建党以来重要文献选编（1921—1949）》第 5 册，中央文献出版社 2011 年版，第 472 页。

④ 《建党以来重要文献选编（1921—1949）》第 6 册，中央文献出版社 2011 年版，第 729 页。

步健全了党的民主集中制，维护了党的团结。决议把入党条件具体化，严格了入党条件，保证发展党员的质量。决议要求上级与下级保持密切联系，“下级对上级要有详尽的报告，上级对于这些报告要有详尽的讨论和回复，并尽可能派人出席下级会议”①。1935 年 1 月，遵义会议纠正了王明“左”倾错误，分析和总结了 1931 年以来党在组织纪律建设上的错误、危害和原因，并提出了改正办法，重新树立和规定了党的组织纪律，逐步确立以毛泽东同志为核心的中央领导集体体制。

1938 年 9 月到 11 月，党的扩大的六届六中全会召开，审议通过了《关于各级党部工作规则与纪律的决定》，毛泽东在会上强调党的纪律的重要性，指出纪律是执行路线、领导群众和军队进行胜利斗争的保证，并首次提出“四个服从”基本原则。“四个服从”成为党的民主集中制的首要原则，是党的纪律建设的重要内容，也是党的纪律建设走向成熟的重要标志。1941 年 7 月 1 日，在中国共产党成立 20 周年之际，中央政治局通过《关于增强党性的决定》，批评了部分党员、干部在政治上自由行动，在组织上反对集中领导，在思想上搞分散主义、独立主义、个人主义等违反党性的行为和倾向，强调全党要坚持在思想上政治上组织上维护党的团结统一，必须严格遵守“四个服从”的基本原则，“对于屡说不改者，必须及时预防，加以纪律制裁”②。1945 年 6 月，党的七大通过的党章将维护和执行党的纪律列入“总纲”，明确规定中国共产党是按民主集中制原则组织起来的，概括了民主集中制的科学内涵，强调党

① 《建党以来重要文献选编（1921—1949）》第 6 册，中央文献出版社 2011 年版，第 738 页。

② 《建党以来重要文献选编（1921—1949）》第 18 册，中央文献出版社 2011 年版，第 445 页。

的力量来源于党的团结统一，来源于全党与中央保持意志和行动一致。党章还规定，不允许在党内搞小团体和阳奉阴违的动作，严肃处理党内违规违纪行为。

解放战争初期，中国共产党通过整党运动整顿了党的队伍，提升了党员的组织纪律性，巩固了党在组织上的团结统一。1947 年 10 月，毛泽东为中国人民解放军总部起草了《关于重行颁布三大纪律八项注意的训令》，指出“三大纪律八项注意”已实行多年，其内容各地各军略有出入，现在统一规定，重行颁布；其中“三大纪律”统一规定为，一切行动听指挥，不拿群众一针一线，一切缴获要归公。“八项注意”统一规定为，说话和气，买卖公平，借东西要还，损坏东西要赔，不打人骂人，不损坏庄稼，不调戏妇女，不虐待俘虏。[①]从此，内容统一的“三大纪律八项注意”就以训令形式固化下来，不仅成为军队行动的纪律规范，也成为党员、干部的行为准则，提升了全党的组织纪律性。1948 年年初，中共中央颁布《关于建立报告制度》的指示，创立了请示报告制度，整顿了党的组织纪律，有效解决了当时党内和军队内部表现突出的无组织无纪律现象，加强了党对各解放区的领导。同年 9 月，毛泽东为中共中央起草《关于健全党委制》的决定指出，党委制是保证集体领导、防止个人包办的重要制度，要建立健全党委会议制度，“一切重要问题（当然不是无关重要的小问题或者已经会议讨论解决只待执行的问题），均须交委员会讨论，由到会委员充分发表意见，做出明确规定，然后分别执行”。[②]关于这个决定的重要意义，邓小平在八年后的党的八大上给

① 《毛泽东选集》第 4 卷，人民出版社 1991 年版，第 1241 页。
② 《毛泽东选集》第 4 卷，人民出版社 1991 年版，第 1340—1341 页。

予了高度评价，指出："它总结了党内认真实行集体领导的成功的经验，促使那些把集体领导变为有名无实的组织纠正自己的错误，并且扩大了实行集体领导的范围。"[①]通过这些制度建设，党的组织纪律特别是民主集中制原则得到进一步增强，保证了党的团结统一以及党的纲领和路线方针政策的贯彻实施，推动着解放战争在全国的胜利。

新中国成立后，随着党的历史方位的新变化，党的建设面临着许多新情况新问题。1950 年 5 月，中共中央颁布《关于在全党全军开展整风运动的指示》，正式开展整风整党运动。通过这场运动，提高了党员素质，增强了党的组织能力，使党的组织纪律得以加强，进一步巩固了党的集中统一。在此过程中，以毛泽东同志为核心的党中央同破坏党的组织纪律、危害党的团结统一行为进行了坚决斗争，并于 1954 年 2 月党的七届四中全会上通过《关于增强党的团结的决议》，不点名地批评了高岗、饶漱石的非组织活动，强调团结是革命胜利的基本保障，明确指出增强党的团结，必须坚持马克思列宁主义，必须坚持民主集中制，必须加强党中央和高级干部的团结。1956 年 9 月，党的八大进一步论述了民主与集中的关系，完善了党的集体领导制度，并强调党的团结统一的重要性："党的团结统一是党的生命，是党的力量所在。"[②]邓小平在会上作了《关于修改党的章程的报告》，指出："在我们党内，从长时期以来，由党的集体而不由个人决定重大的问题，已经形成一个传统。"[③]但遗憾的是，民主集中制原则以及党的组织纪律在之后的很长一段时间内遭到

---

① 《邓小平文选》第 1 卷，人民出版社 1994 年版，第 230 页。

② 中央档案馆、中共中央文献研究室编：《中共中央文件选集（1949 年 10 月—1966 年 5 月）》第 24 册，人民出版社 2013 年版，第 228 页。

③ 《邓小平文选》第 1 卷，人民出版社 1994 年版，第 229 页。

全面破坏，留下了深刻的经验教训。

1978年年底召开的党的十一届三中全会，对党的组织纪律建设重新作了部署，决定严肃党的纪律，建立健全党规党法，并重新确立了民主集中制的组织原则。全会决定恢复和建立中央纪律检查委员会，保证党的组织纪律的贯彻落实。1980年2月，党的十一届五中全会通过《关于党内政治生活的若干准则》，对党的组织纪律建设作了新规定和要求：一是坚持集体领导，反对个人专断。集体领导是党的领导的最高原则之一，要坚持集体领导与个人分工负责相结合，坚决防止个人专断。二是维护党的集中统一，严格遵守党的纪律。要坚持民主集中制的根本组织原则，坚决反对分散主义，更加突出全党服从中央，维护党内团结统一。三是坚持党性，根绝派性，反对破坏党的团结统一的任何形式的派性和派别活动。四是发扬党内民主，正确对待不同意见。在党内允许党员发表不同意见，纠正党内部分领导干部缺乏民主精神的行为，禁止领导干部利用职权对他人进行打击报复。上述相关规定，对加强党的民主集中制、提高党的组织纪律性和维护党的集中统一意义重大。

1982年9月，党的十二大通过的党章明确规定，党的领导主要是政治、思想和组织的领导，第一次完整地规定了党的领导原则。党章对党员的权利和义务作出了更加严格的规定，强调党员必须维护党的团结统一，坚决反对一切派别组织和小集团活动。同时党章规定了对党员违法违纪行为的惩处，维护了党组织的团结。1983年10月，党的十二届二中全会颁布《中共中央关于整党的决定》，强调这次整顿的主要任务，是统一思想、整顿作风、加强纪律、纯洁组织。针对当时党内违反民主集中制现象较为严重的情况，中央强调加强纪律建设，贯彻落实好民主集中制，彻底整顿好组织涣散、纪律松弛的状况，纯洁党的组织。1987

年11月，党的十三大修订党章，强调党内重要问题的决定要进行表决，提出了差额选举的方式，完善了党内选举制度，同时强调继续发挥好纪委的作用。

1992年10月，党的十四大将“从严治党”写入党章之中，自此之后，从严治党成为中国共产党管党治党的根本原则。党的十四大强调，坚持民主集中制是发挥党组织和党员积极性、创造性的保障，只有贯彻落实民主集中制，才能增强党的纪律和战斗力，推动党的事业顺利前进。[①]1996年10月，党的十四届六中全会决定对县处级以上领导干部进行一次以讲学习、讲政治、讲正气为主要内容的党性党风教育。通过“三讲”学习教育，严肃了党的组织纪律性。1997年2月，中共中央首次颁布《中国共产党纪律处分条例（试行）》。这是迄今为止有关党的纪律方面最具体、最系统、最完善的法规，是党的纪律建设进程中的一座里程碑。同年9月，党的十五大延续了党的十四大对党的纪律建设的相关规定，继续强调从严治党，坚持纪律面前人人平等，着力解决党内纪律松弛、组织涣散的问题。

1999年年初，十五届中央纪委三次全会明确提出“四大纪律”，即党的政治纪律、组织纪律、经济工作纪律和群众工作纪律。会议要求领导干部严格遵守党的组织纪律，与党中央保持高度一致，坚持民主集中制。与此同时，针对党的纪律建设中存在的突出问题，江泽民在《坚决维护党的纪律的严肃性》中指出：“如果容许和听任党组织或党员无视组织纪律，为所欲为，那末，我们党就不成其为马克思主义的政党，就会

① 《十四大以来重要文献选编》上，中央文献出版社1996年版，第38页。

丧失战斗力，甚至瓦解。”①2001 年 9 月，党的十五届六中全会提出“八个坚持，八个反对”，强调坚持民主集中制，反对专断独行和软弱涣散。2002 年 11 月，党的十六大继续强调民主集中制和坚定“四个服从”的重要性，提出不断完善党内监督制度，丰富了党的纪律检查工作的内涵，增强了全党的组织纪律意识。2003 年年底，中共中央修订《中国共产党纪律处分条例（试行）》，并于翌年 2 月颁布施行。《条例》对违反民主集中制、违反党员发展和干部选拔任用等行为进行了详细规定。2007 年 10 月，党的十七大强调开展党风党纪教育，营造良好的党风，使全党遵守党纪国法。

党的十八大以来，以习近平同志为核心的党中央从全面加强党的建设、为实现“两个一百年”奋斗目标和中华民族伟大复兴的中国梦提供政治保障战略高度，弘扬中国共产党加强纪律建设的优良传统，针对党的纪律建设面临的突出问题，与时俱进推进理论创新、实践创新和制度创新，纪律建设成为新时代党的建设总体布局的突出亮点和常态化工作内容，成为推进全面从严治党重大战略部署的重要支撑。2013 年 6 月，习近平总书记在全国组织工作会议上论及党内生活时指出：“严肃党内生活，最根本的是认真执行党的民主集中制，着力解决发扬民主不够、正确集中不够、开展批评不够、严肃纪律不够等问题。要健全和认真落实民主集中制的各项具体制度，促使全党同志按照民主集中制办事，促使各级领导干部特别是主要领导干部带头执行民主集中制。”②2014 年 1 月，他在党的群众路线教育实践活动第一批总结暨第二批部署会议上的讲话

① 江泽民：《论党的建设》，中央文献出版社 2001 年版，第 337—338 页。

② 《十八大以来重要文献选编》上，中央文献出版社 2014 年版，第 352 页。

中，要求党员、干部接受严格的党内政治生活的锻炼，指出："要把批评和自我批评作为防身治病的有力武器，通过积极健康的思想斗争，不断洗涤每个党员、干部的思想和灵魂。要不断增强党内生活的政治性、原则性、战斗性，坚决反对党内生活庸俗化，坚决反对党内生活中的自由主义、好人主义，真正使党员、干部在每一次党内生活中都能有所悟、有所得。"[①]同年5月，他在参加河南省兰考县委常委班子专题民主生活会时强调："要坚持按民主集中制原则处理党内组织和组织、组织和个人、同志和同志、集体领导和个人分工负责等重要关系，发扬党内民主、增进党内和谐，实行正确集中、维护党的团结统一。"[②]2015年2月，习近平总书记在省部级主要领导干部学习贯彻党的十八届四中全会精神全面推进依法治国专题研讨班上的讲话中阐述干部选拔时指出："我们党选拔任用干部的标准就是德才兼备，而法治观念、法治素养是干部德才的重要内容。用人导向最重要、最根本也最管用。"[③]

2017年7月，为贯彻落实党的十八届六中全会精神，深化政治巡视，进一步发挥巡视监督全面从严治党利剑作用，党中央对《中国共产党巡视工作条例》加以修订后颁布实施。新《条例》对第十五条作了大的修订，增加了违反"六大纪律"内容，其中违反组织纪律内容包括："违规用人、任人唯亲、跑官要官、买官卖官、拉票贿选，以及独断专行、软

① 《习近平关于严明党的纪律和规矩论述摘编》，中央文献出版社、中国方正出版社2016年版，第45页。

② 《习近平关于严明党的纪律和规矩论述摘编》，中央文献出版社、中国方正出版社2016年版，第45页。

③ 《习近平关于严明党的纪律和规矩论述摘编》，中央文献出版社、中国方正出版社2016年版，第48页。

弱涣散、严重不团结等问题。”[①]2022 年 10 月，党的二十大报告对“坚持以严的基调强化正风肃纪”作出战略部署，强调要“全面加强党的纪律建设，督促领导干部特别是高级干部严于律己、严负其责、严管所辖，对违反党纪的问题，发现一起坚决查处一起”[②]。同年12月召开的中共中央政治局会议指出，“要把纪律建设摆在更加突出位置”。

在习近平总书记关于党的组织纪律建设的重要论述中，最集中、最全面的阐述要数他在十八届中央纪委三次全会上所作的重要讲话《严明党的组织纪律，增强组织纪律性》。习近平总书记在讲话中聚焦党的组织纪律，主要阐述了以下几方面问题：一是概括了严明党的组织纪律的重要性。习近平总书记指出，遵守党的纪律是无条件的，要说到做到，有纪必执，有违必查，不能把纪律作为一个软约束或是束之高阁的一纸空文。“党的力量来自组织，组织能使力量倍增。”[③]一个松松垮垮、稀稀拉拉的组织是不能干事也干不成事的。二是剖析了组织纪律松弛的各种表现及其成因。习近平总书记详细列举了党的组织观念薄弱、组织涣散的各种乱象，指出“组织纪律松弛已经成为党的一大忧患”[④]，组织观念、组织程序、组织纪律要是不严起来，就是一盘散沙。因此，“如何在新形势下加强全党的组织纪律性，是需要我们认真思考和回答的重大课题”[⑤]。三是提出了增强组织纪律性的具体措施。习近平总书记从切实增

① 《十八大以来重要文献选编》下，中央文献出版社 2018 年版，第 775 页。

② 习近平：《高举中国特色社会主义伟大旗帜　为全面建设社会主义现代化国家而团结奋斗》，人民出版社 2022 年版，第 68 页。

③ 《十八大以来重要文献选编》上，中央文献出版社 2014 年版，第 765 页。

④ 《十八大以来重要文献选编》上，中央文献出版社 2014 年版，第 765 页。

⑤ 《十八大以来重要文献选编》上，中央文献出版社 2014 年版，第 765—766 页。

强党性、切实遵守组织制度、切实加强组织管理、切实执行组织纪律等四个方面对此作了深入阐发。四是明确了全面落实组织纪律建设的责任要求。习近平总书记强调，要全面落实党组织的责任，充分发挥党组织的作用，“各地区各部门党委（党组）要加强向党中央报告工作，这也是一个规矩”[①]。习近平总书记的这些阐述，对党的组织纪律作了比较系统的思考和设计，为新时代增强党的组织纪律性提供了科学的思想指导。

## 二、“四个服从”是党最基本的组织纪律

中国共产党是在马克思主义理论指导下，根据自己的纲领和章程，按照民主集中制原则组织起来的无产阶级政党。实践证明，民主集中制是人类有史以来最科学、最合理的制度，是中国共产党的组织优势和优良传统。“四个服从”是民主集中制的主要内容和基本原则。党的二十大通过的党章明确规定，所谓“四个服从”，即“党员个人服从党的组织，少数服从多数，下级组织服从上级组织，全党各个组织和全体党员服从党的全国代表大会和中央委员会”[②]。这“四个服从”原则既反映民主又体现集中，是民主与集中的有机统一，是党的纪律建设的核心内容，是党内生活规矩的总概括，是正确处理党内关系的准则，贯穿于党的建设的各个环节。在“四个服从”基本原则中，个人服从组织是前提，少数服从多数是基本规定，下级服从上级是重要环节，全党服从中央是核心和归宿。

---

① 《十八大以来重要文献选编》上，中央文献出版社2014年版，第772页。

② 《中国共产党章程》，《人民日报》2022年10月27日。

## （一）个人服从组织

党员个人服从党的组织，是解决个人与组织矛盾关系的问题。这里的“个人”不是别人，而是特指共产党员，党章对共产党的性质和宗旨、共产党员的权利和义务等都作了明确规定。“服从”是对某个集体或决议的遵从。“服从”的底线是纪律，党员遵守和执行党的纪律，就是对党组织服从的一种表现。“组织”是党的生命线。中国共产党成立后，建立起强大的组织，带领中国人民取得新民主主义革命、社会主义革命和社会主义建设的胜利。改革开放以来，中国共产党强调组织纪律的重要性，不断加强党的组织建设，并依靠党的强大组织，推动中国特色社会主义进入新时代。党员和党组织的关系就是个人与组织的关系，好比细胞和人体的关系。党员能否摆正自身在组织中的位置，处理好个人与组织的关系，是每一个合格共产党员的必修课。个人服从组织，是党的民主集中制的基本原则，是党员、干部的天职。党员、干部必须把提高党性修养放在第一位，坚决服从组织原则、执行组织决定，保持大局意识，做政治上的明白人。

就个人而言，个人服从组织是全体党员、干部必须牢记的组织原则。一滴水只有融入大海才能永不干涸，每个党员、干部也只有把自己与党组织融为一体才能充分发挥真正的力量。党员个人只有服从组织、依靠组织，才能有更好的发展空间，若个人游离于组织之外，或凌驾于组织之上，不仅会对组织造成破坏，党员个人也会一步步走向歧途。党的历史与经验表明，正是千百万共产党人服从党组织、依靠党组织，听党话、跟党走，中国共产党才能越发壮大，并带领中国人民走向一个接一个的胜利。每位共产党人在加入党组织时，都对党组织进行了庄严宣誓，承诺拥护党的纲领，遵守党的章程，履行党员义务，执行党的决定，严守党的纪律，保守党的秘密。一名合格的共产党员，总能自觉地将个人置于党组织之中，把自己视为党组织肌体的细胞，坚持用党的组织原则约束自己的言行。在遇到问题时，始终把党的利益放在第一位，个人利益坚决服从组织利益。

党员个人无条件服从党组织，这种服从不是强迫全体党员、干部服从，使党员、干部迫于对纪律的敬畏和处罚威慑力而不得不服从，而是来自党员、干部因对党的制度、方针、政策的高度认同，而将个人服从组织看作引领个人行为的规范，是一种发自内心的、自觉的服从。个人服从组织，要求党员、干部必须在意志和行动两个方面都能无条件服从组织，维护和执行党的决定。部分党员、干部平时在口头上经常讲绝对服从党组织的决定和安排，但在实际工作中遇到与自身利益相关的问题时，就开始挑三拣四，跟组织讨价还价，不愿意服从组织安排。甚至有些党员、干部为攫取个人利益，不惜损害党组织和其他党员的利益。这种行为严重违反了个人服从组织原则，在党内是绝对不允许的。党员、干部对党组织的服从，在内容上主要是服从党组织的路线方针政策，以及党的纪律和规章制度，其中包括党对其他重大问题的决定等；在态度和行动上要与党组织完全保持一致，对党组织作出的决议和决定要全心全意、百折不挠地予以贯彻执行。

组织需要无数个人的集结，才能集民智、聚民心。刘少奇曾指出：中国共产党“不是混合物”，“不是乌合之众”，“不是几十万党员的简单的总合”，“而是几十万党员按照一定的组织形式和一定的规则结合起来的”①。

① 《刘少奇论党的建设》，中央文献出版社 1991 年版，第 321 页。

个人有了组织，就能够更好地发挥价值。组织的决议代表集体的利益，组织与个人的利益在本质上是一致的，但两者也可能发生冲突。个人在执行组织的决议时有两种情况：一种是组织作出正确的决议，个人必须无条件地服从和执行；另一种是组织作出的决议与实际发生偏差或决议不当，这种情况少有，但也可能存在。在此情况下，个人应及时向组织汇报和反映，在组织同意后才能进行调整和改变。有些时候，组织的决议不一定适合当下的发展或解决当前问题，但从长远和全局来看，是有利于党的整体发展的，因此个人必须无条件服从组织。

坚持个人服从组织，必须牢固树立组织观念，不断提高党性修养，强化自身组织纪律性，深刻懂得党的组织的重要性。在工作中始终将自身置于组织之中，意志和行动上无条件服从组织的决定，自觉接受组织的领导和监督，绝不能游离于组织之外，更不能凌驾于组织之上。

### （二）少数服从多数

少数服从多数是民主集中制的基本原则之一，也是党的重要组织纪律。中国共产党队伍庞大，年龄跨度大、职业分布广，党员个人的文化程度、工作经历不同，每个人的认知能力也不同，看待问题和思考问题的角度与深度也不同，便会在党组织进行讨论和作出某项决定或政策时产生不同的看法和观点，于是形成了“少数”和“多数”。这里的“少数”和“多数”不是抽象的数字概念，而是指少数人的意见和多数人的意见。“少数”与“多数”的客观存在，是一种普遍的社会现象，其表现形式不是固定的，会因具体的事物而异。党员个人对于某项决议或政策，既可能是少数党员意见，也可能是多数党员意见；可能在这次决议或政策中是少数党员意见，在下次决议或政策时变成了多数党员意见；可能在这次决议或政策时持赞成意见的党员是少数，持否定意见的党员是多数，在下次决议或政策时持赞成意见的党员是多数，持否定意见的党员变成了少数。因此，党内在讨论某项决议或制定某项政策时，产生少数党员意见与多数党员意见两种不同意见，实属一种正常现象。但是，党组织在对该项决议或政策进行充分讨论和征求意见后并开展正式表决时，需要遵循少数服从多数的原则，多数党员的意见就成了该项决议或政策通过与否的决定性意见。对于持有少数不同意见的党员，只要本人坚决执行党组织的决议或政策，就不得对其歧视或者进行追究；党组织和党员都不应强迫少数党员放弃保留意见，同时党组织要善于倾听少数党员的不同意见。正如毛泽东所指出的："党的纪律之一是少数服从多数。少数人在自己的意见被否决之后，必须拥护多数人所通过的决议。除必要时得在下一次会议再提出讨论外，不得在行动上有任何反对的表示。"①

坚持少数服从多数原则，既是党的历史经验教训的正确总结，也是维护党内团结的重要保证。就前者而言，自党的二大提出少数服从多数思想开始，中国共产党就将此作为基本原则并贯彻实施。党的历史经验教训告诉我们，只有坚持少数服从多数，才能更好地贯彻民主集中制，才能体现党的性质，保持党的先进性和纯洁性，真正地实现党内民主，充分发挥全体党员和党组织的积极性。在党的建设的历史实践中，凡是在重大决议时坚持少数服从多数、贯彻民主集中制的，党的工作就能更好地开展，党的建设成效突出。凡是搞个人主义、破坏民主集中制的，党的决议就很可能出现错误，给党和人民带来重大损失。就后者来说，少数服从多数是一种相对公正的原则，是从党的长远发展出发，能够保

① 《毛泽东选集》第1卷，人民出版社1991年版，第90页。

证大多数人的利益，能够保证党组织统一行动。从认识问题的角度来讲，多数人的意见往往正确的成分居多，按照多数人的意见作出的决议往往失误的概率较小。组织的利益从根本上来说就是大多数人的利益。若在组织进行决议时，任由少数和多数进行争论，那将很难达成一致意见，进而升级成为更大的矛盾，影响党的团结统一。若决议不服从多数人的决定，那就否定了党内民主，也否定了集中，很可能会给少数人创造专断独行的机会，导致组织的松弛瓦解。

坚持少数服从多数原则，要正确认识和处理少数与多数的辩证关系，避免陷入认识上的误区。

第一，少数服从多数不是多数人对少数人的统治。在社会主义法治国家中，民主在国体与政体中的内涵是有区别的。在国体中，民主具有阶级性，是与专政和暴力相对立的，无产阶级的民主是人民民主，少数服从多数是要实现一个阶级对另一个阶级的统治，即多数人对少数人的统治。在政体中，无论作为多数人的党员，还是作为少数人的党员，都是党的主人，都对党内一切重大事务具有决定权，党员之间的关系不是等级关系，而是平等关系。党内民主是按照少数服从多数的原则作出决议，从而决定党内一切事务的管理制度。党内没有阶级对立和冲突，也不存在谁统治谁的问题，所以党内少数服从多数不是多数人对少数人的统治。如果把党内的少数服从多数理解为统治方面的问题，就会导致阶级斗争扩大到党内，从而引起党内混乱。在这一方面，中国共产党是有历史教训的。

第二，少数服从多数不是少数服从真理。少数服从多数是党内少数党员服从多数党员的意见形成的决议，而多数党员的意见可能是正确的，也可能是不正确的，少数党员的意见也不一定都是错误的。因此，少数服从多数原则不一定是少数服从真理。如果多数党员的意见是正确的，那么少数服从多数便是服从真理；如果多数党员的意见是错误的，少数服从多数便是服从错误；即使少数党员的意见正确，少数党员也要服从多数党员的意见。少数服从多数是党统一意志、保持统一行动的保证。全体党员必须无条件服从党的决议，无论决议与自己的意见是否一致。如果少数党员不服从多数党员，就否定了多数党员的民主权利，也就否定了民主集中制。也只有坚持少数服从多数，才能从根本上防止一些少数党员搞“家长制”“一言堂”的个人专制。

第三，少数服从多数不是剥夺少数党员的民主权利。党内民主的主体不是少数党员或某个党员个人，而是全体党员。全体党员在党内政治生活中一律平等，拥有平等的地位和权利，党内平等不会因党员的职位高低、资历多少、功劳大小等有所不同，党内不允许存在拥有特权的党员。因此，无论是作为多数的党员，还是作为少数的党员，都是党的主体，享有平等的民主权利。尊重和保护全体党员的民主权利，是发扬党内民主和贯彻民主集中制的必然要求。作为少数的党员在组织作出决定前，有权向组织表达个人的观点，在作出决议后，仍有权保留自己的意见，只是在行动上必须与组织作出的决议保持一致，以维护党组织的利益，保证党的集中统一。少数服从多数的党内民主是尊重多数与保护少数的统一，并不是剥夺少数党员的民主权利。

### （三）下级服从上级

下级服从上级是指在党组织内部下级党组织对上级党组织作出的决定决议和指示坚决服从，并且认真加以贯彻执行。中国共产党拥有健全的组织体系，主要包括中央组织、地方组织和基层组织三大组成部分。

这是世界上任何其他政党都不具有的强大优势，它们是党的全面领导、党的全部工作得以实现的坚强保证。党的上级组织与下级组织是领导与被领导的关系，下级组织必须服从上级组织，上级组织要经常听取下级组织的意见。

下级服从上级是对少数服从多数的延展，两者在本质上具有一致性。上级组织是由多数党员同意选举出来的，代表多数党员的利益，上级组织作出的决议也是多数党员的意见。因此，坚持下级服从上级，就是坚持少数服从多数。坚持下级服从上级，下级组织要及时主动向上级组织请示报告，并严格服从上级组织的领导和安排。上级组织要经常征求和听取下级组织的意见，了解并尊重下级组织的权限范围，相信下级组织，保障下级组织正常行使职权，激励下级组织在职权范围内充分发挥积极性和创造性，同时做好对下级组织的思想引导工作，加强对下级组织在思想上组织上的领导。当上级组织与下级组织意见不一致时，或上级组织的决议和指示不适合当地情况时，下级组织可向上级组织提出意见和建议，可在上级组织同意后进行变更和调整，若上级组织不同意，下级组织必须严格执行上级组织的决议和指示，不得公开发表不同意见。若情况紧急，下级组织来不及请示上级组织且要立刻作出决定和指示时，下级组织可边行动边报告，或者事后报告请求批准。坚持下级服从上级，要注意避免和努力克服以下三种情形。

一是下级组织不服从上级组织。少数下级组织有令不行、有禁不止，搞上有政策、下有对策，为个人利益欺上瞒下，表面上承诺服从上级组织的决定、决议和指示，背后缓动软拖、寻找机会蒙混过关。下级组织不服从上级组织的行为严重破坏党内民主，导致上级组织的决议得不到执行和落实，危害党和国家的事业，损害人民的利益。

二是下级组织服从上级组织变成下级向上级“尽忠”。共产党员之间的关系，从本质上讲是平等的，不构成等级关系。党内组织的上下级关系，是因为党内工作分工的不同造成的，同样是建立在平等的基础上，不是不同等级的象征。在党组织内部，无论个人的资历多老、职位多高、功劳多大，都不存在“特权”党员，绝不允许存在“家长制”“一言堂”等违反党规党纪的现象。每个党员都是党的一分子，不是哪个人的仆从；每个干部都是党的干部，不是哪个人的家臣。有些党组织以及一些党员、干部把对组织的服从和忠诚转化为对上级领导和“一把手”的忠诚，把上级的决议当作真理并无条件地服从，把上下级关系理解为等级关系，搞人身依附关系，将个人的前途命运寄托在上级身上。在党内，所有党员都应该平等相待，都应该平等享有一切应该享有的权利、履行一切应该履行的义务。

三是下级组织对上级组织的决定采取实用主义态度。有的下级组织或党员接到上级组织决议和指示时，不从大局和多数人的根本利益出发，而是从本地区本部门的局部利益和少数人利益甚至个人经验或喜好出发，采用实用主义态度，搞选择性执行，合意的就执行，不合意的就拒绝执行，有的是口号喊得震天响，实际上却“按兵不动”。有的下级组织或党员、干部打着改革、创新的旗号对党中央或上级的决策部署打折扣、搞变通，美其名曰结合地方实际进行“创造性落实”和“灵活性处理”，实际上是舍不得动自己的“奶酪”和既得利益，致使党中央的决策部署在贯彻实施中严重走样。

### （四）全党服从中央

全党服从中央是指中国共产党内各个组织和全体党员服从党的全国代表大会和中央委员会。党的全国代表大会是党的最高领导机关，由它选举产生党的中央委员会，在党代会闭会期间，中央委员会代替其行使权力，执行决议，领导党的全部工作。党中央集中了全体共产党人的智慧和意志，代表全国人民的利益，全党服从中央有助于维护党的集中统一，有助于各级党组织和全体党员在政治上思想上组织上和行动上与党中央保持高度一致。在民主集中制的运行中，全党服从中央是最高原则，也是最重要的原则，是党和人民的最高利益所在。

首先，它是中国共产党在革命、建设和改革实践中长期形成的优良传统和作风，也是党领导全国人民取得巨大胜利的成功经验。新民主主义革命时期，在以毛泽东同志为核心的党中央的集中统一领导下，坚持全党服从中央，中国人民取得了新民主主义革命的胜利，建立了新中国，并通过“三大改造”，使中国进入了社会主义社会。改革开放新时期，邓小平多次强调维护党中央权威，“只有全党严格服从中央，党才能够领导全体党员和全国人民实现现代化的伟大任务而战斗”①。历史和现实反复证明，正是在党的集中统一领导下，才创造了革命、建设和改革开放的伟大成就。

其次，它是永葆党的先进性和纯洁性的重要保障。党章规定，党员必须“维护党的团结和统一，对党忠诚老实，言行一致，坚决反对一切派别组织和小集团活动，反对阳奉阴违的两面派行为和一切阴谋诡计。”②全党只有服从中央，在政治上思想上组织上和行动上与党中央保持高度一致，才能提高管党治党的效能，把党建设得更加坚强有力，筑牢党的领导核心作用。

---

① 《邓小平文选》第2卷，人民出版社1994年版，第271页。

② 《中国共产党章程》，《人民日报》2022年10月27日。

最后，它是实现中华民族伟大复兴的现实需要。中华民族伟大复兴的中国梦，不仅是国家的梦、民族的梦，更是每一位中国人的梦，体现的是全国人民的整体利益要求。这一伟大梦想只有在党的领导下才能实现，依赖于党的集中统一领导，唯有坚持全党服从中央，坚决维护党中央权威，才能更好地凝聚力量，增强党的创造力和战斗力，为党攻坚克难提供保障，为推进伟大事业和实现伟大梦想提供力量。

新形势下，面对严峻复杂的国内外环境，中国共产党面临新任务新挑战，越发需要坚持全党服从中央原则，维护党的集中统一领导。为此，一要提高政治定力。政治定力是提升党的凝聚力和战斗力的关键。提高政治定力，要强化党员的政治意识，始终把党放在第一位，把人民的利益放在最高位置，任何时候都要保持对党和人民的忠诚，筑牢责任意识和担当意识。在大是大非前能保持政治定力和敏锐的政治敏感度，自觉抵制个人主义、自由主义、拜金主义等不正之风，始终服从党中央的领导，自觉维护党中央的集中统一。二要用严明的政治纪律和政治规矩约束全党。党的纪律和规矩是刚性约束，坚持全党服从中央，要把政治纪律和政治规矩挺在前面，严格执行党的政治纪律和政治规矩，严惩破坏民主集中制、影响党的集中统一的行为。

## 三、切实遵守组织纪律

切实遵守组织纪律，是严明党的组织纪律、不断增强组织纪律性的根本要求，是维护党的集中统一的重要保障。如何切实遵守组织纪律？要在贯彻落实民主集中制原则、规范党内组织生活制度和准则、遵守党内选举制度和组织人事纪律、严肃执行党内议事规则和程序等方面下功夫。

## （一）贯彻落实民主集中制原则

民主集中制是中国共产党的根本组织制度和领导制度，是民主基础上的集中和集中指导下的民主相结合的制度。习近平总书记指出："我们党实行的民主集中制，是又有集中又有民主、又有纪律又有自由、又有统一意志又有个人心情舒畅生动活泼的制度，是民主和集中紧密结合的制度。"①民主集中制是群众路线在党的政治生活和组织生活中的运用，是党的组织纪律的核心内容，对加强党的凝聚力、提高党的战斗力、维护党的集中统一等具有十分重要的作用。

1. 民主集中制的理论渊源与实践探索

民主集中制是马克思主义政党学说的重要组成部分，是马克思主义政党的根本组织原则。1847 年 6 月，马克思恩格斯对正义者同盟进行改造，创建共产主义者同盟，并起草了《共产主义者同盟章程》，为同盟制定了新的组织原则。该组织原则强调民主，规定所有盟员一律平等，要求代表大会统一意见后作出决定。这是民主集中制思想的最初萌发。1864 年 9 月，第一国际在伦敦成立，巴枯宁倡导第一国际的支部和成员要实现自治化，用无政府主义假借自治之名妄图篡夺第一国际的领导权。马克思恩格斯为反对巴枯宁无政府主义，提出要集中，强调树立权威的重要性。第二国际时期，拉萨尔为实现个人独裁，在德国工人运动中推行机会主义，对科学社会主义理论和工人运动造成了严重危害。马克思恩格斯为与拉萨尔机会主义划清界限，强调在统一思想的基础上，加强民主制度建设，发扬民主。1891 年 2 月，恩格斯在致考茨基的信中，强

① 《习近平谈治国理政》第 3 卷，外文出版社 2020 年版，第 166 页。

调应加强对党的领导人的批评和监督："不要再总是过分客气地对待党内的官吏——自己的仆人，不要再总是把他们当作完美无缺的官僚，百依百顺地服从他们，而不是进行批评。"①恩格斯明确提出反对党内特权，反对个人凌驾于党组织之上，他说："任何一个身居高位的人，都无权要求别人对自己采取与众不同的温顺态度。"②虽然马克思恩格斯并没有直接提出党的组织原则是民主制、集中制或民主集中制，但其有关民主与集中的思想观点意义重大。

列宁是"民主集中制"概念的首创者。19 世纪末，国际上修正主义和改良主义泛滥，社会民主党力量涣散，第二国际名存实亡；俄国国内沙皇黑暗统治，人民不能自由参与国家政治生活；党内组织分散，没有形成集中统一的组织。基于这些背景，列宁强调要建立新的政党组织，采用新的组织原则——民主集中制。他认为，单独强调民主或者集中都会给党带来危害，必须将民主与集中结合起来，根据具体政治形势的变化以决定侧重于民主还是集中。在列宁看来，民主是监督权力的最好方式，党内权力监督要以充分发扬民主为基础，同时重视发挥集体领导的作用，将集体领导与个人分工负责相结合，发挥党章在维护组织统一中的重要作用，坚决与违反党章的行为作斗争。在列宁的领导下，全世界共产党和共产主义组织的国际联合组织——共产国际（亦称第三国际）于 1919 年 3 月在莫斯科成立，列宁为共产国际起草了《加入共产国际的条件》，明确规定："加入共产国际的党，应该是按照民主集中制的原则

---

① 《马克思恩格斯全集》第 36 卷，人民出版社 1974 年版，第 33 页。

② 《马克思恩格斯全集》第 38 卷，人民出版社 1972 年版，第 33、第 72—73 页。

建立起来的。”①

中国共产党是共产国际的东方支部，其组建严格遵循民主集中制原则。虽然 1921 年党的一大和 1922 年党的二大并未明确提出民主集中制原则，但在会议的实际工作中很好地体现了这一精神，特别是党的二大对组织纪律作了十分明确的规定。1927 年，党的五大正式将民主集中制确立为党的指导原则，并在《中国共产党第三次修正章程决案》中对民主集中制作了更加详细的规定。1938 年，党的扩大的六届六中全会正式提出“四个服从”原则，将其作为民主集中制的重要原则。1945 年，该原则被写入党的七大通过的党章之中，并在随后的革命、建设和改革实践中不断完善和发展，积累了丰富的历史经验。

在中国共产党历史上，民主集中制原则既有贯彻落实得好的时候，也有贯彻落实得不好的情况。如大革命时期，党对自身建设的艰巨性和复杂性、对民主与集中的关系认识不足，导致党内民主发扬不够，存在“家长制”作风。土地革命时期，王明的“左”倾教条主义以及张国焘的分裂红军、分裂中央等行径，使党内民主集中制遭到破坏，对党的建设和中国革命造成严重打击。在社会主义革命与建设时期，民主集中制理论与实践不断完善和发展，但也经历了不小曲折，特别是持续 20 年的“左”倾错误，使民主集中制遭到空前破坏，给党和国家事业带来了深刻教训。改革开放后，邓小平恢复了民主集中制原则，不断推进党和国家各项制度的完善和发展，民主集中制建设取得重大成就，党的集中统一得到进一步巩固，党的凝聚力、战斗力和创造力不断增强。党的十八大以来，以习近平同志为核心的党中央认真贯彻落实民主集中制的

① 《列宁全集》第 39 卷，人民出版社 2017 年版，第 205 页。

各项要求和具体制度，切实维护党中央权威，保证党内团结统一，并通过全面从严治党，为贯彻落实民主集中制提供了良好的环境和坚实的基础。

2. 正确处理民主与集中的关系

正确理解和科学把握民主集中制的深刻内涵，处理好民主与集中的关系，是贯彻执行民主集中制的前提。习近平总书记指出："发扬党内民主和实行集中统一领导是一致的，并不矛盾。"[①]民主集中制所内含的民主，是指党员和党组织的意愿得到充分表达以及积极性创造性得到充分发挥。民主集中制所内含的集中，是指党内重大事务按照少数服从多数的原则作出决议。民主集中制的民主，不是无限的民主，也不是不受约束的民主，是在集中指导下的民主，下级组织必须服从上级组织的指导，执行上级组织的决议和指示，否则民主就成了无政府主义，导致组织的瓦解。民主集中制的集中，不是无限的集中，也不是不受约束的集中，是在民主基础上的集中，没有民主，就不会有集中，否则就会造成个人专政或少数人专权的情况。民主和集中是辩证统一、不可分割的，只有既充分发扬民主，又实行正确集中，才能及时集中正确意见，及时纠正不正确的意见和做法。

坚持民主集中制原则，要把握好民主集中制的实质。民主集中制既不是民主制，也不是集中制，实质上是一种新型的无产阶级政党和国家的组织形式，是在现代民主制度发展过程中衍生出来的一种新型政治体制，并随着无产阶级政党和国家的发展不断完善。我们既不能错误地将它归纳到民主制或集中制的范畴，也不能将民主与集中割裂开来。关于

---

① 《习近平谈治国理政》第3卷，外文出版社2020年版，第166页。

民主集中制的错误认识，主要有两种：一种观点是将民主与集中对立起来，强调中国要引进西方民主理念，认为党内民主应遵循西方民主模式，要效仿西方国家的民主理论和实践。这种把民主与集中对立起来的观点和倾向，并没有搞清楚民主集中制的实质和内涵，没有厘清民主与集中的具体关系。另一种观点认为，在民主集中制中民主与集中各占一半，将民主集中制中的民主与集中看作两个过程的简单相加，先民主后集中。比如强调群众民主，领导集中；强调委员民主，书记集中；等等。民主集中制中的民主与集中是相互依存、相互制约、相互统一的关系，民主贯穿于党的组织生活的始终，集中也贯穿于党的组织生活的始终，两者没有时间上的前后和所占比例的大小之分。

3. 贯彻落实民主集中制的要求

坚持民主集中制原则，既能调动广大党员、干部的积极性和创造性，又能防止党内出现官僚主义现象，使全党在思想上政治上组织上保持一致，维护党的集中统一，可以有效防止和克服议而不决、决而不行的分散主义，因而是一项科学合理且有效率的制度。贯彻落实好这一制度，需要做好以下几个方面工作。

第一，加强党性教育。思想建设是价值观固本培元的根本。通过党性教育，把民主集中制原则作为党员、干部培训的重要内容，深入了解、掌握民主集中制的内涵、本质和要求，正确处理好民主与集中的关系，不断提高自身执行民主集中制的能力，将党性教育常态化、制度化。通过党性教育，提高党员、干部的政治思想水平，将贯彻落实民主集中制原则内化于心、外化于行，切实增强贯彻落实民主集中制的自觉性。

第二，发展党内民主。党内民主是党内政治生活的重要组成部分，是坚持民主集中制的基础，必须不断优化发展，保障每一位党员都能有效行使民主权利。要切实尊重党员的主体地位，按规定实行党务公开。进一步完善党的代表大会制度，通过实行代表任期制和改革党内选举制，保障党员行使民主权利的载体。完善党的集体领导和个人分工负责相结合的制度，保证领导集体对党内重大问题通过酝酿、协商、讨论，最终作出决定，以及保障个人对集体决议的贯彻执行。

第三，加强民主基础上的集中。民主是集中的基础，集中是民主的最终归宿。党的集中统一是维护党的团结、推动党的事业走向胜利的根本保证。要强化党的权威，保证全党在政治上思想上组织上和行动上始终与党中央保持一致。坚持“四个服从”原则，保证党的中央机关成为“拥有广泛的权力、得到党员普遍信任的权威性机构，只有这样，党才能履行自己的职责”①。

第四，强化党内监督。党内监督是中国共产党自我净化、自我完善的主要路径，坚持民主集中制是强化党内监督的核心。当前，党内集中不够和民主不够的问题同时存在。有的软弱涣散，我行我素、各行其是，党的路线方针政策落实不到位；有的独断专行，搞“家长制”“一言堂”，个人凌驾于组织之上，党内民主得不到充分保障，领导干部特别是“一把手”的权力受不到有效制约。习近平总书记指出：“强化党内监督，必须坚持、完善、落实民主集中制，把民主基础上的集中和集中指导下的民主有机结合起来，把上级对下级、同级之间以及下级对上级的监督充分调动起来，确保党内监督落到实处、见到实效。”②要增强全体党员、

① 《列宁全集》第 39 卷，人民出版社 2017 年版，第 205 页。

② 《习近平关于全面从严治党论述摘编》，中央文献出版社 2021 年版，第 400 页。

干部的监督主体意识和责任意识，促进党员、干部主动监督和自觉接受监督。要完善党的各级代表大会监督制度，发挥各级党的代表大会监督的重要作用。要完善党内上下级监督制度，保证上级领导和规范下级，下级敢于监督上级。通过健全党内监督机制，完善党内监督体系，使党内监督得到不断强化，对违反民主集中制的行为和倾向及时进行批评教育和纪律处分，保障民主集中制的有效贯彻落实。

### （二）加强和规范党内组织生活

共产党员必须参加党的一个组织，过严格的组织生活，自觉接受组织的监督和教育，这是马克思主义建党学说对每一位共产党员的要求和规定。党的组织生活，是党组织对党员、干部进行教育、管理和监督，保证党员、干部发挥先锋模范作用最基本的形式。习近平总书记指出："党的组织生活是党内政治生活的重要内容和载体，是党组织对党员进行教育管理监督的重要形式。一个班子强不强、有没有战斗力，同有没有严肃认真的组织生活密切相关。"①加强和规范党内组织生活，是遵守党的组织纪律的重要举措，对严明党的组织纪律、推进全面从严治党具有十分重要的意义。

1. 加强和规范党内组织生活的意义

党员参与组织生活，是增强党的组织纪律性的内在要求，能够过严格组织生活的党员，才能算是一名合格的共产党员。加强和规范党内组织生活，不仅能够提高党员素质，充分发挥党员的先锋模范作用，而且

① 《习近平关于全面从严治党论述摘编》，中央文献出版社2021年版，第230页。

对加强党的建设、保障党内团结统一具有十分重要的作用。

第一，这是提高党员素质、发挥党员先锋模范作用的需要。加强和规范党内组织生活，可以带动党员、干部学习马克思主义理论和党的路线方针政策，培养科学的思维方式，保证党员、干部在工作中学会运用马克思主义的立场观点方法去分析问题和解决问题，保证坚定理想信念、强化思想政治觉悟，自觉地执行党的路线方针政策；可以加强对党员、干部关于党的知识和党章党纪党规方面的教育，增强全党的组织纪律性，强化党员、干部的组织纪律观念，保证其能自觉遵守党的纪律，保质保量地完成党组织安排的任务，通过监督检查，不断强化党员、干部的责任担当意识，增强履行义务的自觉性；能够保障党员的主体地位，保证党员在组织生活中行使民主权利，提高党员、干部的积极性、主动性和创造性，充分发挥党员先锋模范作用。

第二，这是维护党的团结统一，提升党的凝聚力、创造力和战斗力的需要。党员是党的细胞，保持党员先进性是保证党的先进性的基础。加强和规范党内组织生活，能够提高党员的思想政治素质，保障党组织的先进性。党组织通过加强和规范党内组织生活，与党员讨论工作计划，向党员布置工作任务，并对其任务的执行进行监督，从而提高完成任务的质量，保证党的各项工作任务能够高质量完成。此外，加强和规范党内组织生活，能够保障党员权利，发扬党内民主，保持党的先进性。在组织生活中党员有条件开展批评与自我批评，不断提高自身分析问题和解决问题的能力，减少工作失误，进而为党的政治生活提供保障。

第三，这是解决党的组织生活突出问题的现实需要。新形势下，党内组织生活总体态势良好，但仍存在一些亟待解决的问题。有的党组织常年不开展组织生活，或者组织生活不规范，对组织成员缺乏管理与教育，导致一些党员、干部长期游离于组织之外；有的党组织在开展组织生活中注重形式大于内容，党员间的批评与自我批评成了相互间的表扬与自我表扬，一些干部对党员存在的问题“睁一只眼闭一只眼”，在民主生活会中搞“一团和气”，党内组织生活随意化、平淡化、娱乐化、庸俗化问题突出；有的党员在进行思想汇报时只汇报自己的工作成绩，对自身的缺点避而不谈，使得党员汇报制度流于形式；有的党员、干部对党的组织生活重视不足，在民主评议党员时泛泛而谈，对问题的解决缺乏有效措施，等等。这些突出问题的存在，要求规范党内组织生活制度和准则。

2. 加强和规范党内组织生活的要求

党内组织生活的主要形式包括“三会一课”、民主生活会、组织生活会、民主评议等。党内组织生活制度主要包括“三会一课”制度、党日制度、民主生活制度、党员汇报制度、民主评议党员制度和报告工作制度等。加强和规范党内组织生活，需要在以下方面提出要求。

第一，增强党的意识和组织观念。习近平总书记强调指出：“每个党员特别是领导干部都要强化党的意识和组织观念，自觉做到思想上认同组织、政治上依靠组织、工作上服从组织、感情上信赖组织。”[①]党员、干部参加党内组织生活，就是要通过组织生活，不断强化党性修养，增强党的意识和组织观念，牢记自己的第一身份是共产党员。党员、干部必须强化自身的宗旨意识，坚定人民立场，把人民群众的根本利益摆在首位，牢记全心全意为人民服务的宗旨。党员、干部要坚决维护党的权

① 《十九大以来重要文献选编》上，中央文献出版社 2019 年版，第 560 页。

威，牢固树立“四个意识”，始终将党、国家和人民的利益放在首位，切实维护好党的形象。

第二，坚持“三会一课”制度。“三会一课”制度是党的基层支部长期坚持的重要制度。“三会”是指定期召开支部大会、支部委员会、党小组会，“一课”是指按时上好党课。“三会一课”是加强党员日常教育管理的主要途径，对加强党员管理、健全组织生活、提高党员素质具有十分重要的作用。要继续完善和发展“三会一课”制度，坚决防止表面化、形式化、娱乐化、庸俗化，要突出政治学习和党性锻炼，保证“三会一课”常态化。

第三，坚持组织生活会和民主生活会制度。组织生活会和民主生活会是健全党的肌体、提高党员个人素质修养、增强党的战斗力的重要保证。组织生活会是党支部内部召开的会议，规定组织内全部党员都要参加，旨在交流思想、总结经验教训、开展批评与自我批评。民主生活会的主体是党员领导干部，领导干部除了参加组织生活会外，还要定期参加在领导班子中单独开展的民主生活会。

第四，坚持谈心谈话制度。谈心谈话是党员与党员之间、普通党员与领导干部之间交流思想的有效形式。谈心谈话制度是党的优良传统，对统一思想、发扬党内民主、规范党内政治生活、保持党的先进性发挥着重要作用。党组织内部要经常开展谈心谈话活动，促进党组织与干部、上级与下级经常性沟通，对干部进行科学评价。通过谈心谈话深入了解广大党员的真实情况，对有错误思想或错误倾向的党员进行及时提醒和纠正。

第五，坚持民主评议党员制度。民主评议党员制度是一项重要的党内组织生活制度，是指通过正面教育、自我教育、党员和群众评议以及党组织的考核，对广大党员在工作中的表现作出客观评议，并通过组织措施，达到激励党员、纯洁组织、整顿队伍的目的。民主评议党员制度能够提高党员党性修养，提高党员综合素质，发挥党员先锋模范作用，进而促进党员树立为民务实的良好形象。

第六，坚持请示报告制度。请示报告制度是一项重要的政治组织制度，习近平总书记指出，该制度“是执行民主集中制的有效工作机制，也是组织纪律的一个重要方面”①。请示报告制度在培养和强化党员、干部的组织观念，加强和提高党员、干部队伍的整体管理水平，防止和克服党内不良问题，维护党的集中统一，增强党的凝聚力、战斗力等方面发挥着十分重要的积极作用。

## （三）遵守党内选举制度和组织人事纪律

党内选举是指广大党员根据本人意志，遵循党章等相关规定，以投票方式选举产生党的各级领导机关和出席上一级党代会的党员代表。遵守党内选举制度是贯彻落实民主集中制的基本要求，也是发展党内民主的关键环节。党的组织人事纪律是指中国共产党关于党内干部选拔任用方面的原则和程序规定，对于提高党员、干部队伍素质，增强党的治国理政能力具有十分重要的意义。

### 1. 党内选举制度和组织人事纪律的内涵

党内选举制度是指由党章和相关文件规定的，通过选举产生各级领导机关和各级党代会的代表的制度。中国共产党历来重视党内选举制度。

---

① 《习近平关于严明党的纪律和规矩论述摘编》，中央文献出版社、中国方正出版社 2016 年版，第 40 页。

该制度在新民主主义革命时期形成和确立，在社会主义革命和建设时期曲折发展，在改革开放以后得以恢复和发展，并不断完善。党内选举制度要遵循选举权平等的原则、差额选举和无记名投票的原则，以及严格执行选举工作纪律的原则。党内选举制度要求充分体现选举人的意志，在选举时必须遵循党内选举的原则、程序、方法和其他相关规定，通过无记名投票方式，按照少数服从多数的原则作出最终决定。选举人有权了解候选人、要求变更候选人，有权放弃投票或投票给其他候选人。任何组织和个人不得强迫选举人选或不选某人。

党的组织人事纪律包括五个方面：一是干部的选拔和任用，必须坚持德才兼备、任人唯贤的原则，不能搞任人唯亲，不许利用职权拉帮结派。二是干部的任免、调动和对犯错误干部的处置，必须经过集体讨论，不得个人或少数人说了算。三是干部的任免升降，必须按照规定程序办事，不能临时动议，仓促决定提拔任职。四是不许泄露人事机密，讨好个人。五是不许违反编制规定，擅自增设机构和增加职位数量。党的组织人事纪律对保证党内选出德才兼备，符合革命化、年轻化、知识化、专业化标准的领导干部具有重要意义，能够提高干部队伍的素质，不断增强党的执政的科学性和合法性。

2. 遵守党内选举制度和组织人事纪律的重要性

党内选举制度和组织人事纪律是党的组织纪律建设的重要内容，也是坚持全面从严治党的必然要求。遵守党内选举制度和组织人事纪律，既发扬了党内民主，又保证了党员、干部队伍的素质，对提高党的治国理政能力，保持党的先进性具有十分重要的意义。

第一，这是发展党内民主的重要内容。选举是民主的第一要义，政党通过民主选举保证其权力来源的合法性。党内民主包括民主选举、民主决策、民主管理、民主监督 4 个方面，党内选举是党内民主的重要内容之一，完善党内选举制度是加强党内民主建设的必然要求。党内有选举，不一定就有党内民主，但党内民主一定离不开党内选举。党内民主不是随随便便的民主，而是一种高质量、高标准的民主。通过党内民主作出的决议、决策和指示必须是科学的、合理的，这就要求在党内选举过程中必须遵守党的组织人事纪律，保证选出的代表不仅能够代表广大党员意愿，还要保证选出的代表德才兼备、符合干部“四化”标准，能够代表全体党员正确行使权力，推进党的事业的发展。

第二，这是保障党员民主权利的重要方法。党内民主决定了全体党员都拥有选举权与被选举权。但由于中国共产党队伍庞大，每位党员不可能直接行使所有的党内权力，这就需要通过党内选举把自己的权力授予相关领导机关、领导人及其代表。全体党员通过这种形式行使权力，不仅能够体现自己作为选举人的意志，也能彰显党内民主。全体党员通过民主选举选出的代表，其人格、素质、威望等是党员民主权利得以保证的重要因素。党代表不仅要拥有德才兼备的能力，还要具有较强的人格魅力，这样才能形成强大的领导权威，使其代表的党员民主权利能够更好地实现。因此，在党内选举过程中，特别是在选人用人和领导干部选拔任用中，必须严格遵守党的组织人事纪律，不断提高干部队伍素质。

第三，这是保持党的先进性和纯洁性的重要保证。“四个服从”是民主集中制的重要内容和基本原则，实行党内民主选举制度，是民主集中制的基本要求。党内民主选举就是贯彻落实民主集中制的原则，按照“四个服从”选出代表机关和代表党员。以这种形式选举出的代表是符合绝大多数人意志的，代表绝大多数人的利益，是科学的、合理的。在选举过程中，通过党的组织人事纪律，规范党内选人用人的程序、要求和标准，保证选出的代表德才兼备、信念坚定、勤政务实、清正廉洁，进而保障党的先进性和纯洁性。

第四，这是解决党内选举制度和组织人事纪律方面问题的现实需求。当前，党内选举与干部选拔任用总体态势良好，但仍存在一些问题，急需加强和完善党内选举制度和组织人事纪律。如在党内选举过程中，少数党员为了职务升迁，私下请客送礼，甚至通过贿赂拉票，严重损害党内民主选举的健康运行；在党内选人用人方面仍存在任人唯亲、拉帮结派、弄虚作假、虚报浮夸等亟待解决的问题。这就要求不断加强党内选举制度和组织人事纪律建设，用严格党内选举制度和组织人事纪律规范党内选举与干部选拔任用。

3. 遵守党内选举制度和组织人事纪律的要求

遵守党内选举制度，首先必须完善党内选举制度，不断增强党员、干部的民主选举意识，搞好相关制度的配套衔接，并加强对党内选举的监督。

第一，增强民主选举意识。当前，一些党员、干部的民主观念不强，权利意识和民主意识缺失，对党内实行民主选举的意义认识不充分，只把党内选举当作任务完成，缺乏积极性和主动性。有些党员、干部搞“家长制”“一言堂”，普通党员畏于领导只能被迫服从领导对选举的安排，久而久之导致党内选举流于形式，严重挫伤党员参与党内选举的积极性。因此，必须规范党内选举制度，强化广大党员和领导干部对党内民主选举的意识，转变观念，切实保障全体党员享有平等的民主选举权利，保证选举充分体现选举人的意志。

第二，完善党内选举制度。当前，党内选举制度的基本框架已经确立，党内选举制度的内容也比较丰富，由于中国共产党面临的国内外环境日益复杂多变，这就要求不断对党内相关制度规则进行修改和完善。如进一步扩大直选范围，适当扩大差额选举的比例和范围，完善候选人提名制度，动态调整候选人资格，保证普通党员和人民群众的提名资格，等等。

第三，建立健全相关配套制度。一是实行罢免制。加强党内罢免制度的建设，及时罢免、更换不合适、不称职的代表和领导干部。列宁指出："任何由选举产生的机关或代表会议，只有承认和实行选举人对代表的罢免权，才能被认为是真正民主的和确实代表人民意志的机关。"[①]二是实行辞职制。对因能力不足和在工作中出现严重失误的领导干部，通过自愿辞职、引咎辞职、责令辞职等方式，解除其现有职务。

第四，加强对党内选举的监督。监督是保证党内民主的重要方式，没有监督就没有民主。要将监督贯穿于党内选举的全过程，做好选前、选中和选后的监督工作。既要加强党内监督，也要保障党外监督，保证党内选举的公平、公正、公开。遵守党的组织人事纪律，要严格选人用人标准，完善选人用人制度，优化党内政治文化生态。

第一，严格选人用人标准。领导干部任用对党内政治生活具有重要的导向作用，正确的选人用人导向，能够营造良好的政治生态，保持党内健康的政治生活和组织生活。严格选人用人标准，就是在领导干部选拔任用中，坚持任人唯贤、五湖四海，保证选出的党员、干部德才兼备、信念坚定、公道正派、勤政务实、敢于担当、清正廉洁，坚决避免领导干部"带病提拔"。

第二，完善选人用人制度。完善党内选人用人制度就是保证党员、干部在选拔、任用、考核、监督等方面形成科学完整的选人用人体系。

---

① 《列宁全集》第 33 卷，人民出版社 2017 年版，第 106 页。

一方面，通过完善领导干部选拔任用的选举制度、监督制度、考核制度、评价制度、提名制度等，健全科学合理的选任制度；另一方面，通过对党内领导干部选拔任用的内容和制度进行优化和创新，保证党内选任制度的规范性和实效性。

第三，优化党内政治文化生态。文化对人的影响是潜移默化的，良好的政治文化生态能够保障党内选人用人更好地开展。必须培育符合中国国情的民主文化，既要对中国传统政治文化进行扬弃，也要批判地吸收西方民主文化中有益的部分，进而增强党员、干部的民主文化意识和提高民主选举素养。

### （四）严肃执行党的议事规则

党的议事规则是在中国共产党内部制定的关于召开会议时应遵守的规则。完善党内议事规则，是严明党的组织纪律的重要环节，也是加强和改善党的领导的重要内容。

1. 党内议事规则的内涵

党内议事规则是围绕不同类型的党内会议设计的规则。通常来讲，党内议事遵循先议政后议事的原则，在议事中需坚持民主集中制。党内会议在讨论重大问题时，可根据会议需要吸收相关部门负责人出席，对重大问题的讨论，党员、干部必须站在全局的角度看待问题，积极发表自己的意见。在涉及全体党员利益问题时，要通过深入调查研究，做好征求各方面意见的工作。在会议进行表决时，要遵循少数服从多数的原则，保证决议代表大多数人的意见。如果在表决过程中出现意见分歧或发生争议，少数与多数的人数接近，若情况紧急，就必须按照多数意见执行，若情况不紧急，应暂缓作出决定，须进一步调查研究，在少数与多数双方交换意见后，再次进行表决。

党内议事会议应由该组织最高领导人召集并主持，一般为党委书记。党委书记不能出席会议时，可委托党委副书记召集并主持会议，若两者都不能出席会议，可将会议事宜委托于一名党委委员。除紧急会议外，会议的召开须提前通知参会党员，并将会议主题和地点一并告知。会前要做好充分准备，对重大事项要深入调查研究，听取各方面意见。会议要求半数以上组织成员到场方能正常举行，重大问题的决议须 2/3 的组织成员到场才能举行，表决时票数过半方为通过。表决方式包括口头、举手、无记名投票等。会议决定多个事项，应当逐项决定。对干部的选拔、任用、奖惩，应逐个讨论表决。相关党员必须做好会议记录，对重大问题的研究和发言需如实记录备案。全体党员对会议中不需公开传达的内容、意见、决定等，要自觉保密。

2. 严肃执行党内议事规则的意义

第一，这是民主集中制的重要环节。建立健全党内议事规则，并保证其严格执行，是民主集中制原则得以有效贯彻落实的重要保证。执行党内议事规则要贯彻“集体领导、民主集中、个别酝酿、会议决定”的方针，会议表决时遵循少数服从多数的原则，这与贯彻落实民主集中制的要求具有一致性。按照民主集中制原则，制定党内议事规则，就是把来自实践、来自基层党员和党组织的各种意见和建议集中起来，在民主议事的基础上进行科学决策。这是民主集中制在党的政治生活和组织生活中具体化、制度化、规范化的重要体现。

第二，这是发展党内民主的必然要求。发扬党内民主要求党员和党组织的意见、主张能在党内充分表达，党员的积极性和创造性得到充分发挥。党内议事规则是规范党内会议召开和运行的相关规则，保证党内民主选举的权利，按照少数服从多数的原则作出党内决议，确保党的决议符合大多数党员的利益，同时为党员真正实现民主管理和民主监督提供保障。因此，严格执行党内议事规则，既规范了党内民主选举、民主决策、民主管理和民主监督，又保障了党员民主权利的实现，维护了党内民主的发展。

第三，这是加强党的领导的重要内容。党的路线方针政策的制定与实施，最终都要通过党的议事和决策来完成，都要有科学有效的党内议事规则和程序提供支持和保证。党内议事规则和程序是否健全完善，直接影响党的领导水平和领导能力的提升。严格的党内议事规则，能够增强党员与党员、党员与领导干部之间的沟通联系，减少党内意见分歧，维护党的集中统一，不断提高党的凝聚力和战斗力。反之，党内议事规则不明晰，重大问题界限不清，办事程序混乱，必然影响党内民主建设，损害党内团结。此外，健全和完善党内议事规则，能够推动党的领导方式和方法不断改进，不断提高党的领导能力和驾驭各种风险的能力。

3. 严肃执行党内议事规则的要求

综观党委系统中的议事规则，单从数量来看，县级党委出台的议事规则最多，市级和省级次之。当前党内议事规则存在的问题主要有：已有议事规则陈旧，不足以应对新情况、新问题；议事范围过于宏观笼统，决议事项不具体不明确，议事规则操作性不强；配套制度不完善，约束力不够；决策执行力不严格；等等。因此，各级党组织不但要建立健全党内议事规则，还要严肃执行党内议事规则。

第一，及时制定和完善党内议事规则。对于尚未制定和实施党内议事规则的各级党组织而言，要求其领导机关根据党章和相关党内法规，及时制定议事规则，培养党员的规则意识和规则习惯，进一步增强党员的公平、正义、平等、法治意识，巩固党组织集中统一。对于已经出台党内议事规则的各级党组织而言，要不断对其议事规则进行细化和完善。当前，有的党组织依然存在着议事规则比较粗糙、重大事项界限不够明确、议事程序不够清晰、表决方式单一笼统等问题。这些问题必将影响组织内部团结，在一定程度上削弱组织的凝聚力和战斗力。因此，各级党组织必须不断健全和完善已有的议事规则，细化具体规定和措施，保证议事规则和议事程序明确、清晰。

第二，保证党内议事规则的贯彻执行。议事规则制定后，班子成员必须严格遵照执行，任何个人无权改变集体决策，如果有不同意见，可以保留，同时按照组织程序向上级反映，但在上级党组织没有作出新的决策之前，应无条件执行。班子作出某项决策后，班子成员按分工和职责不同组织实施，制定实施方案；如果在执行过程中发现新情况新问题需要对方案进行完善，或是遇到决策存在重大失误、不宜继续执行等情况需要对决策内容进行重大调整，应及时向党组织报告，并重新按规则履行决策程序。

第三，加强对党内议事规则执行情况的监督。为保障党内议事规则得以合理有效运行，需要对其执行情况进行全程全方位监督。一是通过制定情况通报制度、考核评议制度、信息反馈制度等党内系列规章制度，充分发挥制度监督的功效。二是通过专项督查、随机抽检、同步检查等方法，加强对党内议事规则的执行力的跟踪监督。三是通过落实主体责任，加强对党组织“一把手”的监督，把“一把手”执行党内议事规则情况作为年终领导班子考核的重要内容。四是对于违反党内议事规则、个人或者少数人决定重大问题的党组织或个人，给予相应的党的纪律处分。

# 第五章 使纪律真正成为带电的高压线

制定纪律的目的在于有效地遵守和执行它，起到约束和规范行为的作用。全面从严治党过程中，有时不是缺少纪律和规矩，而是缺乏严格遵守和执行纪律和规矩的良好习惯。把党纪党规的权威性和严肃性在全党树立起来、严格起来，使纪律真正成为管党治党的尺子，成为带电的高压线，需要增强制度的执行力，贯通运用监督执纪“四种形态”，把“两个责任”落到实处。

## 一、加大执纪监督力度

古人云："盖天下之事，不难于立法，而难于法之必行。"任何一项党纪党规，不论其制定的内容如何科学、程序如何严密、配套如何完备，如果只是写在纸上、贴在墙上、挂在嘴上，没有发挥其规范性和约束性作用，没有得到很好的遵守和贯彻执行，就会成为一个花瓶、一纸空文，如同有人用"处处高压线，就是不带电"形容某些地方或单位部门管党治党不严、有纪有规不循的现象一样。习近平总书记指出："法规制度的生命力在于执行"，"现在，我们有法规制度不够健全、不够完善的问题，但更值得注意的是已有的法规制度并没有得到严格执行"。[①]加大执纪监督力度，是保障党纪党规执行力得以提升和有效落实的重要手段。只有给党纪党规接通"高压线"，才能令少数心存侥幸的党员、干部心存敬畏、望而却步，才能让党员、干部真切感受到制度"长牙"、纪律"带电"。习近平总书记指出："要加强对干部经常性的管理监督，形成对干部的严格约束。没有监督的权力必然导致腐败，这是一条铁律。"[②]通过加强纪委监督权的相对独立性、推进纪检监察工作的法治化建设、促进各类监督间贯通形成合力等举措，不仅可以加大执纪监督工作力度，而且可以推进新时代全面从严治党建设走向深入。

---

① 《习近平关于严明党的纪律和规矩论述摘编》，中央文献出版社、中国方正出版社2016年版，第88—89页。

② 《习近平关于严明党的纪律和规矩论述摘编》，中央文献出版社、中国方正出版社2016年版，第110页。

## （一）保证纪委监督权的相对独立性

长期以来，我国纪检工作实行双重领导体制，即党的中央纪律检查委员会在党的中央委员会领导下进行工作，党的地方各级纪律检查委员会和基层纪律检查委员会在同级党的委员会和上级纪律检查委员会双重领导下开展工作。这一体制充分考虑到中国共产党作为执政党的特殊性以及监督执纪的复杂性，突出优点在于，把党的各级纪律检查机关置于同级党委的领导之下，不仅有利于各级党委根据实际情况指导纪律检查委员会工作，同时有利于上级纪律检查委员会领导和监督下级纪律检查委员会工作，使各级纪律检查委员会相对独立地开展工作和行使职权，从而在制度上保证纪律检查委员会对同级党委及其成员的监督和检查。这一体制的不足之处在于，由于上级纪律检查委员会只承担下级纪律检查委员会的业务指导，而人事权、财政权等方面指导特别是纪律检查委员会的书记和副书记的任命、选拔和考核等权力大多掌握在同级党委手中，这就极易造成监督体制上的困境，即同级监督缺乏应有的独立性和权威性，往往监督失之于宽、失之于松、失之于软。

党的十八大以来，以习近平同志为核心的党中央，深化党的纪律检查体制改革，推进纪律检查工作双重领导体制具体化、程序化、制度化，提高纪检机关的相对独立性和权威性，切实做到“两个为主”：一是在查办案件报送范围及报送机关方面，“查办腐败案件以上级纪委领导为主，线索处置和案件查办在向同级党委报告的同时必须向上级纪委报告”①；二是在纪检书记及副书记的提名、考察和任用方面，“各级纪委书记、副

① 《十八大以来重要文献选编》上，中央文献出版社2014年版，第532页。

书记的提名和考察以上级纪委会同组织部门为主”[①]。

上述“两个为主”中，就前者来说，在原来的习惯性程序中，不少地方纪委在查办重大腐败案件或发现重大腐败案件线索时，必须先向同级党委报告，在征得同意后方可进行查处。新的改革措施要求，线索处置和案件查办在向同级党委报告的同时必须向上级纪委报告，这会对同级党委形成某种制约和压力，自然不能轻易地停止对案件的查办，有利于推动对腐败案件的查处。就后者来说，各级纪委书记、副书记的提名和考察以上级纪委会同组织部门为主，改变了此前各级纪委书记和副书记一般以同级党委提名和考察为主的状况，有利于加强他们同上级纪委的沟通和联系，从而更加大胆地履职尽责。总体来看，“两个为主”的创新性举措，弥补了双重领导体制实施过程中在具体工作机制上的尴尬和不足，既保证了党对反腐败工作的领导，坚持了党管干部的原则，同时保证了各级纪委监督权的行使，有利于加大反腐败工作的力度。

推进党的纪律检查体制改革创新，提高纪检机构的相对独立性和权威性，同时切实做到“两个全覆盖”：一是在派驻纪检机构范围及管理上的“全覆盖”，即“全面落实中央纪委向中央一级党和国家机关派驻纪检机构，实行统一名称、统一管理”[②]；二是在巡视工作范围上的“全覆盖”，即“改进中央和省区市巡视制度，做到对地方、部门、企事业单位全覆盖”[③]。

就第一个“全覆盖”而言，主要目的在于建立起中央一级派驻机构

① 《十八大以来重要文献选编》上，中央文献出版社2014年版，第532页。

② 《十八大以来重要文献选编》上，中央文献出版社2014年版，第532页。

③ 《十八大以来重要文献选编》上，中央文献出版社2014年版，第532页。

都由上级纪委统一领导的格局。作为派驻机构的纪检部门，代表上级纪委对下级党组织和领导干部进行监督，可以消除在排位、称谓上面临的监督尴尬局面，同时有助于强化党的自我监督，使党内监督不留死角、没有空白。2015 年 11 月，中共中央办公厅印发《关于全面落实中央纪委向中央一级党和国家机关派驻纪检机构的方案》，明确中央纪委共设置 47 家派驻机构，其中，综合派驻 27 家、单独派驻 20 家，实现对 139 家中央一级党和国家机关派驻纪检机构“全覆盖”。以十八届中央为例，自 2013 年 5 月第一轮巡视工作启动，到 2017 年 6 月最后一轮巡视反馈结束，党中央总共开展了 12 轮巡视，巡视了 277 个党组织，对 16 个省区市进行“回头看”，对 4 个中央单位开展“机动式”巡视，实现了党的历史上首次一届任期内对省区市地方、中央和国家机关、国有重要骨干企业、中央金融单位和中管高校的中央巡视全覆盖，并在巡视中发现了一批领导干部违纪违规的问题线索。以十九届中央为例，自 2018 年 2 月第一轮巡视工作启动，到 2022 年 7 月最后一轮巡视反馈结束，历时 5 年，中央总共开展了 9 轮巡视，实现一届任期内中央对省区市地方、中央和国家机关、国有重要骨干企业、中央金融单位和中管高校等 282 个党组织的巡视全覆盖。在十八届中央纪委立案审查的中管干部案件中，超过 60% 的问题线索来自巡视，直接推动查处了山西腐败案、湖南衡阳破坏选举案、四川南充拉票贿选案、辽宁拉票贿选案等一系列重大案件，形成极大的震慑和警示效果。

就第二个“全覆盖”来说，省、自治区、直辖市巡视是构建巡视监督立体化格局的重要基础。2017 年 7 月，中共中央在新修订的《中国共产党巡视工作条例》中对省区市巡视对象和范围作了重新界定，将“市（地、州、盟）、县（市、区、旗）党委和人大常委会、政府、政协党组领导班子及其成员，市（地、州、盟）中级人民法院、人民检察院和县（市、区、旗）人民法院、人民检察院党组主要负责人”，以及“省、自治区、直辖市党委工作部门领导班子及其成员，政府部门、人民团体党组（党委、党工委）”，“省、自治区、直辖市管理的国有企业、事业单位党委（党组）”，“省、自治区、直辖市党委要求巡视的其他单位的党组织”领导班子及其成员，纳入省、自治区、直辖市党委巡视组的巡视对象和范围。同时要求，“党的市（地、州、盟）和县（市、区、旗）委员会建立巡察制度，设立巡察机构，对所管理的党组织进行巡察监督”。[①]在此基础上，纪检机关还可以开展专项巡视，“派出巡视组的党组织可以根据工作需要，针对所辖地方、部门、企事业单位的重点人、重点事、重点问题或者巡视整改情况，开展机动灵活的专项巡视”[②]。这些举措，推动着纪检监督对象不断向基层延伸，向各个领域深入，层层传导压力，提升巡视全覆盖的综合效应。

### （二）推进纪检监察工作法治化建设

推进纪检监察工作法治化建设，是加大执纪监督问责力度的必由之路，也是推进国家治理体系和治理能力现代化建设的内在要求。长期以来，因为缺乏对纪检监察工作的法治化思维及其治理举措，导致大量违纪违规违法行为只是受到党纪政纪处理，并没有受到法律责任的追究，造成纪律执行过程中的规范性和约束力不强。为此，需要加强纪检监察工作的法治化建设，将执纪与执法相结合，增强制度执行的力度。

---

① 《十八大以来重要文献选编》下，中央文献出版社 2018 年版，第 771 页。

② 《十八大以来重要文献选编》下，中央文献出版社 2018 年版，第 776 页。

1. 推进纪检监察法规制度体系建设

纪检监察法规制度是中国特色社会主义制度的重要组成部分。善于运用法治思维和法治方式推进纪检监察工作，促进纪检监察法规制度体系化建设和法治化发展，是实现纪检监察工作高质量发展的内在要求。党的十八大以来，以习近平同志为核心的党中央高度重视纪检监察法规制度建设，制定和颁布了一大批重要的党纪党规和国家法律，基本上形成了比较完善的纪检监察法规制度体系，为全面从严治党、深化纪检监察体制改革、推动纪检监察工作深入发展提供了制度保障。但不容忽视的是，纪检监察工作仍存在着与法律法规衔接不畅、相互矛盾甚至相互冲突的地方，这些必然会影响到制度执行的实际效果。

为此，需要严格落实党内法规与国家法律法规，紧密结合纪检监察工作实际，统筹谋划、积极推进纪检监察法规制度的制定工作，努力形成系统集成、务实管用的制度规范体系，统筹做好纪检监察法规制度的全链条工作。一要在已有“四梁八柱”的基础上继续添砖加瓦，推动纪检监察法规制度更加成熟更加定型。二要全面推进纪检监察工作的组织机构、职责权限、程序要求等方面法治化，努力提升纪检监察工作的规范化、法治化和正规化水平。三要加强纪检监察法规制度与其他法规制度的相互衔接与联动，推进系统集成，处理好执行纪检监察法规制度与落实其他法规制度的关系，发挥好纪检监察法规制度的监督保障作用，为其他法规的落实提供刚性的纪律约束。[①]

---

① 中央纪委国家监委法规室：《认真谋划和高质量推进纪检监察法规制度建设》，《中国纪检监察报》2022年第5期。

### 2. 强化纪检监察干部依法履职能力

纪检监察机关是党内监督和国家监督的专责机关，而纪检监察干部是党内监督和国家监督的纪律部队，是推动新时代纪检监察工作高质量发展的关键。党的十八大以来，以习近平同志为核心的党中央，高度重视纪检监察干部队伍建设，作出一系列重要指示，强调要“努力建设一支政治素质高、忠诚干净担当、专业化能力强、敢于善于斗争的纪检监察铁军”[①]，以提升纪检监察干部的依法履职能力。

第一，加强政治统领，在维护政治纪律上下功夫。纪检监察机关是政治机关，纪检监察干部是政治干部，纪检监察机关的政治属性及其所承担的特定职责，决定了纪检监察干部必须把政治建设放在突出位置，永葆政治本色，当好党和人民的忠诚卫士。习近平总书记指出：“纪检监察机关肩负着党和人民重托，必须牢记打铁必须自身硬的政治要求，增强‘四个意识’，坚定‘四个自信’，始终自觉在思想上政治上和行动上同党中央保持高度一致，自觉接受党和人民监督，严格依纪依法，及时打扫庭院、清理门户，努力建设让党中央放心、人民群众满意的模范机关。广大纪检监察干部要克己慎行、守住底线，坚定理想信念，提高政治能力，加强自我约束，增强专业能力，强化纪法思维特别是程序意识，主动接受组织监督，在遵纪守法、严于律己上作表率，做党和人民的忠诚卫士。”[②]

---

① 《习近平在十九届中央纪委五次全会上发表重要讲话强调　充分发挥全面从严治党引领保障作用　确保“十四五”时期目标任务落到实处》，《人民日报》2021年1月23日。

② 《习近平在中共中央政治局第十一次集体学习时强调　持续深化国家监察体制改革　推进反腐败工作法治化规范化》，《人民日报》2018年12月15日。

第二，加强自我监督，在维护队伍纯洁上有作为。纪检监察机关不是天然的保险箱，监察权是把“双刃剑”，也要关进制度的笼子，自觉接受党和人民监督。纪检监察干部没有天然的“免疫力”，由于纪检监察干部身处正风肃纪反腐的第一线，时刻面临着腐蚀和反腐蚀的风险考验，因而更易成为一些别有用心之人的“围猎”对象。作为纪检监察工作的领导者、管理者和监督者，纪检监察干部要以身作则、以上率下，发挥模范带头作用，以更高的标准、更严的纪律要求自己，自觉接受最严格的约束和监督，时刻恪守纪法底线，慎勿触碰“雷区”和“红线”。要求其他公职人员做到的，纪检监察干部必须首先做到，坚决不能滥用职权、以权谋私，特别是不能搞选择性监督、随意执纪调查、任性问责处置。

## （三）加强各类监督间贯通形成合力

加大执纪监督力度，需要强化系统思维，打破条块分割的监督格局，理顺各监督之间的相互关系，做到各司其职又密切配合，分工负责又相互支持、相互衔接、相互贯通。党的十九届四中全会指出，要健全党和国家监督制度，“推进纪律监督、监察监督、派驻监督、巡视监督统筹衔接，健全人大监督、民主监督、行政监督、司法监督、群众监督、舆论监督制度，发挥审计监督、统计监督职能作用。以党内监督为主导，推动各类监督有机贯通、相互协调”①。习近平总书记强调：“党内监督在党和国家各种监督形式中是最根本的、第一位的，但如果不同有关国家机关监督、民主党派监督、群众监督、舆论监督等结合起来，就不能形成

① 《十九大以来重要文献选编》中，中央文献出版社 2021 年版，第 295 页。

监督合力。”[①]习近平总书记的概括，明确地提出了各类监督之间的贯通和结合问题，加快形成监督合力。

1. 坚持以党内监督为主导

党的十八大以来，以习近平同志为核心的党中央高度重视党内监督，不断强化对权力运行的制约和监督，提出了一系列富有创造性的新战略新举措。2013 年 1 月，习近平总书记在十八届中央纪委二次全会上提出：“要加强对权力运行的制约和监督，把权力关进制度的笼子里。”[②]同年 11 月，党的十八届三中全会指出：“必须构建决策科学、执行坚决、监督有力的权力运行体系”，“加强和改进对主要领导干部行使权力的制约和监督”。[③]这是党在新时代对权力本质认识的深化，是党在加强权力运行制约和监督方面的有益探索。2016 年 10 月，党的十八届六中全会制定《关于新形势下党内政治生活的若干准则》和修订《中国共产党党内监督条例》，对新形势下加强党内监督作了顶层设计，成为规范党内监督的基本法规。2018 年 2 月，党的十九届三中全会审议通过《深化党和国家机构改革方案》，其中首条就是组建国家监察委员会，目的在于构建起党统一领导、全面覆盖、权威高效的监督体系，形成以党内监督为主、其他监督相贯通的监察合力。2019 年 10 月，党的十九届四中全会对坚持和完善党和国家监督体系作出重大制度安排，标志着党对长期执政条件下推进自我革命、永葆先进纯洁的认识达到新的高度。

总之，经过多年的建设和发展，党中央逐步构建起以党内监督为主导、各类监督贯通协调的体制机制，党和国家监督体系实现了理论突破

---

① 《十八大以来重要文献选编》下，中央文献出版社 2018 年版，第 463 页。
② 《十八大以来重要文献选编》上，中央文献出版社 2014 年版，第 136 页。
③ 《十八大以来重要文献选编》上，中央文献出版社 2014 年版，第 531 页。

和实践创新，为加强党的全面领导，推进国家治理体系和治理能力现代化提供了强大支撑。在党和国家的监督体系中，党内监督是最根本的、第一位的，离开了党内监督，必然导致党的领导弱化、党的建设缺失、全面从严治党乏力。健全党和国家监督体系，关键在于发挥党内监督主导作用，不断增强向体内病灶开刀的自觉性，使积极开展监督、主动接受监督成为全党的自觉行动。只有以党内监督带动其他监督、完善监督体系，才能与其他各类监督相结合，同向发力、形成合力，为全面从严治党提供有力制度保障。

2. 推进“四大监督”统筹衔接

“四大监督”是指纪律监督、监察监督、派驻监督、巡视监督。纪律监督是党内监督的基本形式，在党内监督中具有十分重要的地位和作用，主要任务是对党的各级组织、全体党员、领导干部遵守党的政治纪律、组织纪律、廉洁纪律、群众纪律、工作纪律、生活纪律等情况的监督。监察监督是党内监督的延伸和拓展，是党和国家监督体系的重要组成部分，主要任务是对所有行使公权力的公职人员履行职责、行使权力等情况的监督。派驻监督是上级纪委监委对下级党组织和领导干部的监督，是纪委监委监督全覆盖的重要方式，主要任务是对驻在部门党员干部特别是领导班子及其成员以及相当职务层次干部遵纪守法、履职尽责等情况的监督。巡视监督是全面从严治党的重大举措和党内监督的战略性制度安排，是上级党组织对下级党组织坚持党的领导、履行党的领导职责等情况的监督。巡视监督坚持常规巡视与专项巡视相结合，采用“三个不固定”[①]

① “三个不固定”即巡视组长不固定，巡视地区和单位不固定、巡视组与巡视对象关系不固定。

和巡视组长“一次一授权”等，积极探索“回访式”“巡查式”“机动式”“点穴式”等巡视新方式，不断增强巡视工作的规范性和实效性。“四项监督”目标任务一致、职能职责功能互补，各有侧重、各具优势，具有内在统一性和高度协同性，需要将它们有机地统筹和衔接起来。

党的十八大以来，以习近平同志为核心的党中央着眼于党和国家的长治久安，从“两个大局”高度抓深抓实纪检监察制度改革，初步形成了“四大监督”全覆盖的权力监督格局，监督合力日益彰显，治理效能不断释放，构成了党和国家监督体系的独特优势。同时也要看到，“四大监督”格局还处在从有形到有效的结构性重塑阶段，尚存在着信息共享机制不完善、力量配备不合理、职责边界不清晰、工作协调不到位等问题，还存在着定位不准、抓手不多、办法不灵等问题。大力推进“四大监督”统筹衔接，不是将各项监督简单叠加起来，而是在保持各自监督职责的基础上，打破各监督之间的壁垒和鸿沟，实现不同监督力量的再整合、监督职责的再强化、监督效果的再夯实，建立健全监督统筹管理体制、重点监督联动机制、监督信息互通机制、监督成果共享机制等，把纪检监察体制改革持续引向深入。

3. 健全“六大监督”制度

这“六大监督”包括人大监督、民主监督、行政监督、司法监督、群众监督和舆论监督。

人大监督是指人民代表大会及其常务委员会的监督权，是宪法和法律赋予国家权力机关的重要职责。人大监督要按照正确监督、有效监督、依法监督的原则，推动宪法和法律全面实施，确保行政权、监察权、审判权、检察权的依法行使，支持人大及其常委会通过询问、质询、执法检查、听取和审议工作报告等履行监督职权。

民主监督是指人民政协、各民主党派、各人民团体对共产党和国家机关工作所进行的监督，主要围绕党和国家大政方针、重大改革举措、重要决策部署贯彻执行情况，涉及人民群众切身利益的实际问题解决落实情况，以及国家机关及其工作人员遵纪守法、加强作风建设、密切联系群众、开展党风廉政建设等情况提出意见、批评和建议等，将党派监督、社会监督、群众监督有机地整合于一体。

行政监督是上级行政机关对下级行政机关及其工作人员的监督，纪检监察机关与行政执法部门要加强沟通交流，建立起协作配合常态化、制度化工作机制，构建“高效沟通、信息共享、整体协作”的工作格局，规范纪检监察机关与行政执法机关执纪执法用权。

司法监督是国家司法机关依据法定职权、依照法定程序对法律实施情况进行监督，要继续健全信息沟通、线索移交、措施配合、成果共享、工作协同等机制，实现法治理念、法治原则、工作职责、案件管辖、权限措施、工作程序、证据要求、处置政策以及反腐败国际合作等各方面的顺畅衔接。

群众监督是党的群众路线在实际工作中的贯彻和运用，要充分保障群众知情权，推进党务公开、政务公开、财务公开，畅通群众反映意见建议和检举控告渠道，及时反馈办理情况，回应人民群众关切，调动群众监督的积极性。

舆论监督是人民群众通过各种舆论媒介对国家和社会进行的监督，纪检监察机关要适应信息化时代的新特点新要求，不断提高纪检监察工作透明度，注重从舆情动态中掌握社情民意、发现问题线索、科学处理应对，通过对典型案例进行曝光剖析，发挥警示作用，为全面从严治党营造良好舆论氛围。

4. 发挥审计和统计监督职能

审计监督是指国家审计机关依法审核检查国家行政机关及企事业单位的财政财务收支的真实性、合法性活动，是宪法和法律赋予审计机关的权力，也是审计机关的基本职责。审计监督不仅可以发挥经济体检作用，同时为纪委监委执纪执法提供重要支撑。纪检监察机关要加强与审计机关的协作配合，建立定期会商、重要信息和问题线索移送机制，及时研究审计中发现的问题、提出的建议，及时将经济责任审计结果运用于党风廉政建设考核等方面。

统计监督是指对政策、计划的执行情况进行检查和监管，是党和国家监督体系的重要组成部分，是政府统计工作的一项基本职能，在准确监测评价经济运行状况、服务保障经济社会发展方面发挥了重要作用。要充分发挥好统计监督职能，推动统计监督与其他各项监督有机衔接和相互贯通，“加强统计机构与纪检监察机关和组织人事等部门的工作协调，把统计监督与党管干部、纪检监察、追责问责结合起来”[①]；将统计监督结果及整改情况作为领导干部考核、评价、任免和奖惩的重要参考；同时建立起统计机构与政府经济管理部门的协调联动机制，推动信息共享，实施综合评价，加强结果运用，确保统计监督提出的措施建议落地见效。

总之，以党内监督为主导，推动各类监督贯通协调，符合党情国情，具有强大生命力，有利于完善党和国家监督体系，有利于统筹推进纪检监察体制改革，有利于增强监督合力、释放监督效能，必须长期坚持并不断巩固发展。

---

① 中共中央办公厅、国务院办公厅：《关于更加有效发挥统计监督职能作用的意见》，《人民日报》2021 年 12 月 22 日。

## 二、精准运用监督执纪“四种形态”

2015年9月，时任中共中央政治局常委、中央纪委书记王岐山在福建听取党员和群众代表对修订《中国共产党廉洁自律准则》和《中国共产党纪律处分条例》的意见建议时，首次明确提出监督执纪“四种形态”概念，他说：“发挥党的领导核心作用，落实管党治党主体责任，严明政治纪律和政治规矩、组织纪律，要运用好监督执纪的‘四种形态’。”这“四种形态”具体内容是：“党内关系要正常化，批评和自我批评要经常开展，让咬耳扯袖、红脸出汗成为常态；党纪轻处分和组织处理要成为大多数；对严重违纪的重处分、作出重大职务调整应当是少数；而严重违纪涉嫌违法立案审查的只能是极少数。”王岐山指出：“这‘四种形态’都是为了惩前毖后、治病救人”，“要在思想认识、责任担当、方法措施上跟上中央要求，把纪律和规矩挺在前面，把握运用监督执纪‘四种形态’，以严明的纪律推进全面从严治党”。[①]

此后，监督执纪“四种形态”开始陆续体现在多部党内法规中，表述上也予以固化。2016年10月，党的十八届六中全会审议通过的《中国共产党党内监督条例》第七条对“四种形态”重新作了定义：“党内监督必须把纪律挺在前面，运用监督执纪‘四种形态’，经常开展批评和自我批评、约谈函询，让‘红红脸、出出汗’成为常态；党纪轻处分、组织调整成为违纪处理的大多数；党纪重处分、重大职务调整的成为少

---

① 《王岐山在福建调研时强调　全面从严治党　严明党的纪律　把握运用监督执纪“四种形态”》，《人民日报》2015年9月27日。

数；严重违纪涉嫌违法立案审查的成为极少数。”[①]这是监督执纪“四种形态”首次被写入党内法规，并且概括更加准确规范。

2017年初，中央纪委办公厅印发《纪检监察机关监督执纪“四种形态”统计指标体系（试行）》，共设置了5类56项统计指标。将谈话函询了结、“面对面”初步核实了结、诫勉谈话等14种“红脸出汗”的情形设置为第一种形态指标，将党内警告、党内严重警告、免职等21种纪律轻处分和组织调整措施设置为第二种形态指标，将撤销党内职务、留党察看、开除党籍等12种纪律重处分和重大职务调整措施设置为第三种形态指标，将纪检监察机关立案审查后移送司法机关等2种严重违纪涉嫌违法的情形设置为第四种形态指标。此外，还设置7项辅助性指标，从不同侧面反映实践“四种形态”的发展趋势和总体成效。这些为统计和反映纪检监察机关运用监督执纪“四种形态”的情况提供了依据。

2017年10月，党的十九大党章的“党的纪律”部分第四十条规定：“运用监督执纪‘四种形态’，让‘红红脸、出出汗’成为常态，党纪处分、组织调整成为管党治党的重要手段，严重违纪、严重触犯刑律的党员必须开除党籍。”[②]这是监督执纪“四种形态”首次被正式写入党章。习近平总书记在党的十九大报告中强调，要“坚持开展批评和自我批评，坚持惩前毖后、治病救人，运用监督执纪‘四种形态’，抓早抓小、防微杜渐。”[③]2018年8月，新修订的《中国共产党纪律处分条例》第五条对监督执纪“四种形态”同样作出规定。2020年1月，习近平总书记在

① 《十八大以来重要文献选编》下，中央文献出版社2018年版，第442页。

② 《中国共产党历次党章汇编（1921—2017）》，中国方正出版社2019年版，第31页。

③ 《十九大以来重要文献选编》上，中央文献出版社2019年版，第47页。

十九届中央纪委四次全会上指出："充分运用'四种形态'提供的政策策略，通过有效处置化解存量、强化监督遏制增量，实现政治效果、纪法效果、社会效果有机统一。"①2022年10月，十九届中央纪委向党的二十大的工作报告中指出："坚持惩前毖后、治病救人，注重纪法情理贯通融合，将'四种形态'从监督执纪向监察执法拓展。精准把握事实证据、思想态度、纪法标准，统筹运用党性教育、政策感召、纪法威慑，整体提高监督执纪执法质量。"②

监督执纪"四种形态"是对党的十八大以来以习近平同志为核心的党中央管党治党实践经验的深刻总结，是新时代党的纪律检查机关开展监督执纪问责的基本遵循，是对各级党组织全面从严治党的必然要求。它涵盖了监督执纪从批评教育到移送司法的广阔地带，充分体现了党坚持惩治与教育相结合的方针，实现了威慑与感化、执纪与执法的有机结合，在维护党规党纪严肃性的同时，也教育和警示了全党。

## （一）让批评与自我批评成为常态

监督执纪"四种形态"的第一种形态，即经常开展批评和自我批评、约谈函询，让"红红脸、出出汗"成为常态。进一步言之，这就是要求各级党组织对党员、干部存在的苗头性问题给予批评教育的执纪监督方法，目的在于早发现、早干预、早治疗，防止违反党纪党规行为进一步恶化。善于运用第一种执纪形态，必须在各级党委的组织下明确日常执

① 《习近平关于全面从严治党论述摘编》，中央文献出版社2021年版，第383页。

② 《十九届中央纪律检查委员会向中国共产党第二十次全国代表大会的工作报告》，《人民日报》2022年10月28日。

纪的监督责任人，承担落实第一种形态的工作职责，特别是运用好党内民主生活会，多开展批评与自我批评，对于存在违纪苗头的党员、干部应通过提醒谈话、约谈方式，指出问题所在，并提出整改建议，帮助其纠正思想上的困惑和行为上的偏差。

1. 批评与自我批评是党的优良作风

马克思主义经典作家十分关注无产阶级政党的批评和自我批评问题。1891 年 2 月，恩格斯给考茨基的信中谈到党的批评与自我批评的重要性："这种无情的自我批评引起了敌人极大的惊愕，并使他们产生这样一种感觉：一个能够这样做的党该具有多么大的内在力量啊！"[①]列宁在建设俄国布尔什维克政党时，同样强调党内批评的重要性，他说："一个政党对自己的错误所抱的态度，是衡量这个党是否郑重，是否真正履行它对本阶级和劳动群众所负义务的一个最重要最可靠的尺度。公开承认错误，揭露犯错误的原因，分析产生错误的环境，仔细讨论改正错误的方法——这才是一个郑重的党的标志，这才是党履行自己的义务。"[②]在列宁看来，党内自我批评是检验政党是否合格的重要尺度。

中国共产党之所以是伟大、光荣、正确的党，不在于她从来不犯错误，而在于她从来不讳疾忌医。因为她具有批评与自我批评的自觉，具有知错就改和自我纠错的能力。与世界其他政党相比，中国共产党不论党员年龄、资历、职务大小和高低等，都要参加组织生活，同志间都要诚恳深入地开展批评与自我批评，这样既可以有效防止政治错误的侵袭，也能保障执纪的有效进行；既能及时矫正执纪过程中的矫枉过正行为，

① 《马克思恩格斯选集》第 34 卷，人民出版社 2012 年版，第 614 页。

② 《列宁选集》第 4 卷，人民出版社 2012 年版，第 167 页。

也能保证党组织运行中的肌体健康。延安整风期间，毛泽东指出，有无认真的批评与自我批评，是共产党区别于其他政党的显著标志。他号召全党要经常开展批评与自我批评，就好像个人“天天要洗脸，天天要扫地一样”①。

批评与自我批评，是中国共产党抵御各种政治灰尘和腐朽思想侵蚀、纠正自身错误，解决党内矛盾的有效方法，也是加强党的纪律建设和规范党内政治生活的重要手段。党的十八大以来，以习近平同志为核心的党中央从全面从严治党战略全局出发，高度重视批评与自我批评这个武器的作用，强调要大胆和经常使用这个武器。他指出：“对批评和自我批评这个武器，我们要大胆使用、经常使用、用够用好，使之成为一种习惯、一种自觉、一种责任，使这个武器越用越灵、越用越有效果。党内要开展积极健康的思想斗争，帮助广大党员、干部分清是非、辨别真假，坚持真理、修正错误，统一意志、增进团结。严肃党内政治生活是每个党员、干部的事，大家都要增强角色意识和政治担当，在党言党、在党忧党、在党为党，把爱党、忧党、兴党、护党落实到工作生活各个环节，敢于同形形色色违反党内政治生活原则和制度的现象作斗争。”②

可以看出，批评和自我批评是中国共产党强身治病、保持肌体健康的锐利武器，要勇于把批评和自我批评贯穿于党内政治生活各个方面，善于在批评与自我批评的常态化上下功夫，从点滴抓起，做到处处可见、随时能管。作为监督执纪“四种形态”的第一种形态，让批评与自我批评成为常态，重在强调对党员、干部近距离、常态化、全天候的日常监

① 《毛泽东选集》第 3 卷，人民出版社 1991 年版，第 935 页。

② 《十八大以来重要文献选编》中，中央文献出版社 2016 年版，第 97 页。

督，将批评与自我批评贯穿于问题初现和警醒阶段，提醒广大党员、干部遵守党纪党规，将危险的苗头扼杀在摇篮中。

2. 正确运用批评与自我批评

监督执纪“四种形态”的第一种形态，主要针对党员、干部行为虽未达到危机标准但已经触碰党的纪律“红线”，已经逾越了党员、干部的日常行为“负面清单”。这些情形包括：一是有苗头性、倾向性的问题，经初步核实或谈话函询，虽然无违纪事实，但是需要提醒、批评的；二是虽然未发现违纪事实，或者反映的问题难以查证，但是不能完全排除存在的问题可能性的；三是存在一定问题，虽不涉及违纪，但造成一定不良影响或后果，需要提醒或批评的；四是有违纪事实，但情节轻微，不需要追究纪律责任的，或者由第二种形态转化而来，可免于纪律处分、组织处理的；五是有问责情形，情节轻微，不需要党纪处分、组织处理的；六是综合考核考评结果较差，以及巡视巡查、考核考察反馈问题整改不力，需要提醒或批评的；等等。针对这些情形，需要坚持实事求是原则，针对不同问题加以区别对待，正确运用批评与自我批评，开展灵活多样、及时有效的相互提醒、相互监督。

针对党员、干部中情节较轻的不当行为，党委在落实主体责任时要通过“红红脸、出出汗”“咬耳扯袖”等方式加以提醒和警示。处理方式包括：谈话函询了结；“面对面”初步核实了结；谈话提醒；警示谈话；批评教育；纠正或责令停止违纪行为；责成退出违纪所得；限期整改；责令作出口头或书面检查；召开民主生活会批评帮助；责令公开道歉；通报批评；诫勉谈话等。上述方式既可以单独使用，也可以合并使用。在自我批评环节中，提醒广大党员、干部要严于律己，清楚自身问题出在哪，要客观诚实地面对，敦促他们常反思、总结和修正，严格实行自我批评，并恳求组织和同志们监督自己加以改正。在批评环节中，要做到公平公正、有理有据、不泄私愤、不夹杂私人感情等，要直击要害，直面问题实质。批评者要善于批评，学会运用正确的方式方法，既要尊重客观事实，又要抓住要害。当面对不当行为中较为严重的层面时，必须采取更严厉的批评方式，以“红脸出汗”严肃指明问题并责令其整改，帮助犯错误的同志悬崖勒马。但不论针对哪种情形，都要做到记录在案，既便于各级党组织的日常考察调研，同时有利于上级纪检机关的检查。

这里以诫勉谈话为例，分析在面对监督执纪第一种形态时如何运用好批评与自我批评的处理方式。诫勉谈话是对思想、工作、作风等方面存在问题的党员、干部进行教育的一种形式，是斩断破纪甚至破法通道的重要关口，发挥着临界预警作用。《中国共产党党内监督条例》对诫勉谈话有明确规定：“坚持党内谈话制度，认真开展提醒谈话、诫勉谈话。发现领导干部有思想、作风、纪律等方面苗头性、倾向性问题的，有关党组织负责人应当及时对其提醒谈话；发现轻微违纪问题的，上级党组织负责人应当对其诫勉谈话。”[①]这里概括了诫勉谈话的适用对象、适用条件和实施权限，在具体操作过程中要注意以下几点：

一是提高思想认识，解决“谁来谈、跟谁谈”的问题。对党组织主要负责人进行诫勉谈话，一般由上级党组织主要负责人作为谈话人，也可由上级纪检机关负责人来谈，要贯彻落实党委的主体责任、纪委的监督责任，党委和纪委要共同发力，不能一味地要求诫勉谈话都由纪委负责。

二是丰富谈话形式，解决“何时谈、怎么谈”的问题。形成任用干

① 《十八大以来重要文献选编》下，中央文献出版社 2018 年版，第 445 页。

部书记谈、日常规范互相谈、纪检例会月月谈、个别问题个别谈等形式多样、内容丰富的谈话形式，尽力做到开诚布公。

三是明确谈话内容，解决“为何谈、谈什么”的问题。谈话形式可以丰富多样，但是谈话内容和目的不能杂乱无章，谈话既不是“拉家常”的张家长李家短的闲话，也不是居高临下的随意指斥，而是各级党组织特别是纪检机关加强日常监督的重要手段。要明确谈话重点和逻辑，针对党员思想波动、工作变动、生活异动及人民群众反映的问题进行针对性谈话，一针见血地指出谈话对象存在的问题，告知其违反了哪些纪律规定，分析问题造成的后果及其危害，让谈话对象认识到自己所犯的错误，并明确提出整改要求。

四是掌握谈话效果，解决“谈后怎么样”的问题。做好思想政治工作并非易事，仅靠一次诫勉谈话是不够的，很难彻底根除党员、干部的思想“病根”。因此，谈话不能一谈了之，还要加强后续跟踪。根据党员、干部谈话后的具体表现，决定是否要在没有取得显著效果的基础上反复教育，方能做到常态化教育，做好后半篇文章，从而真正实现增强及早发现违纪问题的本领。

### （二）让党纪轻处分和组织调整成为大多数

如果把政治生态比作一片森林，那么各级纪检机关就是护林员，主要职责和任务就是千方百计保护好树木的茁壮成长和整个森林的生态安全，而监督执纪“四种形态”就是一个“勤浇树”“正歪树”“治病树”“拔烂树”的过程。这一过程形象地描绘了违纪党员、干部从量变到质变的梯度蜕变轨迹，同时提出了处理从轻到重的相应之策。第一种形态为“经常开展批评和自我批评、约谈函询，让‘红红脸、出出汗’成为常态”，可谓之“勤浇树”。第二种形态为“党纪轻处分、组织调整成为违纪处理的大多数”，可谓之“正歪树”。第三种形态为“党纪重处分、重大职务调整的成为少数”，可谓之“治病树”。第四种形态为“严重违纪涉嫌违法立案审查的成为极少数”，可谓之“拔烂树”。在一片绿色森林中，病树和烂树是少数、不占主体，否则就谈不上健康森林的存在了。

同理，在全面从严治党过程中，第三种、第四种形态涉及的党员、干部数比第一种、第二种形态涉及的党员、干部数要少得多，但它们的社会影响面大，有些还十分恶劣，因此受到各级纪检监察机关的高度关注，措施更加严厉，甚至成为一段时期的工作重心，不过它们不是纪检监督工作的常态化形式和主体性内容，更不是全面从严治党的主要目标和长远规划。较之于党纪重处分和严重违纪涉嫌违法立案审查的党员、干部行为而言，第一种“红红脸、出出汗”的批评与自我批评情形、第二种党纪轻处分和组织调整等的监督执纪情形要占绝大多数，对它们的处分要轻得多、柔性得多，彰显了监督执纪刚性与柔性、力度与温度的有机统一，同时是对那些游走在党纪国法边缘的党员、干部进行有益警示，规劝他们尽快悬崖勒马、回头是岸。

监督执纪第二种形态主要根据违纪行为的性质、情节及其造成的后果，对违纪党员、干部作出党纪轻处分和组织调整。主要包括以下几种情形：一是有违纪行为，需要给予纪律轻处分，或者单独给予组织调整的；二是给予纪律轻处分，因不宜在现有岗位继续工作或者不宜继续担任领导职务，需要给予组织调整的；三是有问责情形，需要给予纪律轻处分和组织调整的；四是诫勉谈话后，没有改正或改正不明显，需要督促纠正并给予组织调整的；五是违纪情节轻微，经批评教育后仍不改正，需要给予纪律轻处分和组织调整的；六是经综合考量，有从轻减轻情节，需要由第三种形态转化为第二种形态处理的；七是有一般违纪行为，需要给予纪律轻处分和组织调整的。

在监督执纪第二种形态的实际运用过程中，需要正确处理好纪律处分与组织处理的关系。所谓纪律处分，是指党组织根据违纪党员错误性质和情节轻重，按照党章有关规定作出的处罚。根据党章和《中国共产党纪律处分条例》的规定，对党员的纪律处分有五种类型，其中警告、严重警告属于轻处分。监督执纪第二种形态所指的党纪轻处分，主要指党内警告、严重警告两种。警告是最轻的党纪处分，适用于错误较轻但必须给予党纪处分的违纪党员。严重警告是重于警告的党纪处分，适用于所犯错误比较严重的违纪党员。党员受到警告处分一年内、受到严重警告处分一年半内，不得在党内提升职务和向党外组织推荐担任高于其原任职务的党外职务。作为教育和管理党员、干部的必备手段，所谓组织处理，根据《中国共产党组织处理规定（试行）》的规定，它“是指党组织对违规违纪违法、失职失责失范的领导干部采取的岗位、职务、职级调整措施，包括停职检查、调整职务、责令辞职、免职、降职”[①]。这一概括，揭示了组织处理的特定内涵，同时概括了组织处理的五种措施。

在具体操作过程中，监督执纪第二种形态的纪律轻处分和组织处理不限于上述列举的几种措施。综合起来看，它大体上包括以下多种类型：党内警告、党内严重警告、行政警告、行政记过、行政记大过、行政降级、取消荣誉称号、撤销政协委员资格、终止（罢免、撤销、责令辞去）人大代表资格、取消预备党员资格、取消或罢免当选资格、终止党代表

① 中共中央办公厅：《中国共产党组织处理规定（试行）》，《人民日报》2021年3月29日。

资格、停职或停职检查、调整或调离职务或岗位、免职、引咎辞职、责令辞职、改任非领导职务、安排提前退休、降低退休待遇、其他组织调离类措施等。这些处理措施既可以单独使用，也可以合并使用。与监督执纪第一种形态以教育警醒为主不同，第二种形态以轻惩戒为主。考虑到这些党员、干部的行为已经触犯了党的纪律“红线”，但情节不是很严重，性质不是很恶劣，尚未造成很坏的社会影响，因此对他们采用纪律轻处分和组织处理的相应手段，让他们感受到党纪的惩戒作用，增强对党纪的敬畏之心，达到“一朝被蛇咬、十年怕井绳”的记忆效果，防止“好同志”进一步堕落成“阶下囚”。

作为监督执纪的两种重要手段，党纪轻处分和组织处理在执行主体、条件、程序、方式等方面不尽相同。前者指各级党委和纪检监察机关对于违纪党员处以诸如党内警告、严重警告等党纪轻处分的决定，主要侧重从政治方面对违纪主体作出的纪律处罚。后者指党组织对于违纪干部作出的处理方式，更多包含着党组织内部的处理结果，偏重对处理对象的岗位、职务、荣誉、经济待遇等的处罚。相较而言，组织处理比纪律处分的手段更加多样、方式更加灵活，同时能够更有效地对违纪党员的既得利益产生直接影响。

党纪轻处分和组织处理不能相互代替。对明文规定要给予组织处理的，不能以已给予党纪处分为由，而不再作组织处理；按照违纪性质和情节轻重，应追究党纪责任的，即使已采取组织处理，仍应予以党纪处分。对于这些给予违纪党员党纪轻处分的，可以同时建议党委、政府采取免职、调离岗位等组织处理措施；如果违纪情节较轻，只应给予党内轻处分，且有从轻、减轻等情节，仅采取组织处理方式也能达到惩戒目的，也可不再予以党纪处分。总之，党纪轻处分和组织处理，在纪律审查过程中要充分理解两种手段的作用和优势，及时对党员、干部的错误行为进行有效制止，不断提高执纪者的综合素质，才能更好地拿捏大多数的尺度，找到党组织处分同其自我调整功能的接入点，防止他们因小错不管不顾导致酿成大祸难补的局面，同时提升两种手段的综合效果。

## （三）让党纪重处分和重大职务调整成为少数

监督执纪“四种形态”中，工作重心毫无疑问是“勤浇树”和“正歪树”，但不容忽视的是，由于“病树”和“烂树”危害性大、腐蚀性强，如果不对“病树”加以治理，不将“烂树”从根本上加以拔除，则“病树”也会蔓延成“烂树”，最终将祸及整个森林，直至颠覆生态系统。因此，监督执纪的第三种形态强调，对严重违纪的重处分、作出重大职务调整的应当是少数。第三种形态所对应的党员违纪程度，比第一种形态“勤浇树”、第二种形态“正歪树”要重，但比第四种形态“拔烂树”要轻。它是阻止党员、干部滑向违法犯罪深渊至关重要的一道防线，是全面从严治党新形势下必须严格落实的管党治党方式。各级党组织对第三种形态牵涉到的党员、干部决不能姑息养奸，该整改的必须整改，该处分的必须处分，该调整的必须调整。

监督执纪第三种形态适用的情形主要包括：一是有严重违纪行为，但尚不涉法，需要给予纪律重处分、重大职务调整的；二是有问责情形，需要给予纪律重处分、重大职务调整的；三是经综合考量有从重加重情节，需要由第二种形态转化为第三种形态处理的；四是严重违纪涉嫌违法，经综合考量有从轻减轻情节，需要由第四种形态转化为第三种形态处理的；五是因犯罪情节轻微，人民检察院依法作出不起诉决定，或者人民法院依法作出有罪判决并免予刑事处罚，需要给予纪律重处分、重大职务调整的；六是经司法机关判处轻刑或者单处附加刑，需要予以开除党籍、开除公职之外纪律重处分、重大职务调整的。

贯彻落实监督执纪第三种形态，需要正确处理好党纪重处分与重大职务调整的关系。对党员的五种纪律处分中，撤销党内职务、留党察看、开除党籍三种属于重处分。撤销党内职务是指撤销受处分党员由党内选举或者组织任命的党内职务。这是一种比警告和严重警告更重的处分，适用于那些所犯错误性质、情节严重，不宜再担任党内职务的违纪党员。留党察看是党的纪律处分中仅低于开除党籍的重处分，分为留党察看一年和留党察看两年，但最长不超过两年。党员在留党察看期间没有表决权、选举权和被选举权，但党章规定的其他党员权利仍然保留。党员经过留党察看，确已改正错误的，应当恢复其党员的权利；坚持错误不改的，应当开除党籍。开除党籍是党内最高的纪律处分，适用于严重违反党的纪律、丧失共产党员条件的党员。受到开除党籍处分的，五年内不得重新入党。开除党籍与党员除名不同，后者不是纪律处分，而是党组织处置不合格党员的一种组织处理措施，对退党、劝告退党以及自行脱党的党员都可以进行除名。对违纪问题性质比较严重又不能向组织讲清楚问题的党员，在按照规定给予党纪重处分的同时可对其进行重大职务调整。

党纪重处分和重大职务调整的处理措施主要包括：撤销党内职务、留党察看、开除党籍、行政撤职、行政开除或开除公职、降职、取消退休待遇、解聘、解除劳动合同、辞退、组织除名或劝退等。这些处理措施，既可单独使用，有时也会合并使用，在给予党纪重处分的同时，可以对其作出重大职务调整。比如，2021 年中央纪委国家监委公开通报受处分的 30 名中管干部中，绝大多数在受到党纪重处分的同时，亦作出了重大职务调整。

有人可能会疑惑：既然第三种形态强调“重处分、重大职务调整的比例应当是少数”，那么在当前反腐败斗争攻坚战持久战阶段，发现党员、干部的严重违纪线索，是断然放弃呢？还是继续深究呢？答案应该是后者而不是前者。众所周知，党的十八大以来，以习近平同志为核心的党中央，坚持不敢腐、不能腐、不想腐一体推进，坚持惩治震慑、制度约束、提高觉悟一体发力，坚持无禁区、全覆盖、零容忍，坚持重遏制、强高压、长震慑，坚持受贿行贿一起查，坚持有案必查、有腐必惩，以猛药去疴、重典治乱的决心，以刮骨疗毒、壮士断腕的勇气，坚定不移“打虎”“拍蝇”“猎狐”，“坚决整治群众身边腐败问题，深入开展国际追逃追赃，清除一切腐败分子。聚焦政治问题和经济问题交织的腐败案件，防止党内形成利益集团，坚决查处周永康、薄熙来、孙政才、令计划等严重违纪违法案件”[①]。所有这些，有力地印证了党中央关于反腐败斗争形势依然严峻、任务依然艰巨的判断是科学的、准确的。对此要有清醒的认识，同时要看到，在全面从严治党的背景下，管党治党、全面从严治党的党纪党规笼子将越扎越紧，监督执纪将越来越严。新修订的《中国共产党纪律处分条例》把党章对纪律的要求进一步明确为“六大纪律”，并列出详细的“负面清单”，为党组织和党员、干部划出了不可触碰的底线，特别是在剔除其中与国家法律交叉重叠内容的同时，又将党纪与国法有机地衔接起来。

鉴于此，贯彻运用监督执纪第三种形态，让党纪重处分、重大职务

① 《中国共产党第十九届中央委员会第六次全体会议文件汇编》，人民出版社2021年版，第57页。

调整的成为少数，这绝不是说要硬性规定反腐败的数量指标，用处分人数来说明反腐败成绩，从而在力度上延缓反腐败节奏，而是要着力改变以往“非案不查”的懒政作风，进一步加大监督执纪第三种形态的查处力度，将防线关卡提前至党的纪律“红线”。虽然第三种形态强调重处分和重大职务调整的比例应当是“少数”的价值导向，但不意味着对工作中发现的严重违纪问题可以放松治理，而是做到无论实际数量多少，都应毫不手软地加以监督执纪，坚决削减腐败存量、遏制腐败增量，做到有腐必反、有贪必肃，不会为了所谓的“少数”指标而出现重错轻罚甚至不罚的现象。这样来看，第三种形态对各级党组织管党治党、监督执纪的责任不是减轻了，而是更重了；对党员、干部的要求不是放宽松了，而是更严、更紧了。

### （四）让严重违纪违法立案审查成为极少数

监督执纪“四种形态”的第四种形态，是让严重违纪涉嫌违法立案审查的成为极少数。第四种形态要求对严重违反党纪、涉嫌违法的党员、干部进行立案审查，严惩跨越法律界限的违纪分子，坚决清除党内毒瘤和极少数“害群之马”，从而产生极大的震慑效果。如果监督执纪只限于第一种形态、第二种形态、第三种形态而没有第四种形态，那么监督执纪就会因缺失强大的惩治震慑功能而使前三种形态的功能发挥以及纪检监察机关的权威性大打折扣。

第四种形态的适用情形主要有以下三种：一是因严重违纪涉嫌违法，需要给予开除党籍、开除公职处分，并移交司法机关处理的；二是因问责情形涉嫌违法，需要移送司法机关处理，并给予开除党籍、开除公职处分的；三是经司法机关判处刑罚，需要给予开除党籍、开除公职处分的。第四种形态的处理方式主要包括两种：一是作出开除党籍、开除公职处分，移送司法机关处理；二是司法机关判处刑罚，给予“双开”处理。

贯通运用监督执纪“四种形态”，既要用好用活第一种形态，又要综合运用好第二种、第三种形态，同时不放松第四种形态，果断用好第四种形态。党的十八大以来，监督执纪第四种形态不仅没有松懈过，而且得到了很好的贯彻落实和强化，党中央加大了对严重违反“六项纪律”并涉嫌违法的领导干部的纪律审查力度，特别是加大了对领导干部腐败问题的整治力度，反腐败决心和力度之大前所未有，反腐败动真格、出重拳成效之大同样前所未有。虽然党中央始终高擎反腐败大旗，始终保持对腐败的高压态势，但一些领导干部仍然不收敛、不收手。要加大案件查处力度，重点查处三种情况的领导干部：一是党的十八大后不收敛、不收手的领导干部，二是问题严重、群众反映强烈的领导干部，三是现在重要岗位可能还要提拔使用的领导干部。对于上述领导干部，各级纪检监察机关要锁定空白点，务必盯紧守牢。同时具备上述三种情况的，是党的纪律审查的重中之重，必须马上严肃处理；同时具备以上两种情况的，要重点关注，抓紧处理；具备以上一种情况的，要认真对待，不能轻易放过，发现一起查处一起，予以精准打击、靶向治疗。这是党中央根据全面从严治党新形势新任务而制定和确定的监督执纪第四种形态的重要尺子。

随着反腐败斗争形势的日益发展，反腐败工作的系统性和关联性逐渐增强，尤其是经济问题触发的政治问题以及政治问题带动的经济问题渐次成为反腐败的重中之重，使监督执纪第四种形态重点查处的领导干部情况发生了新变化。2017 年 10 月，习近平总书记在党的十九大报告中指出："要坚持无禁区、全覆盖、零容忍，坚持重遏制、强高压、长震慑，坚持受贿行贿一起查，坚决防止党内形成利益集团。"[①]2018 年 1 月，十九届中央纪委二次全会发布公报称要"巩固发展反腐败斗争压倒性态势"，"聚焦党的十八大以来不收敛、不收手的领导干部，重点查处政治问题和经济问题相互交织形成利益集团的腐败案件"[②]。同年 8 月，新修订的《中国共产党纪律处分条例》第七条将"政治问题和经济问题交织的腐败案件"纳入重点审查的三种情况，明确规定要"重点查处党的十八大以来不收敛、不收手，问题线索反映集中、群众反映强烈，政治问题和经济问题交织的腐败案件，违反中央八项规定精神的问题"[③]。2019 年 1 月，习近平总书记在十九届中央纪委三次全会上的讲话中明确指出："要聚焦党的十八大以来着力查处的重点对象，把那些在党的十九大后仍然不知敬畏、胆大妄为者作为重中之重，深挖细查、严惩不贷。要重点查处政治问题和经济问题相互交织的腐败案件，坚决打击在党内培植个人势力、结成利益集团、妄图攫取党和国家权力的阴谋行径。"[④]这些阐述表明，政治问题和经济问题相互交织已经成为党的十九大后腐败问题产生和蔓延的重要特征，是反腐败斗争形势依然严峻复杂的重要原因。反腐败斗争的新趋向和新任务，就是重点查处政治问题和经济问题相互交织形成的利益集团。

---

① 《十九大以来重要文献选编》上，中央文献出版社 2019 年版，第 47 页。

② 《中国共产党第十九届中央纪律检查委员会第二次全体会议公报》，《人民日报》2018 年 1 月 14 日。

③ 《十九大以来重要文献选编》上，中央文献出版社 2019 年版，第 588 页。

④ 《习近平关于全面从严治党论述摘编》，中央文献出版社 2021 年版，第 381 页。

反腐败斗争是全面从严治党的重要内容，甚至是当前和今后一段时期的工作重点，但是绝不能将两者完全等同起来。我们不能因为腐败问题受到的社会关注度高、敏感性强、容忍度低，群众反映强烈，就想当然地认为反腐败斗争就是全面从严治党的全部，从而忽略了党的政治建设、思想建设、组织建设、纪律建设、作风建设、制度建设等全面从严治党这一伟大工程的方方面面和系统化建设。作为纪检监察机关来说，它们是政治机关，不是专门的办案机关，坚定不移地反腐败是它们的重要工作职责，但不是它们的全部工作职责。我们不能因为这些年来党中央正风肃纪和铁腕反腐，有效地遏制了腐败蔓延的势头，且已经形成了反腐败斗争压倒性态势，就理所当然地认为反腐败斗争已经覆盖了纪检监察机关工作的全部领域。实际上，在纪检监察机关的工作职责和任务量表中，立案审查那些严重违反党纪并涉嫌违法的领导干部，只占全部监督执纪“四种形态”中的极少数。

这从 2018 年到 2022 年全国纪检监察机关运用监督执纪“四种形态”监督检查、审查调查情况的数据统计中可以得到明确答案。2018 年，全国纪检监察机关运用监督执纪“四种形态”批评教育帮助和处理 173.7 万人次。其中，充分运用第一种形态处理 110.4 万人次，占总人次的 63.6%；妥善运用第二种形态处理 49.5 万人次，占 28.5%；准确运用第三种形态重处分和重大职务调整 8.2 万人次，占 4.7%；果断运用第四种形态处理 5.5 万人次，占 3.2%。[①]2019 年，全国纪检监察机关运用“四种形态”批评教育帮助和处理 184.9 万人次。其中，运用第一种形态批

① 《中央纪委国家监委通报 2018 年全国纪检监察机关监督检查、审查调查情况》，《中国纪检监察报》2019 年 1 月 9 日。

评教育帮助124.6万人次，占总人次的67.4%；运用第二种形态处理46.3万人次，占25%；运用第三种形态处理7.2万人次，占3.9%；运用第四种形态处理6.8万人次，占3.7%。[①]2020年，全国纪检监察机关运用“四种形态”批评教育帮助和处理195.4万人次。其中，运用第一种形态批评教育帮助133万人次，占总人次的68.1%；运用第二种形态处理48.5万人次，占24.8%；运用第三种形态处理7.1万人次，占3.6%；运用第四种形态处理6.8万人次，占3.5%。[②]2021年，全国纪检监察机关运用“四种形态”批评教育帮助和处理212.5万人次。其中，运用第一种形态批评教育帮助148.7万人次，占总人次的70%；运用第二种形态处理49.4万人次，占23.2%；运用第三种形态处理7万人次，占3.3%；运用第四种形态处理7.4万人次，占3.5%。[③]2022年，全国纪检监察机关运用“四种形态”批评教育帮助和处理共183.8万人次。其中，运用第一种形态批评教育帮助123.2万人次，占总人次的67%；运用第二种形态处理47.8万人次，占26%；运用第三种形态处理6.4万人次，占3.5%；运用第四种形态处理6.4万人次，占3.5%。[④]综合上述数据可以看出，2018—2022年间，全国纪检监察机关运用监督执纪第四种形态，处理严重违纪涉嫌违法立案审查的人次共有26.5万，平均每年约6.6万，占

① 《中央纪委国家监委通报2019年全国纪检监察机关监督检查、审查调查情况》,《中国纪检监察报》2020年1月17日。

② 《中央纪委国家监委通报2020年全国纪检监察机关监督检查、审查调查情况》,《中国纪检监察报》2021年1月26日。

③ 《中央纪委国家监委通报2021年全国纪检监察机关监督检查、审查调查情况》,《中国纪检监察报》2022年1月21日。

④ 《中央纪委国家监委通报2022年全国纪检监察机关监督检查、审查调查情况》,《中国纪检监察报》2023年1月13日。

当年运用“四种形态”批评教育帮助和处理人数3.5%左右，不到4%，比例最小。

继续分析上述数据还可以看出，监督执纪“四种形态”中，第一种形态占当年全国纪检监察机关运用“四种形态”批评教育帮助和处理人数最多，超过当年总量的2/3，且呈逐年上升之势，2021年甚至高达70%。第二种形态在当年全国纪检监察机关运用“四种形态”批评教育帮助和处理的人数基本上维持在1/4左右。以上两种相加，几乎达到当年全国纪检监察机关运用“四种形态”批评教育帮助和处理人数的93%。而第三种、第四种形态的总和仅占当年“四种形态”批评教育帮助和处理人数的7%左右。这些数据说明，一方面，“勤浇树”和“正歪树”是监督执纪“四种形态”工作无可争议的主体内容，需要进一步强化日常监督，坚持纪法威慑相结合，只有把第一种、第二种形态用到位，持续用力、成为常态，才能最大限度地减少第三种、第四种形态的发生，才能最大限度地防止党员、干部出问题。另一方面，无论是“拔烂树”还是“治病树”，甚至将两者累加在一起，都不是监督执纪“四种形态”工作的主体内容，当然也不能对它们掉以轻心，而要将第三种、第四种形态作为有效监督的强大后盾，始终保持高压态势，确保底线常在、“后墙”坚固，如此才能着力化解存量、坚决遏制增量，使“四种形态”作用得到充分发挥，取得良好的政治效果、纪法效果和社会效果。

这样看来，监督执纪“四种形态”就像四道防线，前道防线筑得越牢固，滑向后道防线的人数就越少；越往后逾越防线，付出的代价就越沉重。因此，“四种形态”是一个辩证的有机体，环环相扣、层层递进、相辅相成，构成了一个完整严密的监督执纪体系，体现了以习近平同志为核心的党中央在全面从严治党、加强党内监督方面的重大实践创新。

## 三、把“两个责任”落到实处

所谓“两个责任”，是指在推进管党治党、全面从严治党过程中，党委要落实全面从严治党的主体责任，纪委要履行全面从严治党的监督责任。习近平总书记指出：“有权必有责，有责要担当，失责必追究。”[①]如果党的纪律执行过程中不明确责任、不落实责任、不追究责任，那么纪律执行力不可能得到提升，全面从严治党不可能做到。一段时间内一些地方和部门腐败现象持续发生，甚至出现系统性、塌方式腐败，一个突出原因是主体责任缺失，监督责任缺位，党内监督机制运转失灵。党的二十大党章指出：“强化管党治党主体责任和监督责任，加强对党的领导机关和党员领导干部特别是主要领导干部的监督，不断完善党内监督体系。”[②]“两个责任”的提出及其发展，是新形势下管党治党、全面从严治党的关键环节和重大举措，充分体现了以习近平同志为核心的党中央对新时代管党治党、全面从严治党的战略思考。

### （一）“两个责任”的提出及其发展

党的十八大以来，以习近平同志为核心的党中央基于对反腐败斗争形势依然严峻复杂的科学判断，把党风廉政建设和反腐败斗争摆在更加重要的位置，作出了一系列新部署和新要求，形成了党风廉政建设和反腐败斗争新的战略布局。“两个责任”正是在这样的背景下提出来的。

① 《十八大以来重要文献选编》下，中央文献出版社2018年版，第360页。
② 《中国共产党章程》，《人民日报》2022年10月27日。

2013年11月，党的十八届三中全会审议通过《中共中央关于全面深化改革若干重大问题的决定》，开宗明义地指出：“落实党风廉政建设责任制，党委负主体责任，纪委负监督责任，制定实施切实可行的责任追究制度。”[①]这是“两个责任”的首次明确提出，是党风廉政建设和反腐败工作的领导体制和工作机制的重大改革和创新，其重大意义在于开始把党委的领导责任和纪委的监督责任落到实处。一个月后，中共中央在《建立健全惩治和预防腐败体系二〇一三—二〇一七年工作规划》中重申“两个责任”，强调“各级党委要承担党风廉政建设和反腐败工作主体责任”；“健全反腐败领导体制和工作机制，严格落实党风廉政建设责任制，党委负主体责任，纪委负监督责任”。[②]随该文件一道印发的通知中，明确要求各级党委“担负起全面领导党风廉政建设和反腐败工作的主体责任”，同时“各级纪委要充分发挥党内监督专门机关的作用，承担监督责任”。[③]

2014年1月，十八届中央纪委三次全会召开，“两个责任”在会上得到多方面阐述和深入展开。习近平总书记不仅概括了党委主体责任、纪委监督责任的主要内容，同时指明了党委落实好党风廉政建设主体责任、纪委履行好党风廉政建设监督责任的重要性，强调：“有权就有责，权责要对等。无论是党委还是纪委或其他相关职能部门，都要对承担的党风廉政建设责任进行签字背书，做到守土有责。出了问题，就要追究责

---

① 《十八大以来重要文献选编》上，中央文献出版社2014年版，第531页。

② 《十八大以来重要文献选编》上，中央文献出版社2014年版，第651—652页。

③ 《十八大以来重要文献选编》上，中央文献出版社2014年版，第642—643页。

任。”[①]王岐山在这次会议的工作报告中对一年来党风廉政建设和反腐败工作作了回顾，不仅肯定了贯彻落实“两个责任”取得的成绩，强调“各级党委的主体责任和纪委的监督责任不断强化”；同时指出其问题和不足，认为“有的党委党风廉政建设主体责任的担当意识不强”，“纪检监察机关职责不清、能力不足的问题依然存在”。[②]他在布置2014年党风廉政建设和反腐败工作主要任务时再次要求，“各级党委（党组）要切实担负党风廉政建设主体责任，各级纪委（纪检组）要承担监督责任”[③]。

此后，“两个责任”被陆续运用于概括各级党组织贯彻落实党风廉政建设和反腐败工作之中。2014年1月，习近平总书记在中央政治局常委会听取中央巡视组巡视情况汇报时指出：“对巡视发现的普遍性、倾向性问题，要及时反馈给地方、部门、企事业单位党委党组，督促落实主体责任”；“坚决落实党风廉政建设党委的主体责任和纪委的监督责任”。[④]6月，习近平总书记在中央政治局常委会听取中央巡视工作领导小组汇报时批评道：“有的党组织没有把党要管党、从严治党的政治责任担当起来，党员领导干部党的观念淡薄，组织涣散、纪律松弛。”[⑤]同月，习近平总书记在十八届中央政治局第二十四次集体学习时指出：“要把法

---

① 《习近平关于严明党的纪律和规矩论述摘编》，中央文献出版社、中国方正出版社2016年版，第115页。

② 《十八大以来重要文献选编》上，中央文献出版社2014年版，第726、第731页。

③ 《十八大以来重要文献选编》上，中央文献出版社2014年版，第732页。

④ 《习近平关于严明党的纪律和规矩论述摘编》，中央文献出版社、中国方正出版社2016年版，第117页。

⑤ 《习近平关于全面从严治党论述摘编》，中央文献出版社2021年版，第459页。

规制度执行情况纳入党风廉政建设责任制检查考核和党政领导干部述职述廉范围，通过严肃追究主体责任、监督责任、领导责任，让法规制度的力量在反腐倡廉建设中得到充分释放。纪律检查机关要加大监督检查力度，对有令不行、有禁不止的，不仅要严肃查处直接责任人，而且要严肃追究相关领导人员的责任。”[①]10月，中共中央、国务院颁布《关于加强和改进新形势下民族工作的意见》，强调要加强党对民族工作的领导，“落实各级党委的主体责任和纪委的监督责任，严格党风廉政建设责任制，加大反腐败工作力度”[②]。10月，习近平总书记在《当前工作中需要注意的几个问题》中告诫全党：“各级党委（党组）要落实好主体责任，不抓党风廉政建设是严重失职。各级纪委要履行好监督责任，更好发挥党内监督专门机关作用。”[③]2015年1月，习近平总书记在十八届中央纪委五次全会上再次强调：“全面从严治党任重道远，各级党组织要更加自觉地担负起抓党风廉政建设的责任，各级纪检监察机关要聚焦党风廉政建设和反腐败斗争这个中心任务，强化监督执纪问责。”[④]

随着“全面从严治党”命题的提出特别是全面从严治党战略的深入推进，“两个责任”的内涵开始发生变化。2014年12月，习近平总书记在江苏调研时首次公开提出“全面从严治党”，他说：“全面从严治党是

① 《习近平关于全面从严治党论述摘编》，中央文献出版社2016年版，第231页。

② 《十八大以来重要文献选编》中，中央文献出版社2016年版，第117页。

③ 《习近平关于全面从严治党论述摘编》，中央文献出版社2021年版，第462页。

④ 《习近平关于严明党的纪律和规矩论述摘编》，中央文献出版社、中国方正出版社2016年版，第124页。

推进党的建设新的伟大工程的必然要求。”[①]不仅如此，他还将全面从严治党作为一项战略举措，与全面建成小康社会、全面深化改革、全面依法治国一道部署，纳入中国共产党治国理政“四个全面”战略布局之中。这一变化影响到“两个责任”的内涵概括。大约自2015年秋季开始，先前反复强调的各级党组织特别是党委、纪委要落实和担当的责任，逐渐由党风廉政建设和反腐败斗争转到管党治党、全面从严治党上来了。10月，习近平总书记在十八届中央政治局常委会审议《中国共产党廉洁自律准则》和修订版《中国共产党纪律处分条例》时强调，两个党内法规颁布后，要在贯彻执行上狠下功夫，“各级党委要切实担当和落实好全面从严治党的主体责任”；“各级纪委要找准在全面从严治党中的职能定位，强化监督执纪，加大问责力度”。[②]同月，习近平总书记在党的十八届五中全会第二次全体会议上指出：“要落实管党治党责任。要在思想认识、责任担当、方法措施上贯彻全面从严治党要求，增强管党治党的使命感和紧迫感，担负起主体责任。”[③]

2016年1月，习近平总书记在十八届中央纪委六次全会上对“两个责任”具体内涵的转变作了明确的说明，他说：“全面从严治党是各级党组织的职责所在。从党风廉政建设主体责任到全面从严治党主体责任，不只是字面上的变化，更是实践的发展、认识的深化。党风廉政建设和

---

① 《习近平关于协调推进“四个全面”战略布局论述摘编》，中央文献出版社2015年版，第144页。

② 《习近平关于严明党的纪律和规矩论述摘编》，中央文献出版社、中国方正出版社2016年版，第125、第126页。

③ 《习近平关于全面从严治党论述摘编》，中央文献出版社2016年版，第232页。

反腐败工作是全面从严治党的一部分，党的建设必须全面从严，各级党组织及其负责人都是责任主体。”[①]不仅如此，习近平总书记进一步揭示了“两个责任”对全面从严治党的重要性，他说：“全面从严治党，必须从根本上解决主体责任缺失、监督责任缺位、管党治党宽松软的问题，把强化党内监督作为党的建设重要基础性工程，使监督的制度优势充分释放出来。”[②]

从党风廉政建设和反腐败斗争到全面从严治党，体现了以习近平同志为核心的党中央对“两个责任”认识的深化。党的十八大以来，党中央对党风廉政建设和反腐败斗争“动真格”“零容忍”，“老虎”“苍蝇”一齐打，坚决清除党内和群众身边的不正之风和腐败现象，群众交口称赞，党心民心得到极大提振。随着这项工作的扎实推进，全党全国各族人民更加强烈地期望党中央继续以猛药去疴、重典治乱的决心，以刮骨疗毒、壮士断腕的勇气，坚决地把党风廉政建设和反腐败斗争进行到底，同时要把全面从严治党纳入治国理政的战略布局，领导全党和全国各族人民共同努力，坚持不懈地抓好党内政治生态建设，推进全面从严治党取得新的更大成果。

这里涉及如何认识党风廉政建设和反腐败斗争与全面从严治党的关系问题，实际上是如何认识“重点论”和“全面论”的辩证关系问题。我们既不能因为党风廉政建设和反腐败斗争是当前甚至其后一段时期全面从严治党工作的重点，就以“重点论”为借口来涵盖甚至取代“全面

---

① 《习近平关于全面从严治党论述摘编》，中央文献出版社 2016 年版，第 234 页。

② 《十八大以来重要文献选编》下，中央文献出版社 2018 年版，第 409 页。

论”；也不能因为全面从严治党已经内含着党风廉政建设和反腐败斗争的内容，就以“全面论”为理由来消解甚至否认“重点论”。以上两种方法都是不对的，这种分不清主次、眉毛胡子一把抓的工作方式和方法，是做不好工作的。正确的做法是：既要善于抓住重点，又要努力全面把握；既要以党风廉政建设和反腐败斗争作为突破口，同时也要对全面从严治党提出目标要求，将党风廉政建设和反腐败斗争与全面从严治党有机结合起来，实现两者破与立、重点与全面的辩证统一。这可以说是“两个责任”在内涵表述上由党风廉政建设和反腐败斗争延伸和拓展到全面从严治党上来的主要原因，目的是将党风廉政建设和反腐败斗争的主体责任纳入全面从严治党的主体责任中加以考察和辨识，是在全面从严治党的主体责任中厘清和把准党风廉政建设和反腐败斗争责任的精准定位。

### （二）党委落实全面从严治党主体责任

在全面从严治党过程中，党委负有主体责任。抓住了这个关键主体，就抓住了全面从严治党这个“牛鼻子”。党的十八大以来，各级党委积极贯彻落实本地区、本单位、本部门全面从严治党主体责任，将党的建设与经济社会发展同谋划、同部署、同推进、同考核，加强对本地区、本单位、本部门全面从严治党各项工作的领导，努力承担起管党治党、全面从严治党的领导主体、落实主体、工作主体和推进主体的作用，不断提高履职尽责本领。2014 年 1 月，习近平总书记在十八届中央纪委三次全会上的讲话中明确指出：“党委的主体责任是什么？主要是加强领导，选好用好干部，防止出现选人用人上的不正之风和腐败问题；坚决纠正损害群众利益的行为；强化对权力运行的制约和监督，从源头上防治腐败；领导和支持执纪执法机关查处违纪违法问题；党委主要负责同志要管好班子，带好队伍，管好自己，当好廉洁从政的表率。”[①]习近平总书记通过自问自答的方式，对党委主体责任的主要内容作了符合客观实际的概括，有助于从整体上把握党委主体责任的内涵和外延。

**1. 落实党委主体责任要紧紧围绕坚持和强化党的全面领导展开**

党的领导是党和国家的根本所在、命脉所在，是全国各族人民的利益所系、命运所系。党的十九届六中全会指出：“全党必须自觉在思想上政治上行动上同党中央保持高度一致，提高科学执政、民主执政、依法执政水平，提高把方向、谋大局、定政策、促改革的能力，确保充分发挥党总揽全局、协调各方的领导核心作用。”[②]落实党委全面从严治党主体责任，就是要求各级党委坚定维护习近平总书记党中央的核心、全党的核心地位，始终坚持习近平新时代中国特色社会主义思想的指导地位，坚决维护党中央权威和集中统一领导，任何时候任何情况下都不能含糊、不能动摇。坚定不移地把党的政治建设摆在首位，以党的政治建设为统领，把准政治方向，夯实政治根基，涵养政治生态，提高政治能力，永葆政治本色，切实担负起党和人民赋予的政治责任。建立健全党对重大工作的领导体制，完善推动党中央重大决策落实机制，确保党中央决策部署落地生根。牢牢把握组织建设这个关键环节，以组织体系建设为重点，全面提高党的建设质量，全面贯彻落实新时代党的组织路线，把党的组织优势巩固好、发挥好。健全和完善党的领导制度体系，完善党领

① 《习近平关于严明党的纪律和规矩论述摘编》，中央文献出版社、中国方正出版社 2016 年版，第 114—115 页。

② 《中国共产党第十九届中央委员会第六次全体会议文件汇编》，人民出版社 2021 年版，第 50 页。

导人大、政府、政协、监察机关、审判机关、检察机关、武装力量、人民团体、企事业单位、基层群众性自治组织、社会组织等制度，确保党在各种组织中发挥领导作用。各级党委在管党治党、全面从严治党过程中要自觉扛起主责、担起主业、当好主角，始终做到守土有责、守土担责、守土尽责。

**2. 选好用好干部，防止出现选人用人上的不正之风和腐败问题**

政治路线确立之后，干部就是决定的因素。干部是党的理论路线和方针政策的贯彻执行者。如果他们的素质不硬、作风不实、纪律不严，从严治党是搞不好的，党的理论和路线方针政策的贯彻落实也是做不到的。因此，全面从严治党过程中党委主体责任的贯彻实施，选好用好干部至关重要，要做到选人用人和管人不能偏废，防止出现选人用人上的不正之风和腐败问题。习近平总书记指出："选人用人是党内政治生活的风向标，用人上的不正之风和腐败现象对政治生活危害最烈，端正用人导向是严肃党内政治生活的治本之策。"[①]要坚持贯彻新时期好干部标准，着力培养选拔信念坚定、为民服务、勤政务实、敢于担当、清正廉洁的好干部。各级党委要严把政治关、品行关、作风关、廉洁关，真正让忠诚干净担当、为民务实清廉、奋发有为、锐意改革、实绩突出的干部得到褒奖和重用，让阳奉阴违、阿谀逢迎、弄虚作假、不干实事、会跑会要的干部没市场、受惩戒，决不能让政治上、廉洁上有问题的人蒙混过关、投机得逞。各级党委要严把素质能力关，围绕事业发展需要配班子用干部，提高干部专业素养，及时把那些愿干事、真干事、干成事的干

---

① 《习近平关于全面从严治党论述摘编》，中央文献出版社 2021 年版，第 271 页。

部发现出来、任用起来。各级党委要大力整治干部选拔运用上的不正之风，使用人风气更加清朗，坚决纠正“劣币驱逐良币”的逆淘汰现象，以用人环境的风清气正促进政治生态的山清水秀。各级党委要从查处的大量腐败案件中反思干部选拔和管理运用上的得失，完善从严管理监督干部制度体系，解决“重选轻管”问题。习近平总书记指出：“好干部是选出来的，更是管出来的。严管就是厚爱，是对干部真正负责。对干部要加强全方位管理，把行为管理和思想管理统一起来，把工作圈管理和社交圈管理衔接起来，把八小时之内的管理和八小时之外的管理贯通起来。”[①]各级党委还要努力解决干部想干事问题，改变多干多出事、少干少出事、不干不出事的逆向激励，加大正向激励力度，解决干部敢干事问题，抓紧建立健全容错纠错机制，严格落实“三个区分开来”[②]，宽容干部在工作中特别是改革创新中的失误，促进他们创造性开展工作。

3. 坚决纠正损害群众利益的行为

中国共产党来自人民、植根人民、服务人民，一旦脱离群众，就会失去生命力。党章明确规定，党坚持全心全意为人民服务，在任何时候都要把群众利益放在第一位，同群众同甘共苦，保持最密切的联系。这

---

① 《习近平关于全面从严治党论述摘编》，中央文献出版社 2021 年版，第 280 页。

② “三个区分开来”是习近平总书记于 2016 年 1 月 18 日在省部级主要领导干部学习贯彻党的十八届五中全会精神专题研讨班上的讲话中首次概括出来的。他强调，要尽快扭转一些干部“为官不为”的问题，做到“三个区分开来”，即把干部在推进改革中因缺乏经验、先行先试出现的失误和错误，同明知故犯的违纪违法行为区分开来；把上级尚无明确限制的探索性试验中的失误和错误，同上级明令禁止后依然我行我素的违纪违法行为区分开来；把为推动发展的无意过失，同为谋取私利的违纪违法行为区分开来。

就要求各级党委从人民的根本利益出发，注重解决群众最关心最直接最现实的利益问题，坚决纠正损害群众利益的行为。全面从严治党在有些地方压力传导还不到位，群众反映强烈的问题尚未有效根除，侵害群众利益的行为还不时发生，比如“扶贫开发、民生惠民、‘三资’管理、土地征收、工程建设、生态环保等领域侵害群众利益问题层出不穷，执法不公、欺压群众，‘村霸’和宗族势力、黑恶势力祸害百姓现象屡见不鲜。查处‘蝇贪’‘微腐败’和小官巨贪力度还要加大，特别是要打掉黑恶势力背后的‘保护伞’，决不能让基层群众失望寒心”①。如果不对这些群众反映强烈的问题严肃认真对待，不对这些侵害群众利益的行为坚决进行纠正，“它损害的是老百姓切身利益，啃食的是群众获得感，挥霍的是基层群众对党的信任”②。各级党委要始终把广大人民群众的利益摆在首位，强化责任担当，加大矛盾纠纷排查化解工作力度，依法依规解决好群众的合理合法诉求，尤其是要着力解决好群众反映强烈的突出问题，使党的全心全意为人民服务的根本宗旨得到更好更彻底的落实。

4. 强化对权力运行的制约和监督，从源头上防治腐败

权力失控是腐败之源，落实党要管党、全面从严治党任务，核心就是制约和监督权力。各级党委要履行好主体责任，健全以党内监督为主导的党和国家监督体系，形成决策科学、执行坚决、监督有力的权力运行机制，构建党统一指挥、全面覆盖、权威高效的监督体系，把党内监督同国家机关监督、民主监督、司法监督、群众监督、舆论监督贯通起来，

① 《习近平关于全面从严治党论述摘编》，中央文献出版社 2021 年版，第 38 页。

② 《习近平关于全面从严治党论述摘编》，中央文献出版社 2021 年版，第 373 页。

增强监督合力。各级党委要用好以党章、准则、条例、规定为主体的管党治党制度利器，从基础制度严起、从日常规范抓起，切实解决党的领导和监督虚化、弱化的问题，把知责、负责、守责、尽责体现在每个党组织、每个岗位上。各级党委要强化对公权力的监督制约，督促掌握公权力的部门、组织合理分解权力、科学配置权力、严格职责权限，完善权责清单制度，加快推进机构、职能、权限、程序、责任法定化，确保公权力在正确轨道上运行。各级党委要坚持对所有行使公权力的公职人员监督全覆盖，让所有党员、干部和公职人员习惯在受监督和约束的环境中工作生活，实现对公权力监督和反腐败的全覆盖、无死角。各级党委要坚持让人民监督权力，增强主动公开、主动接受监督的意识，充分发挥群众监督、民主监督、舆论监督等作用，织密监督之网，形成监督合力。

5. 领导和支持执纪执法机关查处违纪违法问题

党章赋予各级组织纪律处分的权限，各级党委要敢抓敢管、严格执纪，把党要管党、全面从严治党政治责任担当起来。习近平总书记指出："各级党组织和领导干部要切实履行执纪职责，拒绝说情风、关系网、利益链，采取管用的措施提高组织管理的有效性，使违纪问题能及时发现、及时查处。这样既有利于防微杜渐，也有利于教育和挽救干部。"[①]有的地方和单位出了问题总是想着捂着盖着，结果小错酿成大祸，小问题拖成大问题，个别性问题蔓延成普遍性问题，容易解决的问题演变成老大难问题。查处违纪问题必须坚持有什么问题查清什么问题、发现什么问题查清什么问题，不能装聋作哑、避重就轻，不能大事化小、小事

① 《习近平关于全面从严治党论述摘编》，中央文献出版社2021年版，第461—462页。

化了，任何人不得隐瞒、简化、变通，切实维护党章党规的严肃性和权威性。同时，各级党委要注意把握政策界限，坚持依纪依法、不枉不纵、教育挽救原则，区分情节轻重、行为性质，做到保护创新者、帮助失误者、惩治贪腐者，形成鼓励振兴、敢于担当、干事创业、遏制腐败的鲜明导向。

**6. 党委主要负责同志要管好班子，带好队伍，管好自己，当好廉洁从政的表率**

管党治党是各级党委的责任，也是各级领导干部的责任。各级党委和领导干部是担负管党治党的责任主体，党委主要负责同志是第一责任人，不仅要有抓好班子、带好队伍、管好自己的强烈意识，还要付诸实际行动，当好廉洁从政的表率。党委书记既要挂帅又要出征，对重要工作亲自部署、重大问题亲自过问、重要环节亲自协调、重要案件亲自督办。习近平总书记指出："各级党委特别是主要负责同志必须树立不抓党风廉政建设就是严重失职的意识，常研究、常部署，抓领导、领导抓，抓具体、具体抓，种好自己的责任田。"[①]党委主要负责同志要切实履行主体责任，担负起管党治党政治责任，始终保持"赶考"的清醒，保持对"腐蚀""围猎"的警觉，把严的主基调长期坚持下去，把每条战线、每个领域、每个环节的党建工作抓具体、抓深入，落实好协调部署、组织推动、宣传教育、监督管理等责任，对本地区本单位的政治生态负责，对干部的健康成长负责。同时要把责任传导给所有班子成员，压给下面的书记，确保责任落到实处。对于那些不担当、不负责、不作为、乱作

① 《习近平关于党风廉政建设和反腐败斗争论述摘编》，中央文献出版社、中国方正出版社2015年版，第61页。

为等管党治党失职失责行为的各级党委主要负责同志，要强化追责，及时将追责情况公开。对由于履行职责不力，失职失责性质恶劣、后果严重的党委主要负责同志，不论其责任人是否调离转岗、提拔或者退休，都应当严肃问责，实行终身追责制。

## （三）纪委履行全面从严治党监督责任

推进全面从严治党，各级党委要负主体责任，各级纪委要负监督责任。《中国共产党党内监督条例》规定："党的各级纪律检查委员会是党内监督的专责机关，履行监督执纪问责职责，加强对所辖范围内党组织和领导干部遵守党章党规党纪、贯彻执行党的路线方针政策情况的监督检查。"[①]各级纪委只有履行好党内监督这一专责任务，同时将政治监督、组织监督、作风监督、执纪监督、党员权责监督、自身监督等结合起来，并形成系统的监督体系，才能真正成为党章党纪的坚定维护者、党的路线方针政策的坚定捍卫者、管党治党和全面从严治党任务的坚定推进者。

1. 突出政治监督责任

政治问题在任何时候都是根本性的大问题，管党治党上的"宽松软"，根子在于政治上的"宽松软"。加强党的政治建设，是解决党内各种问题的治本之策。作为党的政治机关，纪委的第一职责就是抓党的政治建设、强化政治监督。习近平总书记指出："我们抓党的政治建设、强化政治监督，根本是要防范化解思想涣散，纪律松弛风险，使全党自觉而紧密地团结在党中央周围，时时刻刻向党中央看齐，把党的理论和路

① 《十八大以来重要文献选编》下，中央文献出版社 2018 年版，第 446 页。

线方针政策落到实处。”[①]为此，各级纪委要深刻领会“两个确立”的重大政治意义，切实把“两个确立”转化为做到“两个维护”的思想自觉、政治自觉、行动自觉，转化为对习近平新时代中国特色社会主义思想的坚定信仰、对中国特色社会主义的坚定信念、对中华民族伟大复兴的坚强信心，转化为做好各项工作的实际行动，不断推动政治监督的具体化、常态化、精准化。各级纪委要组织开展对同级党委领导班子以及本地区、本单位、本部门的党员、干部遵守党纪党规情况的监督检查，坚决纠正和查处上有政策、下有对策，有令不行、有禁不止，口是心非、阳奉阴违，以及搞团团伙伙、拉帮结派，欺骗组织、对抗组织等行为。各级纪委要组织开展对本地区、本单位、本部门的基层党委落实全面从严治党主体责任情况的监督检查，督促各基层党委切实履行好管党治党责任，推动全面从严治党向基层延伸。对不履行或者不正确履行职责的党组织和党的领导干部，依规依纪从严处理。

2. 强化组织监督责任

组织监督是党内监督体系的重要组成部分。《中国共产党党内监督条例》把“强化自上而下的组织监督”[②]作为重要原则写进“总则”部分并贯穿全篇，同时以具体条文形式明确各级党组织的监督职责，规定上级党组织及其主要负责同志监督下级党组织及其主要负责同志的具体方式和路径，为强化组织监督责任提供了党纪党规依据。各级纪委要开展对党委领导班子及其成员执行民主集中制情况的监督检查，对不执行或

---

① 《习近平关于全面从严治党论述摘编》，中央文献出版社2021年版，第153页。

② 《十八大以来重要文献选编》下，中央文献出版社2018年版，第440页。

者执行不力、出现重大失误、造成严重损失的严肃追究责任；同时要开展对组织纪律执行情况的监督检查，坚决纠正和严肃查处拒不执行或擅自改变党组织作出的决定、影响党组织的团结统一、个人或少数人决定重大事项、不执行或者不严格执行请示报告制度等问题，克服纪律松弛、组织涣散现象。各级纪委要开展对干部选拔任用工作的监督，实事求是地评价干部廉洁情况，防止“带病提拔”“带病上岗”，同时强化对用人失察失误的责任追究，防范和纠正用人上的不正之风。

3. 扛起执纪监督责任

执纪监督是指按照相应内容、程序和要求对监督对象进行的日常监督。习近平总书记说：“要狠抓执纪监督，以纪律为尺子衡量党员、干部的行为，对违纪问题发现一起就查处一起，提高纪律执行力，维护纪律严肃性。”[①]与监督执纪主要从静态角度定位纪委职责不同，执纪监督主要从动态角度对党员、干部行使权力进行监督，是监督执纪的一部分，特指监督执纪中的监督部分。其他如“作出关于维护党纪的决定”“检查和处理党的组织和党员违反党的章程和其他党内法规的比较重要或复杂的案件”“决定或取消对这些案件中的党员的处分”“受理党员的控告和申诉”“保障党员的权利”等内容，不属于执纪监督部分，但属于监督执纪中的执纪审查、案件审理部分。因此，各级纪委要运用好监督执纪“四种形态”，坚持抓早抓小，把纪律挺在前面，特别是要运用好第一种、第二种形态，经常开展批评和自我批评、谈话函询，让“红红脸、出出汗”成为常态。各级纪委要及时发现和查处党风党纪方面存在的问

① 《习近平关于全面从严治党论述摘编》，中央文献出版社 2021 年版，第 330 页。

题，不以权势大而破规，不以问题小而姑息，不以违者众而放任，要加强对重点领域和关键环节的监督，紧盯腐败易发多发的重点领域、重点部门、重点人群，加大监督查处力度，完善权力运行制约和监督机制，加强对制度建设和执行情况的监督检查，提高制度执行力，确保用制度管权、管事、管人。坚持执行制度没有例外，对违反制度规定踩“红线”、闯“雷区”的，要零容忍，发现一起就坚决查处一起。各级纪委还要创新组织制度，将执纪监督和执纪审查部门职责分开，使执纪监督、执纪审查、案件审理各环节相互协调、相互制约。

4. 夯实作风监督责任

党的作风关系人心向背和事业兴衰，作风监督是党内监督的重要内容。党的十八大后，全面从严治党从中央政治局立规矩开始，从落实中央八项规定精神破题，习近平总书记以身作则、率先垂范，全党言出纪随、久久为功。各级纪委从治理公款大吃大喝、旅游、送礼等奢靡之风入手，紧盯公款购买赠送月饼、贺卡、烟花爆竹等问题，把监督检查中央八项规定及其实施细则精神执行情况作为纪检监察机关的重点任务和经常性工作，一个节点一个节点抓，一年接着一年干，常态化狠抓作风监督检查，管出习惯、化风成俗，带动作风整体转变。各级纪委要驰而不息抓好作风监督，盯紧享乐主义和奢靡之风，克服形式主义和官僚主义，防范和查处各种隐性、变异的“四风”问题，密切关注新动向，着力解决人民群众反映强烈的问题，坚决防止“四风”反弹回潮、卷土重来。各级纪委要着力构建作风建设长效机制，发挥好党员领导干部的示范引领作用，激发群众监督正能量，把作风建设不断引向深入。此外，各级纪委还要加强对各基层党委从严治党情况的监督，组织开展领导干部履行“一岗双责”情况的检查，发现问题及时督促整改。

### 5. 压紧自我监督责任

打铁必须自身硬。对中国共产党来说，外部监督是必要的，但从根本上讲，还在于强化自我监督。党的十八大以来，全面从严治党的实践证明，党的自我监督机制是有效的，党完全有能力解决自身存在的问题。习近平总书记指出："自我监督是世界性难题，是国家治理的哥德巴赫猜想。我们要通过行动回答'窑洞之问'①，练就中国共产党人自我净化的'绝世武功'。"②在肯定党的十八大以来党的自我监督成绩的同时，也要看到仍然存在的突出问题，需要进一步压紧压实党的自我监督责任，提升自我净化能力。各级纪委要在强化自我监督、自我约束上作表率，牢固树立法治意识、程序意识、证据意识，在行使权力时要慎之又慎，在自我约束上要严之又严，认真执行监督执纪工作规则和相关法律法规，严格按照权限、规则、程序开展工作，强化自我监督，健全内控机制，把权力关进制度的笼子，坚决防止发生以案谋私、跑风漏气、执纪违纪问题。各级纪委要下更大气力把队伍建强、让干部过硬，定期排查反映

---

① "窑洞之问"是1945年黄炎培在延安窑洞与毛泽东谈到朝代更替、循环往复话题时提出的历史周期率问题。黄炎培说："我生六十多年，耳闻的不说，所亲眼看到的，真所谓'其兴也勃焉，其亡也忽焉'，一人、一家、一团体、一地方乃至一国，不少单位都没有能跳出这周期率的支配力……大凡初聚时聚精会神，没有一事不用心，没有一人不卖力，也许那时艰难困苦，只有从万死中觅取一生。继而渐渐好转了，精神也就渐渐放下了……一部历史，'政怠宦成'的也有，'人亡政息'的也有，'求荣取辱'的也有。总之没有能跳出这周期率。中共诸君从过去到现在，我略略了解的了。就是希望找出一条新路，来跳出这周期率的支配。"听闻一席肺腑之言，毛泽东略作沉思："我们已经找到了新路，我们能跳出这个周期率，这条新路就是民主，走群众路线。只有让人民来监督政府，政府才不敢松懈。只有人人起来负责，才不会人亡政息。"

② 《习近平谈治国理政》第3卷，外文出版社2020年版，第511页。

纪检监察干部的问题线索，对政治不纯、纪律涣散的要认真清理，对作风飘浮、不能胜任的要及时调整，对滥用职权、以案谋私的要坚决处理，对担当不力、失职渎职的要严肃问责。各级纪委还要将自我监督与接受党内监督结合起来，同民主监督、群众监督、舆论监督有机融合，构建日臻完善的监督和制衡体系，自觉接受党和人民的考验。

# 参考文献


1.《马克思恩格斯选集》第1—4卷，人民出版社2012年版。

2.《马克思恩格斯文集》第1—10卷，人民出版社2009年版。

3.《列宁选集》第1—4卷，人民出版社2012年版。

4.《列宁专题文集（论无产阶级政党）》，人民出版社2009年版。

5.《列宁专题文集（论马克思主义）》，人民出版社2009年版。

6.《毛泽东选集》第1—4卷，人民出版社1991年版。

7.《毛泽东文集》第1—2卷，人民出版社1993年版。

8.《毛泽东文集》第3—5卷，人民出版社1996年版。

9.《毛泽东文集》第6—8卷，人民出版社1999年版。

10. 中共中央文献研究室编:《毛泽东年谱（1993—1949）》（修订本）上、中、下卷，中央文献出版社2013年版。

11. 中共中央文献研究室编:《毛泽东年谱（1949—1976）》第1—6卷，中央文献出版社2013年版。

12.《周恩来选集》上卷，人民出版社1980年版。

13.《刘少奇选集》上卷，人民出版社1981年版。

14. 中共中央文献研究室、中共中央党校编:《刘少奇论党的建设》，中央文献出版社1991年版。

15.《邓小平文选》第1—2卷，人民出版社1994年版。

16.《邓小平文选》第3卷，人民出版社1993年版。

17.《邓小平文集（1949—1974年）》上、中、下卷，人民出版社2014年版。

18. 中共中央文献研究室编：《邓小平年谱（1904—1974）》上、中、下卷，中央文献出版社2009年版。

19. 中共中央文献研究室编：《邓小平年谱（1975—1997）》上、下卷，中央文献出版社2004年版。

20.《陈云文选》第1—3卷，人民出版社1995年版。

21.《陈云文集》第1—3卷，人民出版社2005年版。

22.《江泽民文选》第1—3卷，人民出版社2006年版。

23. 江泽民：《论党的建设》，中央文献出版社2001年版。

24.《胡锦涛文选》第1—3卷，人民出版社2016年版。

25.《习近平谈治国理政》第1卷，外文出版社2018年版。

26.《习近平谈治国理政》第2卷，外文出版社2017年版。

27.《习近平谈治国理政》第3卷，外文出版社2020年版。

28.《习近平谈治国理政》第4卷，外文出版社2022年版。

29. 习近平：《之江新语》，浙江人民出版社2007年版。

30. 习近平：《论坚持党对一切工作的领导》，中央文献出版社2019年版。

31. 习近平：《论中国共产党历史》，中央文献出版社2021年版。

32. 习近平：《高举中国特色社会主义伟大旗帜　为全面建设社会主义现代化国家而团结奋斗》，人民出版社2022年版。

33.《论群众路线——重要论述摘编》，中央文献出版社、党建读物出版社2013年版。

34. 中共中央文献研究室编:《毛泽东　邓小平　江泽民论党的建设》，中央文献出版社、中共中央党校出版社 1998 年版。

35.《习近平关于党的群众路线教育实践活动论述摘编》，党建读物出版社、中央文献出版社 2014 年版。

36.《习近平关于全面深化改革论述摘编》，中央文献出版社 2014 年版。

37.《习近平关于协调推进“四个全面”战略布局论述摘编》，中央文献出版社 2015 年版。

38.《习近平关于党风廉政建设和反腐败斗争论述摘编》，中央文献出版社 2015 年版。

39.《习近平关于全面依法治国论述摘编》，中央文献出版社 2015 年版。

40.《习近平关于全面从严治党论述摘编》，中央文献出版社 2016 年版。

41.《习近平关于严明党的纪律和规矩论述摘编》，中央文献出版社 2016 年版。

42.《习近平关于社会主义政治建设论述摘编》，中央文献出版社 2017 年版。

43.《习近平关于社会主义文化建设论述摘编》，中央文献出版社 2017 年版。

44.《习近平关于全面从严治党论述摘编》，中央文献出版社 2021 年版。

45.《习近平关于坚持和完善党和国家监督体系论述摘编》，中央文献出版社 2022 年版。

46. 习近平：《在全国国有企业党的建设工作会议上的讲话》，《人民日报》2016 年 10 月 12 日。

47. 习近平：《在纪念红军长征胜利 80 周年大会上的讲话》，《人民日报》2016 年 10 月 22 日。

48. 习近平：《在党的十八届六中全会第二次全体会议上的讲话（节选）》，《求是》2017 年第 1 期。

49. 习近平：《在新的起点上深化国家监察体制改革》，《求是》2019 年第 5 期。

50. 习近平：《中国共产党领导是中国特色社会主义最本质的特征》，《求是》2020 年第 14 期。

51. 习近平：《在党史学习教育动员大会上的讲话》，《求是》2021 年第 7 期。

52. 习近平：《在庆祝中国共产党成立 100 周年大会上的讲话》，《求是》2021 年第 14 期。

53. 习近平：《努力成为可堪大用能担重任的栋梁之才》，《求是》2022 年第 3 期。

54.《建党以来重要文献选编（1921—1949）》第 1—26 册，中央文献出版社 2011 年版。

55.《建国以来重要文献选编》第 1—20 册，中央文献出版社 2011 年版。

56.《三中全会以来重要文献选编》上、下，中央文献出版社 1982 年版。

57.《十二大以来重要文献选编》上、中，中央文献出版社 1986 年版。

58.《十二大以来重要文献选编》下，中央文献出版社 1988 年版。

59.《十三大以来重要文献选编》上、中，中央文献出版社 1991 年版。

60.《十三大以来重要文献选编》下，中央文献出版社 1993 年版。
61.《十四大以来重要文献选编》上，中央文献出版社 1996 年版。
62.《十四大以来重要文献选编》中，中央文献出版社 1997 年版。
63.《十四大以来重要文献选编》下，中央文献出版社 1999 年版。
64.《十五大以来重要文献选编》上，中央文献出版社 2000 年版。
65.《十五大以来重要文献选编》中，中央文献出版社 2001 年版。
66.《十五大以来重要文献选编》下，中央文献出版社 2003 年版。
67.《十六大以来重要文献选编》上，中央文献出版社 2005 年版。
68.《十六大以来重要文献选编》中，中央文献出版社 2006 年版。
69.《十六大以来重要文献选编》下，中央文献出版社 2008 年版。
70.《十七大以来重要文献选编》上，中央文献出版社 2009 年版。
71.《十七大以来重要文献选编》中，中央文献出版社 2011 年版。
72.《十七大以来重要文献选编》下，中央文献出版社 2013 年版。
73.《十八大以来重要文献选编》上，中央文献出版社 2014 年版。
74.《十八大以来重要文献选编》中，中央文献出版社 2016 年版。
75.《十八大以来重要文献选编》下，中央文献出版社 2018 年版。
76.《十九大以来重要文献选编》上，中央文献出版社 2019 年版。
77.《十九大以来重要文献选编》中，中央文献出版社 2021 年版。
78.《中国共产党第十九届中央委员会第六次全体会议文件汇编》，人民出版社 2021 年版。
79. 中央纪委办公厅、中央纪委研究室编：《党的十四大以来中央纪委历次全会工作报告汇编》修订版，中国方正出版社 2017 年版。
80. 中共中央党校党建教研室编：《苏联共产党章程汇编》，求实出版社 1982 年版。

81.《中国共产党历次党章汇编（1921—2017）》，中国方正出版社2019年版。

82. 全国人大常委会办公厅、中共中央文献研究室编：《人民代表大会制度重要文献选编》三，中国民主法制出版社2015年版。

83. 中共中央组织部党建研究所编：《党的建设大事记（十八大—十九大）》，党建读物出版社2018年版。

84. 中共中央宣传部编：《习近平新时代中国特色社会主义思想三十讲》，学习出版社2018年版。

85. 中共中央宣传部编：《习近平新时代中国特色社会主义思想学习纲要》，学习出版社、人民出版社2019年版。

86. 中共中央宣传部编：《习近平新时代中国特色社会主义思想学习问答》，学习出版社、人民出版社2021年版。

87. 冯文彬等主编：《中国共产党建设全书（1921—1991）》第9卷，山西人民出版社1991年版。

88. 杨永华主编：《中国共产党廉政法制史研究》，人民出版社2005年版。

89. 杨德山：《新时期以来党内民主建设的理论与实践研究》，福建人民出版社2016年版。

90. 祝猛昌：《中国共产党纪律建设的理论与实践》，北京理工大学出版社2016年版。

91. 张荣臣：《马克思主义党的学说史》，中共中央党校出版社2016年版。

92. 国明理：《严明党的纪律和规矩》，国家行政学院出版社2016年版。

93. 王希鹏编:《中国共产党纪律检查工作概论》，中国社会科学出版社 2016 年版。

94. 马建彬主编:《西柏坡时期党的纪律建设》，河北人民出版社 2017 年版。

95. 廖冲绪:《中国共产党组织纪律建设研究》，西南交通大学出版社 2017 年版。

96. 张士义、刘志新、洪向华编:《新时代党的作风和纪律建设》，中共党史出版社 2018 年版。

97. 高波:《中国共产党的自我革命——党章中的纪律和规矩》，中国方正出版社 2018 年版。

98. 张士义:《打铁必须自身硬——改革开放四十年党建史》，天地出版社 2018 年版。

99. 戚义明:《党的纪律建设简史》，中国方正出版社 2019 年版。

100. 杨永庚、宋媛:《纪法分开背景下中国共产党纪律建设研究》，中共党史出版社 2019 年版。

101. 汤希:《改革开放以来中国共产党纪检制度变迁研究》，知识产权出版社 2020 年版。

102. 宋功德、张文显主编:《党内法规学》，高等教育出版社 2020 年版。

103. 邓纯东:《全面从严治党理论研究》，中国社会科学出版社 2020 年版。

104. 桑学成:《全面从严治党的难点及对策研究》，人民出版社 2020 年版。

105. 李世忠:《全面从严治党的方法论研究》，新华出版社 2021 年版。

106. 田旭明:《全面从严治党实践中党内非制度化行为治理研究》,天津人民出版社 2021 年版。

107. 李忠杰:《中国共产党百年廉洁政治之路(1921—2021)》,中共党史出版社 2022 年版。

108. [德]沃尔夫冈·弗里茨·豪格主编:《马克思主义历史考证大辞典》第 1 卷,俞可平等编译,商务印书馆 2018 年版。

109. 陈家喜、黄卫平:《西方一些发达国家党纪监督的做法及其启示》,《当代世界与社会主义》2014 年第 1 期。

110. 周淑真、袁野:《论国家法律与党纪党规关系之协调——以当代德国为例》,《中共中央党校学报》2015 年第 3 期。

111. 王先俊、马广见:《陈云关于严格遵守党的纪律的论述及其当代意义》,《当代中国史研究》2015 年第 3 期。

112. 陈元中:《越南共产党党内民主与纪律关系的几个理论问题》,《当代世界与社会主义》2015 年第 4 期。

113. 孙业礼:《党员干部要守纪律、讲规矩——学习习近平有关重要论述的体会》,《党的文献》2015 年第 5 期。

114. 范美香、双传学:《毛泽东关于党的纪律建设思想及其对当今依规治党的启示》,《毛泽东邓小平理论研究》2015 年第 12 期。

115. 石伟:《列宁主义政党纪律的双重面相——基于法理学视角的考察》,《中共中央党校学报》2016 年第 1 期。

116. 李斌雄、张银霞:《中国共产党严明政治纪律政治规矩的利益基础和生态分析》,《马克思主义研究》2016 年第 1 期。

117. 周叶中:《论"党纪新条例"的法技术与法属性》,《武汉大学学报(人文科学版)》2016 年第 1 期。

118. 程同顺:《党规党纪法治化建设的里程碑》,《武汉大学学报(人文科学版)》2016 年第 1 期。

119. 周淑真:《以治标促治本———党规党纪的制度创新》,《武汉大学学报(人文科学版)》2016 年第 1 期。

120. 陈家喜:《党纪与国法:分化抑或协同》,《武汉大学学报(人文科学版)》2016 年第 1 期。

121. 姚桓:《史上最严、效果可期——〈中国共产党纪律处分条例〉解析》,《武汉大学学报(人文科学版)》2016 年第 1 期。

122. 申建林:《党规党纪的修订及其实施效果分析》,《武汉大学学报(人文科学版)》2016 年第 1 期。

123. 韩云霄、王树荫:《解放战争时期党内纪律教育历史经验及其启示》,《中国特色社会主义研究》2016 年第 3 期。

124. 石伟:《党内法规中的"刑法"——新修订版〈中国共产党纪律处分条例〉解读》,《马克思主义与现实》2016 年第 4 期。

125. 杨俊:《论"党的规矩"和"党的政治规矩"的基本内涵和简明定义——学习习近平总书记系列讲话精神》,《马克思主义研究》2016 年第 6 期。

126. 郝潞霞:《习近平对党的纪律建设思想的理论创新》,《思想理论教育导刊》2016 年第 10 期。

127. 林德山:《欧洲政党党内纪律监督制度探析》,《国外理论动态》2017 年第 3 期。

128. 李东明:《列宁关于党的纪律和政治规矩的论述及其现实意蕴》,《思想理论教育导刊》2017 年第 4 期。

129. 任晓伟:《走向十月胜利的强大纪律保障——十月革命前列宁关

于无产阶级政党政治纪律建设的思想》,《江西师范大学学报(哲学社会科学版)》2017 年第 4 期。

130. 吴桂韩:《全面加强新时代党的纪律建设》,《中国特色社会主义研究》2017 年第 6 期。

131. 赵淑梅:《党的纪律建设:内涵、原则与思路》,《中国特色社会主义研究》2018 年第 2 期。

132. 张玲:《新时代中国共产党的政治建设:组织—纪律维度》,《科学社会主义》2018 年第 3 期。

133. 王同昌:《中国共产党纪律建设的演变——基于历次党章文本的考察》,《高校马克思主义理论研究》2018 年第 4 期。

134. 周家彬:《"政治纪律":一个概念史的梳理》,《深圳大学学报(人文社会科学版)》2018 年第 4 期。

135. 孟新、王同昌:《改革开放 40 年来中国共产党纪律建设的经验研究》,《河海大学学报(哲学社会科学版)》2018 年第 5 期。

136. 杨永庚、第五太卓:《马克思主义治党理政中"纪律"的内涵及其体系化》,《思想理论教育导刊》2018 年第 5 期。

137. 向杨:《中国共产党纪律检查领导体制的演变历程、特征及启示》,《社会主义研究》2018 年第 5 期。

138. 陈世润、胡喜如、陈晨:《论习近平纪律立党新理念》,《科学社会主义》2018 年第 5 期。

139. 夏静雷、金民卿:《中央苏区党的政治纪律建设研究》,《河南师范大学学报》2019 年第 2 期。

140. 杨云霞、李懿:《规范中共党员生活纪律的党内法规完善研究——基于道德法律化视角》,《西北工业大学学报(社会科学版)》

2019 年第 2 期。

141. 刘卫东、王建华：《党的纪律建设的制度创新经验——基于四版〈中国共产党纪律处分条例〉的制定与完善》,《理论探索》2019 年第 4 期。

142. 赵慧礼、郭立伟：《列宁的政党纪律观及其当代价值》,《学习论坛》2019 年第 6 期。

143. 刘益东：《新中国纪律建设的理论渊源和主要经验》,《河南师范大学学报》2019 年第 6 期。

144. 王冠、任建明：《恢复重建以来中央纪律检查委员会的变迁历程》,《社会主义研究》2019 年第 6 期。

145. 蔡志强、陈梦琳：《严明党的政治纪律政治规矩的理论价值与实践路径》,《新视野》2020 年第 1 期。

146. 段妍：《中国共产党政治纪律的思想探源及其制度建设》,《马克思主义研究》2020 年第 4 期。

147. 王平、王冬云：《习近平关于严明党的政治纪律重要论述研究》,《北京交通大学学报（社会科学版）》2020 年第 2 期。

148. 王进芬、刘文文：《马克思恩格斯关于无产阶级政党纪律的重要论述》,《当代世界与社会主义》2020 年第 2 期。

149. 俞良早、陈钰：《十月革命后列宁关于加强无产阶级纪律的思想》,《新视野》2020 年第 6 期。

150. 李莉：《中国共产党纪律检查机关的历史变迁——基于中纪委历届报告的文本分析》,《暨南学报（哲学社会科学版）》2021 年第 3 期。

151. 杨正军：《党的纪律建设之百年回望及经验启示》,《武汉大学学报（哲学社会科学版）》2021 年第 2 期。

152. 杨娜、张群燕：《时境、组织与党员：中国共产党纪律建设的百年演进》,《海南大学学报(人文社会科学版)》2021 年第 4 期。

153. 肖贵清、张甲哲:《中国共产党百年纪律检查制度建构与从严治党探析》,《广西大学学报(哲学社会科学版)》2021 年第 5 期。

154. 石伟:《党的纪律建设百年图景的四维考略》,《东岳论丛》2021 年第 9 期。

155. 段妍:《改革开放以来中国共产党加强纪律建设的基本历程及经验启示》,《晋阳学刊》2021 年第 5 期。

156. 吕惠东:《中国共产党百年纪律建设的基本经验》,《江苏社会科学》2021 年第 5 期。

157. 刘须宽:《百年来中国共产党纪律建设的经验、规律与启示》,《马克思主义研究》2021 年第 11 期。

158. 王士龙:《新时代党的纪律建设的理论发展、实践逻辑和体系构建》,《思想理论教育导刊》2021 年第 12 期。

159. 王士龙:《三重视域下党的纪律建设规律性探索》,《理论探索》2022 年第 1 期。

160. 向杨:《新中国成立以来中国共产党纪律检查体制的变迁——基于 1949—2020 年省级纪委书记群体的考察》,《江汉论坛》2022 年第 2 期。

161. 莫东林:《中国共产党纪律建设的理论溯源、探索历程与基本经验》,《理论导刊》2022 年第 2 期。

162. 王平:《十八大以来党的政治纪律建设发展历程和基本经验》,《北京交通大学学报(社会科学版)》2022 年第 3 期。

163. 王孟秋:《新时代党的纪律建设创新的内在逻辑》,《世界社会主义研究》2022 年第 8 期。

# 后记

2018年年底，由本人担任首席专家的安徽省哲学社会科学规划重大项目“习近平总书记关于全面从严治党重要论述研究”（项目批准号AHSKZD2018D01）获准立项。本书是该项目第6个子课题的最终研究成果，名称为《把纪律和规矩挺在前面》。

全书由本人拟定详细写作提纲，邓汪扬提供了第一至第四章的部分初稿，张瑜提供了第五章的部分初稿，王文静校对了部分文献资料，全书最后由本人统一修改和定稿。

作为“新时代全面从严治党研究丛书”之一，本书与其他5部著作一道得以正式面世，离不开中共安徽省委宣传部自始至终给予的及时指导和关心支持。

本书以及“新时代全面从严治党研究丛书”的公开出版，同时得到了安徽师范大学科研处、马克思主义学院，以及安徽省马克思主义理论高峰学科的支持和资助，在此一并表示谢忱！

由于本人研究水平和能力所限，书中难免有不当之处，敬祈方家批评指正！

姚宏志

2023年1月